Corporate Governance im Stiftungsrecht

AF821551

Europäische Hochschulschriften

Publications Universitaires Européennes
European University Studies

Reihe II
Rechtswissenschaft

Série II Series II
Droit
Law

Bd./Vol. 5349

PETER LANG
Frankfurt am Main · Berlin · Bern · Bruxelles · New York · Oxford · Wien

Sarah Katharina Schöbel

Corporate Governance im Stiftungsrecht

Unter besonderer Berücksichtigung der Situation in der Schweiz und in Deutschland sowie europarechtlicher und internationaler Entwicklungen

PETER LANG
Internationaler Verlag der Wissenschaften

Bibliografische Information der Deutschen Nationalbibliothek
Die Deutsche Nationalbibliothek verzeichnet diese Publikation in der Deutschen Nationalbibliografie; detaillierte bibliografische Daten sind im Internet über http://dnb.d-nb.de abrufbar.

Gedruckt auf alterungsbeständigem,
säurefreiem Papier.

ISSN 0531-7312
ISBN 978-3-631-63891-0

© Peter Lang GmbH
Internationaler Verlag der Wissenschaften
Frankfurt am Main 2012
Alle Rechte vorbehalten.

Das Werk einschließlich aller seiner Teile ist urheberrechtlich geschützt. Jede Verwertung außerhalb der engen Grenzen des Urheberrechtsgesetzes ist ohne Zustimmung des Verlages unzulässig und strafbar. Das gilt insbesondere für Vervielfältigungen, Übersetzungen, Mikroverfilmungen und die Einspeicherung und Verarbeitung in elektronischen Systemen.

www.peterlang.de

Vorwort

Die vorliegende Arbeit wurde im Frühjahrssemester 2012 von der Rechtswissenschaftlichen Fakultät der Universität Zürich als Dissertation angenommen.

Ganz herzlich bedanke ich mich bei meinem Doktorvater, Herrn Professor Dominique Jakob, für die Betreuung der Dissertation. Mein besonders großer Dank gilt meinen Eltern, ohne deren Geduld und Unterstützung die Promotion nicht möglich gewesen wäre. Abschließend bedanke ich mich bei Fabian, der sich, ohne juristisch vorbelastet zu sein, die Mühe gemacht hat, die Arbeit durchzuschauen und zu korrigieren.

Hamburg, im Mai 2012

Sarah Katharina Schöbel

Inhaltsverzeichnis

Abkürzungsverzeichnis

ABl.	-	Amtsblatt der Europäischen Gemeinschaften
Abs.	-	Absatz
Art.	-	Artikel
AS	-	Amtliche Sammlung des Bundesrechts
BBl.	-	Bundesblatt
BGBl.	-	Bundesgesetzblatt
BGE	-	Entscheidungen des Schweizerischen Bundesgerichts
BGH	-	Bundesgerichtshof
DStR	-	Deutsches Steuerrecht
f./ff.	-	und folgende (Seite/Seiten)
Fn.	-	Fußnote
HmbGVBl.	-	Hamburgisches Gesetz- und Verordnungsblatt
Hs.	-	Halbsatz
i. V. m.	-	in Verbindung mit
KOM	-	Mitteilung der Europäischen Kommission
lit.	-	litera (Buchstabe)
LS	-	Loseblattsammlung
m. w. N.	-	mit weiteren Nachweisen
N	-	Notation
NJW	-	Neue Juristische Wochenschrift
Nr.	-	Nummer

Rdnr.	-	Randnummer
RIW	-	Recht der Internationalen Wirtschaft
S.	-	Seite, Satz
SJZ	-	Schweizerische Juristen-Zeitung
Vgl.	-	Vergleiche
ZEV	-	Zeitschrift für Erbrecht und Familiennachfolge
ZBJV	-	Zeitschrift des Bernischen Juristenvereins
ZHR	-	Zeitschrift für das gesamte Handels- und Wirtschaftsrecht
ZögU	-	Zeitschrift für öffentliche und gemeinnützige Unternehmen
ZRP	-	Zeitschrift für Rechtspolitik
ZSt	-	Zeitschrift zum Stiftungswesen

Literaturverzeichnis

Andrick, Bernd/Suerbaum, Joachim, Das Gesetz zur Modernisierung des Stiftungsrechts, in: NJW 2002, S. 2905 - 2910.

Anheier, Helmut K., Stiftungen in Europa – Resultate eines Ländervergleichs, in: *Egger, Philipp/Helmig, Bernd/Purtschert, Robert*, Stiftungen und Gesellschaft. Eine komparative Analyse des Stiftungsstandortes Schweiz – Deutschland, Liechtenstein, Österreich, USA, Basel 2006, S. 57 - 90.

Bachert, Robert, Corporate Governance in Nonprofit-Unternehmen, München 2006.

Baums, Theodor, Bericht der Regierungskommission Corporate Governance, Unternehmensführung – Unternehmenskontrolle – Modernisierung des Aktienrechts, Köln 2001.

Boardsource und Independent Sector, The Sarbanes-Oxley Act and Implications for Nonprofit Organizations, 2003, in der Version von Januar 2006, verfügbar unter www.boardsource.org/clientfiles/sarbanes-oxley.pdf.

Blydt-Hansen, Kristoffer, Die Rechtsstellung der Destinatäre der rechtsfähigen Stiftung Bürgerlichen Rechts, Frankfurt am Main 1998.

Böckli, Peter, Schweizer Aktienrecht, 4. Auflage, Zürich 2009.

Bund-Länder-Arbeitsgruppe Stiftungsrecht, Bericht vom 19. Oktober 2001, verfügbar unter www.bmj.bund.de/media/archive/288.pdf.

Bundesverband Deutscher Stiftungen, Grundsätze Guter Stiftungspraxis in der Fassung von August 2010, verfügbar unter www.stiftungen.org/de/publikationen/downloads.html.

Bundesverband Deutscher Stiftungen, Stiftungen in Zahlen, verfügbar unter www.stiftungen.org/de/news-wissen/zahlen-daten.html.

Bundesverband Deutscher Stiftungen/KPMG AG Wirtschaftsprüfungsgesellschaft, Stiftungsstudie, Führung, Steuerung und Kontrolle in der Stiftungspraxis, Frühjahr 2010, verfügbar unter www.stiftungen.org/de/publikationen/downloads.html.

Centre for Philanthropy Studies (CEPS) Universität Basel/Zentrum für Stiftungsrecht Universität Zürich/Swiss Foundations, Der Schweizer Stiftungsreport 2011, verfügbar unter www.ceps.unibas.ch/forschung/publikationen.

Council on Foundations, Principles and Practices for Effective Grantmaking vom 25. Juni 2002, ersetzt durch das Statement of Ethical Principles vom 28. Juni 2005, verfügbar unter www.cof.org.

Crezelius, Georg/Rawert, Peter, Das Gesetz zur weiteren steuerlichen Erleichterung von Stiftungen, in: ZEV 2000, S. 421-428.

Deutsches Zentralinstitut für Soziale Fragen, Leitlinien für die Vergabe des DZI Spendensiegels in der Fassung von Januar 2011, verfügbar unter www.dzi.de/downloads.htm.

Deutsches Zentralinstitut für Soziale Fragen, Hinweise zum DZI Spenden-Siegel, verfügbar unter www.dzi.de/Hinweise.htm.

Deutsches Zentralinstitut für Soziale Fragen, Spenderberatung und DZI Spenden-Siegel – Zahlen und Fakten, verfügbar unter www.dzi.de/downloads.htm.

Diakonisches Werk der Evangelischen Kirche in Deutschland, Diakonischer Corporate Governance Kodex in der Fassung von Oktober 2005, verfügbar unter www.diakonie-portal.de/downloads.

Economiesuisse, Verband der Schweizer Unternehmen, Swiss Code of Best Practice for Corporate Governance vom 25. März 2002. Neufassung vom 21. Februar 2008 verfügbar unter www.economiesuisse.ch.

Egger, Philipp/von Schnurbein, Georg/Zöbeli, Daniel/Koss, Claus, Rechnungslegung und Revision von Förderstiftungen, Handlungsempfehlungen für die Praxis, Basel 2011.

Ellenberger, Jürgen, §§ 80 - 88 (Stiftungsrecht), in: *Palandt, Otto* (Hrsg.), Bürgerliches Gesetzbuch: BGB, 69. Auflage, München 2010.

Europäische Kommission, Grünbuch Europäische Rahmenbedingungen für die soziale Verantwortung der Unternehmen, 18. Juli 2001, KOM (2001) 366 endgültig.

Europäische Kommission, Mitteilung der Kommission an den Rat und das Europäische Parlament über die Prävention und Bekämpfung der Terrorismusfinanzierung mithilfe von Maßnahmen zur Verbesserung des Informationsaustauschs und zur Förderung der Transparenz und der Rückverfolgbarkeit von Finanztransaktionen, 20. Oktober 2004, KOM (2004) 700 endgültig.

Europäische Kommission, Mitteilung der Kommission an den Rat und das Europäische Parlament und den Europäischen Wirtschafts- und Sozialausschuss – Prävention und Bekämpfung der Terrorismusfinanzierung durch bessere Koordinierung auf nationaler Ebene und größere Transparenz des gemeinnützigen Sektors, 29. November 2005, KOM (2005) 620 endgültig.

Europäische Kommission, Generaldirektion Justiz, Freiheit und Sicherheit, Study to Assess the Extent of Abuse of Non-Profit Organisations for Financial Criminal Purposes at EU Level, April 2008, verfügbar unter http://ec.europa.eu/home-affairs/doc_centre/terrorism/terrorism_financing _en.htm.

Europäische Kommission, Generaldirektion Justiz, Freiheit und Sicherheit, Study on Recent Public and Self-Regulatory Initiatives Improving Transparency and Accountability of Non-Profit Organisations in the European Union, April 2009, verfügbar unter http://ec.europa.eu/ home-affairs/doc_centre/terrorism/terrorism_financing_en.htm.

Europäische Kommission, Synthesis of the comments on the consultation document of the internal market and services directorate-general on a possible statute for a european foundation, November 2009, verfügbar unter http://ec.europa.eu/internal_market/company/ eufoundation/index_en.htm.

Europäische Kommission, Feasibility Study on a European Foundation Statute – Final Report, 2009, verfügbar unter www.ec.europa.eu.

Europäische Kommission, Mitteilung der Kommission an das Europäische Parlament, den Rat, den europäischen Wirtschafts- und Sozialausschuss und den Ausschuss der Regionen, Ein Raum der Freiheit, der Sicherheit und des Rechts für die Bürger Europas, Aktionsplan zur Umsetzung des Stockholmer Programms, 20. April 2010, KOM (2010) 171 endgültig.

European Foundation Centre, Principles of Good Practice, 2007, verfügbar unter www.efc.be/NewsKnowledge/Pages/EFCpublications.aspx.

European Foundation Centre, Illustrative Practice Options for Foundations, 2007, verfügbar unter www.efc.be/Legal/Documents/EFCPrinciples_ Illustrative_Options.pdf.

European Foundation Centre, Proposal for a Regulation on a European Statute for Foundations, Januar 2005, letztmalig geändert November 2010, verfügbar unter www.efc.be/EuropeanFoundationStatute/ Pages/EuropeanFoundationStatute.aspx.

Financial Action Task Force on Money Laundering, Interpretative Note to Special Recommendation VIII: Non-Profit Organisations, Oktober 2001, in der Fassung von Februar 2008, verfügbar unter www.fatf-gafi.org.

Financial Action Task Force on Money Laundering, Combating the Abuse of Nonprofit Organisations – International Best Practices, Oktober 2002, verfügbar unter www.fatf-gafi.org.

Financial Action Task Force on Money Laundering, Report on Money Laundering and Terrorist Financing Typologies 2003-2004, verfügbar unter www.fatf-gafi.org

Financial Action Task Force on Money Laundering, Report on Terrorist Financing 2008, verfügbar unter www.fatf-gafi.org.

Graf Strachwitz, Rupert, Verschwiegenheit und Transparenz gemeinwohlorientierter Akteure, in: *Walz, Rainer W.*, Rechnungslegung und Transparenz im Dritten Sektor, Köln 2005, S. 203 - 214.

Grüninger, Harold, Art. 80-89bis, in: Basler Kommentar Zivilgesetzbuch I, 4. Auflage, Basel 2010.

Heise, Georg Arnold, Grundriss eines Systems des gemeinen Civilrechts zum Behuf von Pandekten-Vorlesungen, 2. Auflage, 1816.

Hofstetter, Karl, Corporate Governance – Herausforderung für Stiftungen, in: *Egger, Philipp/Helmig, Bernd/Purtschert, Robert*, Stiftungsparadies Schweiz, Basel 2006, S. 43 - 52.

Hommelhoff, Peter/Hopt, Klaus J./von Werder, Axel, Handbuch Corporate Governance, 2. Auflage, Stuttgart 2009.

Hommelhoff, Peter, Stiftungsrechtsreform in Europa, in: *Hopt, Klaus J./Reuter, Dieter* (Hrsg.), Stiftungsrecht in Europa, Köln 2001, S. 227 - 240.

Hondius, Frits, A Panorama of Trends and Developments of Foundation Law in Europe, in: *Hopt, Klaus J. /Reuter, Dieter* (Hrsg.), Stiftungsrecht in Europa, Köln 2001, S. 573 - 592.

Hoppen, Christian, § 18 Rechnungslegung, in: *Schauhoff, Stephan*, Handbuch der Gemeinnützigkeit, 3. Auflage, München 2010, S. 1032 – 1089.

Hopt, Klaus J., Corporate Governance in Nonprofit-Organisationen, in: *Hopt, Klaus J./von Hippel, Thomas/Walz, W. Rainer* (Hrsg.), Nonprofit-Organisationen in Recht, Wirtschaft und Gesellschaft, Tübingen 2005, S. 243 - 258.

Hopt, Klaus J./Walz, W. Rainer/von Hippel, Thomas/Then, Volker (Hrsg.), The European Foundation, A New Legal Approach, Gütersloh 2006.

Jakob, Dominique, Das neue Stiftungsrecht der Schweiz, in: RIW 2005, S. 669 - 679.

Jakob, Dominique, Schutz der Stiftung, Tübingen 2006.

Jakob, Dominique, Verein – Stiftung – Trust, Entwicklungen 2007, Bern 2008.

Jakob, Dominique, Das Stiftungsrecht der Schweiz zwischen Tradition und Funktionalismus, in: ZEV 2009, S. 165-170.

Jakob, Dominique/Studen, Goran, Die European Foundation – Phantom oder Zukunft des Europäischen Stiftungsrechts?, in: ZHR 174 (2010), S. 61 - 107.

Jensen, Michael/Meckling, William, Theory of the Firm: Managerial Behaviour, Agency Costs and Ownership Structure, in: Journal of Financial Economics, Oktober 1976, Nr. 4, S. 305 - 360.

Joint Working Group of the European Foundation Centre and the Council on Foundations, Principles of Accountability for International Philantrophy, 2007, verfügbar unter www.efc.be/NewsKnowledge/Pages/EFCpublications.aspx.

Konferenz der Präsidentinnen und Präsidenten grosser Hilfswerke der Schweiz, Swiss NPO-Code, März 2006, verfügbar unter www.swiss-npo-code.ch.

Koch, Christian/von Holt, Thomas, Überlegungen zur verantwortungsvollen Führung von Stiftungen, Stiftung & Sponsoring 1/2005, Die Roten Seiten, S. 1 – 8.

Kohl, Helmut, Ein „Foundation Governance Kodex" - ein Gebot der Zeit?, in: *Schmidt, Karsten / Kohl, Helmut / Kübler, Friedrich / Ott, Klaus* (Hrsg.), Zwischen Markt und Staat, Gedächtnisschrift für Rainer W. Walz, Köln 2008, S. 339 - 351.

Koss, Claus, Corporate Governance der Nonprofit-Organisationen in: *Hopt, Klaus J./von Hippel, Thomas/Walz, W. Rainer* (Hrsg.), Nonprofit-Organisationen in Recht, Wirtschaft und Gesellschaft, Tübingen 2005, S. 197 - 220.

Kreutz, Marcus, Verhaltenskodices als wesentliches Element von Corporate-Governance-Systemen in gemeinnützigen Körperschaften, in: ZRP 2007, S. 50 - 54.

Kussmaul, Heinz/Meyering, Stephan, Die Rechnungslegung der Stiftung, in: DStR 2004, 371 - 376.

Lichtsteiner, Hans/Degen, Christoph/Jacobi, Jens, Steigerung der Attraktivität des Stiftungsstandortes Schweiz, Grundlagenbericht zur Motion von SR Werner Luginbühl vom 20. März 2009, verfügbar unter www.profonds.org/de/portrait/downloads.htm.

Michalski, Silke/Beck, Geri/Lustenberger, Daniel/Zumbühl, Phillipp, Zur betriebswirtschaftlichen Orientierung von gemeinnützigen Stiftungen, Ergebnisse einer explorativen empirischen Studie, in: ZögU, 31. Jahrgang, 1/2008, S. 4 - 20.

Muscheler, Karlheinz, Das vertragliche Stiftungsgeschäft, in: ZEV 2003, S. 41 - 49.

Muscheler, Karlheinz, Plädoyer für ein staatsfreies Stiftungsrecht, in: ZRP 2000, S. 390 - 395.

OECD, Grundsätze der Corporate Governance, Neufassung 2004, verfügbar unter www.ecgi.org/codes/documents/principles_de_final.pdf.

OECD, Report on Abuse of charities for money-laundering and tax evasion, 24. Februar 2009, verfügbar unter www.oecd-library.org.

Pratt, John W./Zeckhauser, Richard J., Prinzipals and Agents: The Structure of Business, Harvard Business School Press, Boston 1985.

Priller, Eckhard, Nonprofit-Organisationen als Partner und „verlängerter Arm" des Staates?, in: *Hopt, Klaus J./von Hippel, Thomas/Walz, W. Rainer* (Hrsg,), Nonprofit-Organisationen in Recht, Wirtschaft und Gesellschaft, Tübingen 2005, S. 325 - 343.

Profonds, Dachverband gemeinnütziger Stiftungen in der Schweiz, Vorschlag zu einem Katalog möglicher Massnahmen im Sinn der Motion Luginbühl, September 2009, verfügbar unter www.profonds.org/de/portrait/downloads.htm.

Purtschert, Robert, Good Corporate Governance: Ein Ansatz für Verbände und Nonprofit-Organisationen, Referat anlässlich des VMI Internationales Verbände Forum 2004, Engelberg, verfügbar unter www.vmi.ch.

Purtschert, Robert, Das Schweizer Genossenschaftswesen zwischen Bedeutungsverlust und wirtschaftlicher Dynamik, in: *Helmig, Bert/Purtschert, Robert/Schauer, Reinbert/Witt, Dieter* (Hrsg.): Nonprofit-Organisationen und Märkte, Wiesbaden 2007, S. 375 - 388.

Rat der Europäischen Union, Mitteilung an die Presse, Außerordentliche Tagung des Rates Justiz und Inneres, Brüssel, den 13. Juli 2005, verfügbar unter http://register.consilium.europa.eu/pdf/de/05/st11/st11116.de05.pdf.

Rat der Europäischen Union, Mitteilung an die Presse, Tagung des Rates Justiz und Inneres, Brüssel, den 1./2. Dezember 2005, verfügbar unter http://register.consilium.europa.eu/pdf/ de/05/st14/st14390.de05.pdf.

Rawert, Peter, in: J. von Staudinger - Kommentar zum Bürgerlichen Gesetzbuch mit Einführungsgesetz und Nebengesetzen, Buch 1: Allgemeiner Teil, §§ 80-89 (Stiftungsrecht), Neubearbeitung Berlin 2011.

Regierungskommission Deutscher Corporate Governance Kodex, Deutscher Corporate Governance Kodex vom 26. Februar 2002. Fassung vom 26. Mai 2010 verfügbar unter www.corporate-governance-code.de.

Reuter, Dieter, in: *Säcker, Franz Jürgen/Rixecker, Roland* (Hrsg.), Münchener Kommentar zum Bürgerlichen Gesetzbuch, Band 1: Allgemeiner Teil, Halbband 1: §§ 1-240, Vorbemerkung §§ 80 - 88 (Stiftungsrecht), 5. Auflage, München 2006.

Riemer, Hans Michael, Corporate Governance-Richtlinien für Vereine und Stiftungen aus juristischer Sicht, SJZ 102 (2006), Nr. 22, S. 513 - 516.

Riemer, Hans Michael, Aktuelle Rechtsentwicklungen im schweizerischen Vereins- und Stiftungsrecht, in: *Arter, Oliver/Jörg, Florian S.* (Hrsg.): Entwicklungen im Gesellschaftsrecht II, Bern 2007, S. 123 ff.

Riemer, Hans-Michael, Entwicklungen im Gesellschaftsrecht. Allgemeine Bestimmungen über juristische Personen; Vereins- und Stiftungsrecht, SJZ 100 (2004), S. 514 - 516.

Riemer, Hans-Michael, Landesbericht „Schweiz", in: *Hopt, Klaus J. /Reuter, Dieter* (Hrsg.), Stiftungsrecht in Europa, Köln 2001, S. 511 - 519.

Riemer, Hans-Michael, Die Stiftungen, Systematischer Teil und Kommentar zu Art. 80-89bis ZGB, in: Berner Kommentar, Bern 1975, Nachdruck 1981.

Rüegg-Sturm, Johannes, Erfolgsvoraussetzungen für „Social Entrepreneurship" - Herausforderungen und Ansatzpunkte, ZSt 11-12/2005, S. 263 - 266.

Ruter, Rudolf/Häfele, Markus, Ein Corporate Governance Kodex für Stiftungen, Stiftung & Sponsoring 5/2004, S. 5 - 7.

Säcker, Franz Jürgen/Rixecker, Roland, in: *Säcker, Franz Jürgen/Rixecker, Roland* (Hrsg.), Münchener Kommentar zum Bürgerlichen Gesetzbuch, Band 1: Allgemeiner Teil, Halbband 1: §§ 1-240, §§ 80 – 88 (Stiftungsrecht), 5. Auflage, München 2006.

Saenger, Ingo/Veltmann, Till, Corporate Governance in Stiftungen, ZSt 3/2005, S. 67 – 74.

Sandberg, Berit, Stand und Perspektiven des Stiftungsmanagements in Deutschland, Eine empirische Studie zur betriebswirtschaftlichen Orientierung von Stiftungen, Berlin 2005, verfügbar unter www.stiftungsmanagement-projekt.de.

Sandberg, Berit, Stiftungsmanagement in Deutschland, Stiftung & Sponsoring 1/2006, S. 39.

Sarbanes-Oxley Act vom 30. Juli 2002, Public Law 107-204, 116 United States Statutes at Large 745, verfügbar unter www.sec.gov/about/laws/soa2002.pdf.

Schauhoff, Stephan, Grundlegung, in: *Schauhoff, Stephan,* Handbuch der Gemeinnützigkeit, 3. Auflage, München 2010, S. 1 – 27.

Schlüter, Andreas, Stiftungsrecht zwischen Privatautonomie und Gemeinwohlbindung, München 2004.

Schlüter, Andreas/Stolte, Stefan, Stiftungsrecht, 1. Auflage, München 2007.

Schmidt, Karsten, Gesellschaftsrecht, 4. Auflage, Köln 2002.

Schuhen, Axel, Kontrollprobleme in Nonprofit-Organisationen und Lösungsansätze – Überlegungen auf Basis von Theorie und Praxis der Nonprofit-Governance, in: *Hopt, Klaus J./von Hippel, Thomas/Walz, W. Rainer* (Hrsg.), Nonprofit-Organisationen in Recht, Wirtschaft und Gesellschaft, Tübingen 2005, S. 221 – 241.

Schulze, Reiner, Die Gegenwart des Vergangenen - Zu Stand und Aufgaben der Stiftungsrechtsgeschichte, in: *Hopt, Klaus J./Reuter, Dieter* (Hrsg.), Stiftungsrecht in Europa, Köln 2001, S. 55 - 72.

Schwintek, Sebastian, Vorstandskontrolle in rechtsfähigen Stiftungen bürgerlichen Rechts, Baden-Baden 2001.

Segna, Ulrich, Corporate Governance im Dritten Sektor – Gemeinsamkeiten und Unterschiede zum Forprofit-Sektor; 7. Hamburger Tage des Stiftungs- und Nonprofit-Rechts am 10. November 2007 an der Bucerius Law School.

Seifart, Werner/von Campenhausen, Axel, Stiftungsrechts-Handbuch, 3. Auflage, München 2009.

SIX Swiss Exchange, Richtlinie betreffend Informationen zur Corporate Governance vom 17. April 2002. Neufassung vom 29. Oktober 2008 verfügbar unter www.six-exchange-regulation.com.

Sprecher, Thomas/Egger, Philipp/Janssen, Martin, Swiss Foundation Code 2009 mit Kommentar, Grundsätze und Empfehlungen zur Gründung und Führung von Förderstiftungen, Basel 2009.

Sprecher, Thomas, Was ist und was leistet Foundation Governance?, in: Jusletter vom 26. April 2010, S. 1-30, verfügbar unter www.jusletter.ch.

Steuber, Elgin, Corporate Governance bei Stiftungen – eine Frage der Kontrolle oder der Moral?, in: DStR 2006, Heft 27, S. 1182 - 1188.

Stiftung ZEWO, Reglement über die Sammlungstätigkeit für gemeinnützige Zwecke, Januar 2007, verfügbar unter www.zewo.ch/label/standards.html.

Stiftung ZEWO, Reglement über das Erst- und Rezertifizierungsverfahren, Februar 2008, verfügbar unter www.zewo.ch/label/standards.html.

Stiftung ZEWO, Reglement über das ZEWO-Gütesiegel für gemeinnützige Organisationen in der Fassung von November 2008, verfügbar unter www.zewo.ch/label/standards.html.

Stiftung ZEWO, Anforderungen an die Revision von Organisationen mit ZEWO-Gütesiegel, November 2008, verfügbar unter www.zewo.ch/label/standards.html.

Tiedke, Klaus/Möllmann, Peter, Das Gesetz zur weiteren Stärkung des bürgerschaftlichen Engagements, in: NJW 2007, S. 3221 - 3223.

Universität Heidelberg/CSI Heidelberg/Max-Planck-Institut Hamburg, Feasibility Study on a European Foundation Statute, Februar 2009, verfügbar unter http://ec.europa.eu/internal_market/company/eufoundation/ index_en.htm.

Universität Potsdam/KPMG AG Wirtschaftsprüfungsgesellschaft, Corporate Governance in Nonprofit-Organisationen, 2006, verfügbar unter www.kpmg.at/publikationen.html.

US Department of the Treasury, Anti Terrorist Financing Guidelines - Voluntary Best Practices for US-Based Charities, Dezember 2005, verfügbar unter www.treasury.gov.

Van Veen, W.J.M., Corporate Governance for Nonprofit-Organisations, A Legal Approach, in: *Schmidt, Karsten/Kohl, Helmut/Kübler, Friedrich/Ott, Klaus* (Hrsg.), Zwischen Markt und Staat, Gedächtnisschrift für Rainer W. Walz, Köln 2008, S. 757 - 768.

Veltmann, Till, Corporate Governance und Stiftungen, in: *Werner, Olaf/Saenger, Ingo* (Hrsg.), Die Stiftung - Recht, Steuern Wirtschaft, Berlin 2008, S. 365 - 387.

Verband Entwicklungspolitik Deutscher Nichtregierungsorganisationen, VENRO-Verhaltenskodex zu Transparenz, Organisationsführung und Kontrolle in der Fassung von Januar 2011, verfügbar unter www.venro.org/venro0.html.

Verband Entwicklungspolitik Deutscher Nichtregierungsorganisationen, VENRO-Kodex Entwicklungsbezogene Öffentlichkeitsarbeit von Dezember 1998, in der Fassung von Januar 2011 verfügbar unter www.venro.org/venro0.html.

Verband Entwicklungspolitik Deutscher Nichtregierungsorganisationen, VENRO-Kodex Kinderrechte von Dezember 2009, in der Fassung von Januar 2011 verfügbar unter www.venro.org/venro0.html.

Vez, Parisima, Thesen zu einem neuen Stiftungsverständnis, in: ZBJV 2007, S. 229 - 246.

Voggensperger, Ruth/Thaler, Georg, Kurzkommentar zum Swiss NPO-Code, Zürich 2006.

Volkswagenstiftung, 20 Prinzipien Guter Stiftungspraxis, verfügbar unter www.volkswagenstiftung.de/stiftung/governance.html.

Von Hippel, Thomas, Grundprobleme von Nonprofit-Organisationen, Tübingen 2007.

Von Hippel, Thomas, Typologie der Nonprofit-Organisationen, in: *Hopt, Klaus J./von Hippel, Thomas/Walz, W. Rainer* (Hrsg.), Nonprofit-Organisationen in Recht, Wirtschaft und Gesellschaft, Tübingen 2005, S. 87 - 102.

Von Schnurbein, Georg, Der Schweizer Stiftungssektor im Überblick, Centre for Philanthropy Studies, Basel 2009.

Wagner, Frank W./Walz, W. Rainer, Zweckerfüllung gemeinnütziger Stiftungen durch zeitnahe Mittelverwendung und Vermögenserhaltung, Baden-Baden 1997.

Walz, W. Rainer, Stiftungsreform in Deutschland: Stiftungssteuerrecht, in: *Hopt, Klaus J. /Reuter, Dieter* (Hrsg.), Stiftungsrecht in Europa, Köln 2001, S. 197 - 218.

Walz, W. Rainer, Rechnungslegung und Transparenz im Dritten Sektor, in: *Walz, W. Rainer*, Rechnungslegung und Transparenz im Dritten Sektor, Köln 2005, S. 1 - 13.

Walz, W. Rainer, Rechnungslegung für Nonprofit-Organisationen, in: *Hopt, Klaus J./von Hippel, Thomas/Walz, W. Rainer* (Hrsg.), Nonprofit-Organisationen in Recht, Wirtschaft und Gesellschaft, Tübingen 2005, S. 259 - 281.

Walz, W. Rainer, Lücken der Foundation Governance und ihre Ausfüllung, in: *Arkan, Sabih/Yongalik, Aynur* (Hrsg.), Festschrift Tugrul Ansay zum 75. Geburtstag, Alphen aan de Rijn, 2006, S. 497 - 516.

Werner, Olaf, Die Verlagerung der Haftung einer Stiftung auf den Wirtschaftsprüfer, in: Festschrift für Wolfgang Lück, Düsseldorf 2003, S. 145 - 157.

Wernicke, Thomas, Vorstandskontrolle in der Stiftung, in: ZEV 2003, S. 301 - 306.

Zurkinden-Erismann, Linda, Stiftungsstandort Schweiz im Wandel, in: Stiftung & Sponsoring 3/2005, S. 39 - 41.

Zurkinden-Erismann, Linda, Foundation Governance, Selbstregulierung im Rahmen internationaler Herausforderungen und Entwicklungstendenzen unter besonderer Berücksichtigung der Situation in der Schweiz, in: Stiftung & Sponsoring 1/2006, Die Roten Seiten, S. 1 - 17.

Zurkinden-Erismann, Linda, Zusammenfassung: Was ist gute Stiftungsarbeit, in: *Egger, Philipp/Helmig, Bernd/Purtschert, Robert*, Stiftungsparadies Schweiz, Basel 2006, S. 25 – 27.

1 Einleitung

Der Begriff „Governance" hat seinen Ursprung in dem lateinischen Wort „gubernare", das mit „leiten, lenken, steuern" übersetzt werden kann. Schon seit Beginn der 1990er Jahre wird die Thematik der Corporate Governance diskutiert, die sich mit der organisatorischen und inhaltlichen Ausgestaltung der Führung und Kontrolle gewinnorientierter Unternehmen, das heißt dem Forprofit Bereich, beschäftigt. Seit mehreren Jahren wird diese Debatte vermehrt auch auf andere Rechtsformen ausgedehnt, so insbesondere auch auf gemeinnützige Organisationen. Dabei wird die Übertragbarkeit der für den Bereich der Unternehmen gefundenen Prämissen auf Nonprofit Organisationen im Allgemeinen (Nonprofit Governance) sowie auf Stiftungen im Besonderen (Foundation Governance) diskutiert beziehungsweise werden eigene Governance Systeme für beide Bereiche analysiert.

Die vorliegende Arbeit hat die Foundation Governance zum Gegenstand und greift die soeben genannten Ansätze auf. Dabei soll der Fokus einerseits auf einem Vergleich der Entwicklungen auf diesem Gebiet in der Schweiz und in Deutschland liegen, andererseits sollen europäische und internationale Entwicklungen Berücksichtigung finden.

1.1 Einführung in die Thematik

Im Folgenden soll, ausgehend von der Corporate Governance (Abschnitt 1.1.1), die Entwicklung der Foundation Governance nachgezeichnet werden (Abschnitt 1.1.2). Anschließend sind der Begriff der Foundation Governance (Abschnitt 1.1.3) und ihre Inhalte (Abschnitt 1.1.4) Gegenstand der Darstellung.

1.1.1 Corporate Governance

Ausgangspunkt der Überlegungen zur Foundation Governance ist die Thematik der Corporate Governance. Der Begriff „Corporate Governance" umschreibt den rechtlichen und faktischen Ordnungsrahmen für die Leitung und Überwachung eines Unternehmens.[1] Vor dem Hintergrund der Situation in Aktiengesellschaften liegt die theoretische Grundlage der wirtschaftswissenschaftlichen Auseinandersetzung in der Problematik des Auseinanderfallens von Eigentum und Verfügungsbefugnis. Die Distanz zwischen der Unternehmensführung und den Anteilseignern ist aufgrund einer regelmäßig breiten Streuung der Aktien verhältnismäßig groß, so dass flankierende, korrigierende Maßnahmen zur Kontrolle der Unternehmensführung erforderlich sind.

Der Begriff Corporate Governance wurde erstmals in den 1970er Jahren im angelsächsischen Sprachraum erwähnt. Einer breiteren Öffentlichkeit wurde die Thematik mit dem im Jahr 1992 in Großbritannien publizierten Cadbury Report[2] bekannt. Dieser enthielt in seinem Anhang einen Code of Best Practice, welcher sich auf die Organisation der Leitung von börsenkotierten Gesellschaften bezog. Daran anknüpfend folgten weitere Abhandlungen zu den praktischen Erfahrungen mit Corporate Governance mit dem Greenbury Report im Jahr 1995[3], der besonderes Augenmerk auf die Honorierung des Vorstands legte, sowie dem Hampel Report im Jahr 1998[4], der unter anderem die Harmonisierung der Empfehlungen des Cadbury Reports und des Greenbury Reports zum Gegenstand hatte.

Die genannten Veröffentlichungen führten zu einer großen internationalen Resonanz und forcierten einschlägige Diskussionen in allen Industriestaaten. So veröffentlichte beispielsweise die OECD im Jahr 1998 Grundsätze der Corporate Governance.[5] Im Jahr 2002 erließ der US-Amerikanische Kongress mit Blick auf die Bilanzskandale der Vergangenheit, exemplarisch seien die Fälle Enron oder Worldcom genannt, den sogenannten Sarbanes-Oxley Act[6], ein Bundesgesetz das darauf abzielte, das Ver-

---

1 Böckli, Schweizer Aktienrecht, 4. Auflage, Zürich 2009, § 14 S. 1935ff.; Hommelhoff/Hopt/von Werder, Handbuch Corporate Governance, 2. Auflage, Stuttgart 2009, S. 4.

2 Committee on the Financial Aspects of Corporate Governance, Report, Dezember 1992, verfügbar unter www.ecgi.org/codes/documents/cadbury.pdf.

3 Directors' Remuneration, Report of a Study Group chaired by Sir Richard Greenbury, Juli 1995, verfügbar unter www.ecgi.org/codes/documents/greenbury.pdf.

4 Committee on Corporate Governance, Final Report, Januar 1998, verfügbar unter www.ecgi.org/codes/documents/hampel.pdf.

5 OECD, Grundsätze der Corporate Governance, Neufassung 2004, verfügbar unter www.ecgi.org/codes/documents/principles_de_final.pdf.

6 Sarbanes-Oxley Act vom 30. Juli 2002, Public Law 107-204, 116 United States Statutes at Large 745, verfügbar unter www.sec.gov/about/laws/soa2002.pdf.

trauen der Anleger in die Richtigkeit und Verlässlichkeit der veröffentlichten Finanzdaten von Unternehmen wiederherzustellen.

In der Schweiz trat zum 1. Juli 2002 der von dem Dachverband der Schweizer Unternehmen Economiesuisse publizierte Swiss Code of Best Practice for Corporate Governance[7] in Kraft, dessen Zweck primär die stärkere Berücksichtigung der Interessen der Publikumsaktionäre war. Ebenfalls zum 1. Juli 2002 wurde die Corporate Governance-Richtlinie der Schweizer Börse mit vergleichbaren Zielen wirksam.[8] Darüber hinaus wurde auch der Schweizer Gesetzgeber aktiv, der mit Wirkung zum 1. Januar 2007 die Artikel 663b ff. im schweizerischen Obligationenrecht[9] ergänzte, welche die Transparenz hinsichtlich der Vergütungen an Mitglieder des Verwaltungsrates und der Geschäftsleitung von börsenkotierten Unternehmungen betreffen.[10] Mit einem weiteren Gesetz wurden Buchführungspflichten sowie die Vorgaben zur Revisionsstelle neu geregelt.[11] Darüber hinaus soll im Rahmen einer Überarbeitung des Aktien und -Rechnungslegungsrechts, welche das Unternehmensrecht umfassend modernisieren und den wirtschaftlichen Bedürfnissen anpassen soll, die Corporate Governance verbessert werden. Vor diesem Hintergrund verabschiedete der Bundesrat Ende des Jahres 2007 die Botschaft zur Revision des Aktien- und Rechnungslegungsrechts[12], Ende des Jahres 2008 wurde in Ergänzung hierzu die Botschaft zur Volksinitiative "gegen die Abzockerei" und zur Änderung des Obligationenrechts verabschiedet.[13]

In Deutschland gab es ebenfalls entsprechende Ansätze. So wurden die Grundsätze der Corporate Governance im Deutschen Corporate Governance Kodex fixiert, einem Regelwerk, das von einer durch das Bundesministeri-

---

7 Economiesuisse, Verband der Schweizer Unternehmen, Swiss Code of Best Practice for Corporate Governance vom 25. März 2002. Neufassung vom 21. Februar 2008, verfügbar unter www.economiesuisse.ch.

8 SIX Swiss Exchange, Richtlinie betreffend Informationen zur Corporate Governance vom 17. April 2002. Neufassung vom 29. Oktober 2008 verfügbar unter www.six-exchange-regulation.com.

9 Bundesgesetz vom 30. März 1911 betreffend die Ergänzung des Schweizerischen Zivilgesetzbuches, 5. Teil: Obligationenrecht (AS 27 317).

10 Bundesgesetz zur Änderung des Obligationenrechts (Transparenz betreffend Vergütungen an Mitglieder des Verwaltungsrates und der Geschäftsleitung) vom 5. Oktober 2005 (AS 2006 2629).

11 Bundesgesetz vom 16. Dezember 2005 (AS 2007 4791).

12 Botschaft zur Revision des Aktien- und Rechnungslegungsrechts vom 21. Dezember 2007 (BBl. 2008, 1589).

13 Botschaft zur Volksinitiative „gegen die Abzockerei" und zur Änderung des Obligationenrechts vom 5. Dezember 2008 (BBl. 2009, 299).

um der Justiz im September 2001 eingesetzten Regierungskommission am 26. Februar 2002 verabschiedet wurde.[14] Entsprechend seines schweizerischen Pendants thematisiert der Kodex die Rechte der Aktionäre sowie das Verhältnis von Aufsichtsrat und Vorstand. Er soll dazu beitragen, die in Deutschland geltenden Regeln für die Unternehmensleitung und -überwachung für nationale und internationale Investoren transparent zu machen, um auf diesem Weg das Vertrauen in die Leitung deutscher Unternehmen zu stärken. Die gesetzlichen Grundlagen der Corporate Governance liegen im Aktiengesetz[15]. Bedeutende gesetzliche Initiativen mit Bezug zur Corporate Governance sind beispielsweise das Gesetz zur Kontrolle und Transparenz im Unternehmensbereich[16], das Gesetz zur weiteren Reform des Aktien- und Bilanzrechts, zur Transparenz und Publizität[17] sowie das Vorstandsvergütungs-Offenlegungsgesetz[18].

Während im Rahmen der Diskussion zur Corporate Governance und den in der Folge entstandenen Regelwerken zunächst vorrangig Fragen der Ausgestaltung des internen Kontrollverhältnisses zwischen den Aktionären und der Unternehmensleitung sowie die Beziehungen und die Zusammenarbeit der Geschäftsleitung und des Verwaltungsrats beziehungsweise Aufsichtsrats im Mittelpunkt der Diskussion standen, geht die neuere Entwicklung über dieses klassische Verständnis hinaus. So ist insbesondere anerkannt, dass neben der internen Governance auch die Organisation und Kontrolle externer Beziehungen von erheblicher Bedeutung ist. Man spricht von einer Ausdehnung der zu schützenden Gruppen von den Shareholdern, das heißt den Aktionären, zu den Stakeholdern, das heißt Mitgliedern weiterer Interessensgruppen. Als mögliche Stakeholder kommen dabei unter anderem Arbeitnehmer, Lieferanten oder Gläubiger in Betracht.[19]

Im Ergebnis sind die Prämissen der Corporate Governance auf eine wirkungsvolle Überwachung der Geschäftsleitung sowie eine verantwortliche und an dem langfristigen Erfolg orientierten Führung der Geschäfte des

---

14 Regierungskommission Deutscher Corporate Governance Kodex, Deutscher Corporate Governance Kodex vom 26. Februar 2002. Fassung vom 26. Mai 2010 verfügbar unter www.corporate-governance-code.de.

15 Aktiengesetz in der Fassung der Bekanntmachung vom 6. September 1965 (BGBl. I S. 1089), zuletzt geändert durch Gesetz vom 9. Dezember 2010 (BGBl. I S. 1900).

16 Gesetz zur Kontrolle und Transparenz im Unternehmensbereich vom 5. März 1998 (BGBl. I S. 786).

17 Gesetz zur weiteren Reform des Aktien- und Bilanzrechts, zur Transparenz und Publizität vom 19. Juli 2002 (BGBl. I S. 2681).

18 Vorstandsvergütungs-Offenlegungsgesetz vom 8. August 2005 (BGBl. I S. 2267).

19 Hommelhoff/Hopt/von Werder (Fn. 1), S. 8ff.

Unternehmens gerichtet. Zu diesem Zweck werden Leitlinien für das Verhalten der Unternehmensspitze, Empfehlungen zur Organisationsstruktur sowie Vorgaben zur Transparenz offeriert.

1.1.2 Entwicklung der Foundation Governance

Die zur Corporate Governance geführten Diskussionen fanden fast zeitgleich Einzug in den Nonprofit Bereich. In den USA wurden bereits in den 1980er Jahren Governance Regelungen des National Charities Information Bureau sowie des Philantrophic Advisor Service des Counsel of Better Business Bureau vorgeschlagen, welche in die im Juni 2002 veröffentlichten Principles and Practices for Effective Grantmaking des Council on Foundations, dem zentralen amerikanischen Stiftungsverband, mündeten.[20] Die Debatte um Nonprofit Governance erhielt neue Impulse durch den bereits angesprochenen Sarbanes-Oxley Act. Obschon sich dessen Bestimmungen lediglich auf öffentlich gehandelte Unternehmen bezogen, wurde die Verabschiedung des Gesetzes als ein „wake-up call to the entire nonprofit community“ kommentiert.[21] In Deutschland führte die Regierungskommission Corporate Governance aus, dass in Bezug auf Nonprofit Governance rechtspolitischer Diskussionsbedarf zumindest hinsichtlich solcher Vereine bestehe, die steuerliche Privilegien in Anspruch nähmen, Spenden einsammelten oder als Idealvereine im Rahmen des so genannten Nebenzweckprivilegs als Wirtschaftsunternehmen tätig würden.[22]

Im Rahmen der Diskussion um Foundation Governance zeigte sich, dass die für börsenkotierte Gesellschaften entwickelten Standards in ihrem Kern auch auf Stiftungen und andere Institutionen des Dritten Sektors anwendbar sind. Corporate Governance und Foundation Governance teilen insofern eine Schnittmenge, als dass sie beide auf die nachhaltige Verbesserung der

---

20 Council on Foundations, Principles and Practices for Effective Grantmaking vom 25. Juni 2002, ersetzt durch das Statement of Ethical Principles vom 28. Juni 2005, verfügbar unter www.cof.org. Vgl. Veltmann, Corporate Governance und Stiftungen, in: Werner/Saenger (Hrsg.), Die Stiftung - Recht, Steuern Wirtschaft, Berlin 2008, Rdnr. 568.

21 Boardsource und Independent Sector, The Sarbanes-Oxley Act and Implications for Nonprofit Organizations, 2003, in der Version von Januar 2006, S. 2, verfügbar unter www.boardsource.org/clientfiles/sarbanes-oxley.pdf. Vgl. Veltmann (Fn. 20), Rdnr. 569.

22 Baums, Bericht der Regierungskommission Corporate Governance, Unternehmensführung - Unternehmenskontrolle - Modernisierung des Aktienrechts, Köln 2001, S. 6.

Leistungen von komplexen Organisationen zielen.[23] Auf der anderen Seite zeichnete sich jedoch ab, dass Regelungen der Corporate Governance nicht unbesehen auf Stiftungen übertragen werden können, dies schon aus dem Grund, dass sich Unternehmen des Forprofit Bereichs und solche des Nonprofit Bereichs in mehrfacher Hinsicht voneinander unterscheiden. Neben den verschiedenen Rechtsformen und den damit verbundenen rechtlichen Rahmenbedingungen, verfolgen die Organisationen insbesondere auch unterschiedliche Zielsetzungen. Während im Forprofit Bereich allgemeine finanzwirtschaftliche Ziele wie die Gewinnorientierung und die Vermögensmehrung im Vordergrund stehen, werden diese in Stiftungen, deren Hauptziel die Erfüllung des Stiftungszwecks ist, um solche Zielsetzungen ergänzt, die aus der Wertorientierung des Bereichs resultieren.[24] Als weitere Beispiele seien einerseits die unterschiedlichen Eigentumsverhältnisse genannt (Eigentümer des Vermögens ist im Fall der Stiftung diese selbst, bei den Kapitalgesellschaften sind es die Anteilseigner), andererseits die Kontrolle des Vorstands (sie erfolgt im Fall der Stiftung durch eine staatliche Aufsichtsbehörde, im Forprofit Bereich ist sie dagegen grundsätzlich gesellschaftsintern geregelt) sowie schließlich die weite Verbreitung ehrenamtlicher Arbeit in Nonprofit Organisationen. Im Ergebnis erfordert die Übernahme von Regelungen der Corporate Governance für die Foundation Governance eine fundierte Auseinandersetzung mit den funktionalen, strukturellen und institutionellen Unterschieden zwischen Forprofit Unternehmen und Stiftungen. Es ist zu prüfen, an welcher Stelle aufgrund einer identischen Problemstellung Lösungen entlehnt werden können und wo aufgrund einer unterschiedlichen Problemstellung eigene Ansätze erarbeitet werden müssen.[25]

In Hinblick auf die Erforderlichkeit von Foundation Governance wird zunächst argumentiert, dass, soweit sich Foundation Governance mit Corporate Governance decke, zumindest die großen Stiftungen als durchaus beachtliche Akteure der Wirtschaft es sich schon aus Reputationsgründen nicht erlauben könnten, hinter die von der Corporate Governance gesetzten Standards zurückzufallen.[26] Die Notwendigkeit der Einführung einer spezifischen Foundation Governance auch jenseits der Regelungen von Corporate Governance wird unterschiedlich begründet. So wird einerseits vertre-

23 Sprecher, Was ist und was leistet Foundation Governance?, in: Jusletter vom 27. April 2010, Rdnr. 9, 12, verfügbar unter www.jusletter.ch.

24 Bachert, Corporate Governance in Nonprofit-Unternehmen, München 2006, S. 47.

25 Sprecher (Fn. 23), Rdnr. 13; Steuber, Corporate Governance bei Stiftungen – eine Frage der Kontrolle oder der Moral?, in: DStR 2006, Heft 27, S. 1182, 1184.

26 Sprecher (Fn. 23), Rdnr. 17 Nr. 1.

ten, dass das Zusammenspiel verschiedenartiger Faktoren wie Wirtschaft, Spenden, Fördergelder, treuhänderische Verwaltung sowie die Kombination ehrenamtlicher und hauptberuflicher Mitarbeiter die Steuerung und Zielfindung in Nonprofit Organisationen besonders komplex machten und ihre Überwachung und Kontrolle verkomplizierten, so dass es entsprechender einschlägiger Regelungen bedürfe.[27] Des Weiteren wird auf die Interessen der beteiligten Parteien wie beispielsweise die Stifter, die Destinatäre, die Stiftungsaufsicht oder die Allgemeinheit hingewiesen, deren Vertrauen in Stiftungen durch Regelungen der Foundation Governance entscheidend bestärkt werden könne.[28] Die Erkenntnis, dass Missmanagement nicht auf den Forprofit Sektor beschränkt ist[29] sowie - relevant in Hinblick auf einen Teil der Stiftungen - der scharfe Wettbewerb auf dem Spendenmarkt haben die Diskussionen im Nonprofit Bereich zusätzlich beschleunigt.

1.1.3 Begriff der Foundation Governance

Für „Foundation Governance" gibt es ebenso wie für „Corporate Governance" keinen adäquaten deutschen Begriff. Wörtlich übersetzt bedeutet Foundation Governance „Stiftungssteuerung", an einer feststehenden Definition fehlt es jedoch bislang. Basierend auf der oben nachgezeichneten Entwicklung des Begriffs und analog zur Definition der Corporate Governance definiert *Jakob* den Begriff der Foundation Governance als den rechtlichen und faktischen Ordnungsrahmen für die Überwachung eines Unternehmens übertragen auf Stiftungen und vergleichbare Organisationen. Die Stiftung und ihre Beteiligten sollen durch ein angemessenes Organisationsgefüge kontrolliert und vor Fehlverhalten geschützt werden, sei es gesetzlicher oder gestalterischer Art.[30] *Sprecher* argumentiert, diese Definition greife zu kurz, da die Frage der Überwachung nicht den einzigen Regelungsgegenstand der Foundation Governance bilde.[31] Der Swiss NPO-Code, der un-

27 Ruter/Häfele, Ein Corporate Governance Kodex für Stiftungen, in: Stiftung & Sponsoring 5/2004, S. 5, 7.

28 Vgl. Steuber (Fn. 25), S. 1182, 1185ff.

29 Purtschert, Good Corporate Governance: Ein Ansatz für Verbände und Nonprofit-Organisationen, Referat anlässlich des VMI Internationales Verbände Forum 2004, Engelberg, S. 2, verfügbar unter www.vmi.ch.

30 Jakob, Das Stiftungsrecht der Schweiz zwischen Tradition und Funktionalismus, in: ZEV 2009, S. 165, 168.

31 Sprecher (Fn. 23), Rdnr. 21 Fn. 12.

abhängig von der Rechtsform auf Vereine und Stiftungen anwendbar ist, definiert Nonprofit Governance in § 2 als alle diejenigen Grundsätze, die – unter Wahrung der Entscheidungsfähigkeit und der Effizienz der Leitungsorgane – eine verantwortungsbewusste Führung, Kontrolle und Kommunikation der Nonprofit Organisation sicherstellen.[32] Daran anknüpfend definiert *Sprecher* Foundation Governance als Gesamtheit der auf die Interessen des Stifters, der Destinatäre und der anderen Anspruchsgruppen ausgerichteten Grundsätze, die unter Wahrung der Gestaltungs- und Entscheidungsfähigkeit des Stiftungsrats die wirksame Umsetzung des Stiftungszwecks, ein ausgewogenes Verhältnis von Leitung und Kontrolle sowie angemessene Transparenz anstreben.[33]

Unabhängig von der konkreten Fassung der Definition ist festzuhalten, dass der Begriff der Foundation Governance überaus vielschichtig ist. Dies ist unter anderem durch die Heterogenität der Stiftungslandschaft begründet. Mit Blick auf die verschiedenen nationalen Rechtsordnungen und die Vielgestaltigkeit der entsprechenden Stiftungssektoren sowie die unterschiedlichen Begriffsdefinitionen zu Stiftungen und zu den Stiftungsformen wird vertreten, dass eine enge Begriffsdefinition kaum möglich beziehungsweise zweckmäßig ist.[34] Ein weiterer Aspekt der Vielschichtigkeit der Foundation Governance betrifft die Arten möglicher Regulierungen. Weithin werden mit dem Begriff insbesondere Kodizes bezeichnet, die von übergeordneten Organisationen erstellt werden und die Stiftungsbeteiligten zu einem gewissen Verhalten anhalten sollen beziehungsweise es wird auf Selbstregulierungsabkommen abgestellt, die das gleiche Ziel verfolgen. *Jakob* hat jedoch darauf hingewiesen, dass sich die Regulierung von Verhaltensweisen neben dieser externen Ebene auch auf der Ebene der internen Stiftungsorganisation und damit im materiellen Stiftungsrecht vollziehen kann. Beide Ebenen seien Seiten der gleichen Münze: während die interne Seite materielle Rechtsregeln betreffe, beziehe sich die externe Ebene auf ihren institutionellen Durchsetzungsrahmen.[35]

---

32 Konferenz der Präsidentinnen und Präsidenten großer Hilfswerke der Schweiz, Swiss NPO-Code, März 2006, verfügbar unter www.swiss-npo-code.ch.

33 Sprecher (Fn. 23), Rdnr. 21.

34 So Zurkinden-Erismann, Foundation Governance, Selbstregulierung im Rahmen internationaler Herausforderungen und Entwicklungstendenzen unter besonderer Berücksichtigung der Situation in der Schweiz, in: Stiftung & Sponsoring 1/2006, Die Roten Seiten, S. 1, 4; Hopt, Corporate Governance in Nonprofit-Organisationen, in: Hopt/von Hippel/Walz (Hrsg.), Nonprofit-Organisationen in Recht, Wirtschaft und Gesellschaft, Tübingen 2005, S. 243, 248.

35 Jakob (Fn. 30), S. 165, 168; ders., Schutz der Stiftung, Tübigen 2006, S. 528, 529.

Eine dritte Besonderheit der Thematik der Foundation Governance liegt darin, dass es sich insoweit nicht um einen exklusiv juristischen Forschungsgegenstand handelt, sondern vielmehr von einer Querschnittswissenschaft gesprochen werden kann. Neben rechtswissenschaftlichen Fragen stehen insbesondere betriebswirtschaftliche Aspekte sowie psychologische, soziologische und ethische Themen. Der juristische Beitrag kann in diesem Rahmen zum einen in der Regelung von Kompetenzen liegen, die ein Divergieren von Verantwortlichkeit und Haftung bei den Beteiligten verhindern, das heißt die sicherstellen, dass eine Person nicht handeln kann, ohne auch dafür verantwortlich zu sein beziehungsweise umgekehrt. Ein weiteres juristisches Betätigungsfeld kann die Bereitstellung rechtlicher Instrumente betreffen, die ein reibungsloses Funktionieren der Organisation gewährleisten, wozu beispielweise die Definition von Verhaltensnormen und Sorgfaltspflichten der Agierenden sowie Vorschriften der Transparenz zählen.[36]

1.1.4 Inhalte der Foundation Governance

Unter inhaltlichen Aspekten betrifft Foundation Governance im Wesentlichen die funktionale Spitzenverfassung der Stiftung und ihr Verhalten, umfasst aber auch zahlreiche weitere Aspekte. Entsprechend zu der Entwicklung der Corporate Governance werden auch die Interessen weiterer Anspruchsgruppen, wie beispielsweise der Stifter, der Destinatäre, der Stiftungsaufsicht oder auch das Gemeinwesen, im Themenkreis der Foundation Governance diskutiert. In Analogie zu *Böcklis* für Aktiengesellschaften entwickeltem Modell lassen sich bei Stiftungen zwei relevante Verhältnisse, ein „inneres Dreieck“ und ein „äußeres Dreieck“, unterscheiden. Das „innere Dreieck“ betrifft dabei einerseits die funktional zweckmäßige Strukturierung der Stiftungsspitze, das heißt das Zusammenspiel zwischen der Geschäftsführungsfunktion, der Leitungs- und Überwachungsfunktion und der Prüfungsfunktion, sowie andererseits die zweckmäßige Zusammensetzung und Strukturierung des Leitungsorgans als Gremium. Das „äußere Dreieck“ betrifft demgegenüber das Verhältnis des „inneren Dreiecks“ zur Aufsichtsbehörde und der Steuerbehörde sowie zu den weiteren Anspruchsgruppen, den bereits genannten Stakeholdern.[37]

36 Van Veen, Corporate Governance for Nonprofit-Organisations, A Legal Approach, in: Schmidt/Kohl/Kübler/Ott (Hrsg.), Zwischen Markt und Staat: Gedächtnisschrift für Rainer W. Walz, Köln 2008, S. 757, 758; Sprecher (Fn. 23), S. 7.

37 Böckli (Fn. 1), S. 1944; Sprecher (Fn. 23), S. 4.

Die materiellen Regelungen, mittels derer Foundation Governance die genannten Regelungsgegenstände adressiert, sind vielfältig. Im Folgenden soll, in Anlehnung an *Kimman*, ein Überblick über mögliche Inhalte der Foundation Governance gegeben werden.[38] Dieser nennt zuvorderst das Erfordernis eines klar definierten sozialen Zwecks („clear social purpose"). In Hinblick auf die Führung der Organisation seien eine gegenseitige Kontrolle der Organe („checks and balances in the running of organization"), eine wechselnde Führung („rotating leadership"), ein Bewusstsein hinsichtlich Interessenskonflikten („awareness for impossible conflicts of interest") sowie eine demokratische Kontrolle durch ein Forum, an dem auch die Begünstigten partizipieren können („democratic control through a forum in which beneficiaries should be allowed to participate") zentrale Aspekte der Foundation Governance. Bezüglich der Transparenz müssten des Weiteren eine Offenlegung des Vermögens („disclosure of property"), eine Rechenschaftspflicht für Einkünfte und Ausgaben („accountability for income and outlays") sowie allgemein transparente Abläufe („overall transparency") geregelt werden.

Schließlich sei auf den verwandten Begriff der Social Responsibility hingewiesen. Ausgangspunkt ist dabei die Corporate Social Responsibility, die unternehmerische Sozialverantwortung, die im europäischen Raum definiert wird als ein Konzept, das den Unternehmen als Grundlage dient, auf freiwilliger Basis soziale Belange und Umweltbelange in ihre Unternehmenstätigkeit und in die Wechselbeziehungen mit den Stakeholdern zu integrieren.[39] Überträgt man diese Definition auf Stiftungen, kann von einer Foundation Social Responsibility gesprochen werden, die wiederum als Bestandteil der Foundation Governance einzuordnen ist.[40]

1.2 Gegenstand der Arbeit und Bezug zum Stand der Forschung

Im Stiftungsrecht hat sich das Thema Foundation Governance inzwischen zu einer festen Größe der aktuellen Forschung entwickelt und breite Reso-

38 Vgl. Hondius, A Panorama of Trends and Developments of Foundation Law in Europe, in: Hopt/Reuter (Hrsg.), Stiftungsrecht in Europa, Köln 2001, S. 573, 586.

39 Europäische Kommission, Grünbuch Europäische Rahmenbedingungen für die soziale Verantwortung der Unternehmen, 18. Juli 2001, KOM (2001) 366 endgültig; vgl. auch Böckli (Fn. 1), S. 2024ff.

40 Sprecher (Fn. 23), Rdnr. 25.

nanz in der Literatur gefunden.[41] Des Weiteren wurden bereits international verschiedene Foundation Governance Regelwerke veröffentlicht. Auf Seiten der Schweiz ist dabei einerseits auf den bereits genannten Swiss NPO-Code hinzuweisen, der von der Konferenz der Präsidentinnen und Präsidenten großer Hilfswerke entwickelt wurde und sich an alle gemeinnützigen Organisationen, unabhängig von ihrer Rechtsform, insbesondere jedoch an die großen Spenden sammelnden Hilfswerke und Sozialdienst leistenden Organisationen richtet.[42] Als zweites großes Regelwerk gibt es den Swiss Foundation Code, der von dem Verband der Schweizer Förderstiftungen publiziert wurde und sich insbesondere an Förderstiftungen richtet, das heißt solche Stiftungen, die über ein eigenes Vermögen verfügen und dieses zur Unterstützung von eigenen Projekten oder Projekten Dritter einsetzen.[43] Schließlich ist auf die Stiftung ZEWO, die Schweizerische Zertifizierungsstelle für gemeinnützige Spenden sammelnde Organisationen, hinzuweisen, welche die Verleihung ihres Gütesiegels an die Einhaltung bestimmter Standards knüpft.[44]

In Bezug auf deutsche Foundation Governance Regelwerke sind zunächst die Grundsätze Guter Stiftungspraxis des Bundesverbandes Deut-

---

41 Vgl. aus der deutschen Literatur zum Beispiel Hopt, Corporate Governance und Nonprofit-Organisationen (Fn. 34), S. 243-258; Koch/von Holt, Überlegungen zur verantwortungsvollen Führung von Stiftungen, in: Stiftung & Sponsoring 1/2005, Die Roten Seiten, S. 1-8; Jakob (Fn. 35), 4. Kapitel: Corporate Governance im Stiftungsrecht – Foundation Governance, S. 528-535; Kohl, Ein „Foundation Governance Kodex" - ein Gebot der Zeit?, in: Schmid/Kohl/Kübler/Ott (Hrsg.), Zwischen Markt und Staat, Gedächtnisschrift für Rainer W. Walz, Köln 2008, S. 339 - 351; Veltmann, Corporate Governance und Stiftungen (Fn. 20), S. 365-386. Aus der schweizerischen Literatur siehe zum Beispiel Hofstetter, Corporate Governance – Herausforderung für Stiftungen, in: Egger/Helmig/Purtschert, Stiftungsparadies Schweiz, Basel 2004, S. 43-52; Riemer, Corporate Governance-Richtlinien für Vereine und Stiftungen aus juristischer Sicht, SJZ 102 (2006), Nr. 22, S. 513-516; Sprecher, Was ist und was leistet Foundation Governance? (Fn. 23), S. 1-29; Zurkinden-Erismann, Foundation Governance, Selbstregulierung im Rahmen internationaler Herausforderungen und Entwicklungstendenzen unter besonderer Berücksichtigung der Situation in der Schweiz (Fn. 34), S. 1-17.

42 Swiss NPO-Code (Fn. 32).

43 Sprecher/Egger/Janssen, Swiss Foundation Code 2009 mit Kommentar, Grundsätze und Empfehlungen zur Gründung und Führung von Förderstiftungen, Basel 2009. Der Code ist erstmals im Oktober 2005 erschienen und wurde im Jahr 2009 überarbeitet und um einen Kommentarteil ergänzt.

44 Stiftung ZEWO, Reglement über das ZEWO-Gütesiegel für gemeinnützige Organisationen in der Fassung von November 2008, verfügbar unter www.zewo.ch/label/standards.html.

scher Stiftungen zu nennen.[45] Darauf aufbauend hat die Volkswagenstiftung, gemeinsam mit anderen großen deutschen Stiftungen, die 20 Prinzipien Guter Stiftungspraxis entwickelt.[46] Weitere Governance Kodizes haben der Verband Entwicklungspolitik Deutscher Nichtregierungsorganisationen (VENRO)[47] sowie das Diakonische Werk der Evangelischen Kirche[48] veröffentlicht, jeweils orientiert an den jeweiligen Bedürfnissen ihrer Mitglieder. Des Weiteren ist das Spendensiegel für gemeinnützige, überregional Spenden sammelnde Organisationen des Deutschen Zentralinstituts für Soziale Fragen zu nennen, dessen Verleihung die Erfüllung der entsprechenden Leitlinien erfordert und insoweit der Funktionsweise des Schweizerischen ZEWO-Gütesiegels entspricht.[49]

Auch auf europäischer Ebene sind Foundation Governance Regelwerke publiziert worden. So enthält beispielsweise die Mitteilung der Europäischen Kommission zur Prävention und Bekämpfung der Terrorismusfinanzierung aus dem Jahr 2005 den Entwurf eines Verhaltenskodex für in der EU engagierte gemeinnützige Organisationen.[50] In ihrem Aktionsplan zu Umsetzung des Stockholmer Programms zur Neuausrichtung der Sicherheitspolitik kündigt die Europäische Kommission eine Mitteilung über freiwillige Leitlinien für gemeinnützige Organisationen in der EU zur Bekämpfung der Terrorismusfinanzierung für das Jahr 2011 an.[51] Neben den Initia-

---

45 Bundesverband Deutscher Stiftungen, Grundsätze Guter Stiftungspraxis in der Fassung von August 2010, verfügbar unter www.stiftungen.org/de/publikationen/downloads.html. Die Grundsätze sind erstmals im Mai 2006 erschienen.

46 Volkswagenstiftung, 20 Prinzipien Guter Stiftungspraxis, verfügbar unter www.volkswagenstiftung.de/stiftung/governance.html.

47 Verband Entwicklungspolitik Deutscher Nichtregierungsorganisationen, VENRO-Verhaltenskodex zu Transparenz, Organisationsführung und Kontrolle in der Fassung von Januar 2011, verfügbar unter www.venro.org/venro0.html.

48 Diakonisches Werk der Evangelischen Kirche in Deutschland, Diakonischer Corporate Governance Kodex in der Fassung von Oktober 2005, verfügbar unter www.diakonie-portal.de/downloads.

49 Deutsches Zentralinstitut für Soziale Fragen, Leitlinien für die Vergabe des DZI Spendensiegels in der Fassung von Januar 2011, verfügbar unter www.dzi.de/downloads.htm.

50 Europäische Kommission, Mitteilung der Kommission an den Rat und das Europäische Parlament und den Europäischen Wirtschafts- und Sozialausschuss - Prävention und Bekämpfung der Terrorismusfinanzierung durch bessere Koordinierung auf nationaler Ebene und größere Transparenz des gemeinnützigen Sektors, 29. November 2005, KOM (2005) 620 endgültig, S. 17ff.

51 Europäische Kommission, Mitteilung der Kommission an das Europäische Parlament, den Rat, den europäischen Wirtschafts- und Sozialausschuss und den Aus-

tiven der Europäischen Kommission sind die Principles of Good Practice des European Foundation Centre, dem Verband der europäischen Stiftungen in Brüssel, zu nennen, die generelle Empfehlungen guter Governance in der europäischen Stiftungsgemeinschaft enthalten.[52] Auch im Rahmen der Entwicklung eines europäischen Stiftungsstatuts wird Foundation Governance eine Rolle spielen. Gemäß dem entsprechenden Entwurf des European Foundation Centre soll das Europäische Stiftungsstatut eine „European Benchmark of Good Practice" bilden.[53] Ein paralleler Gesetzesentwurf einer Arbeitsgruppe internationaler Wissenschaftler und Stiftungspraktiker enthält einerseits einen Artikel, der explizit mit „Governance" überschrieben ist, andererseits einen weiteren Artikel, der sich der Rechnungslegung, der Transparenz sowie Rechenschaftspflichten widmet.[54]

Auf internationaler Ebene ist auf die Principles of Accountability for International Philanthropy des European Foundation Centre sowie des US-Amerikanischen Council on Foundations hinzuweisen.[55] Des Weiteren veröffentlichte das US-Amerikanische Finanzministerium die Voluntary Best Practices for US-Based Charities, deren Augenmerk insbesondere auf der Abwehr der Gefahren des Missbrauchs von Stiftungen durch den internationalen Terrorismus liegt.[56] Einen ähnlichen Fokus haben auch die im Rahmen der Implementierung von Special Recommendation No. VIII[57] erstellten Best Practices-Empfehlungen der Financial Action Task Force on Money Laundering, einem Arbeitskreis, der von den Staatschefs der G7-Staaten

---

schuss der Regionen, Ein Raum der Freiheit, der Sicherheit und des Rechts für die Bürger Europas, Aktionsplan zur Umsetzung des Stockholmer Programms, 20. April 2010, KOM (2010) 171 endgültig, S. 42.

52 European Foundation Centre, Principles of Good Practice, 2007, verfügbar unter www.efc.be/NewsKnowledge/Pages/EFCpublications.aspx.

53 European Foundation Centre, Proposal for a Regulation on a European Statute for Foundations, Januar 2005, letztmalig geändert im November 2010, verfügbar unter www.efc.be/EuropeanFoundationStatute/Pages/EuropeanFoundationStatute.aspx

54 Hopt/Walz/von Hippel/Then (Hrsg.), The European Foundation, A New Legal Approach, Gütersloh 2006, Art. 4 und 5.

55 Joint Working Group of the European Foundation Centre and the Council on Foundations, Principles of Accountability for International Philanthropy, 2007, verfügbar unter www.efc.be/NewsKnowledge/Pages/EFCpublications.aspx.

56 US Department of the Treasury, Anti Terrorist Financing Guidelines – Voluntary Best Practices for US-Based Charities, Dezember 2005, verfügbar unter www.treasury.gov.

57 Financial Action Task Force on Money Laundering, Interpretative Note to Special Recommendation VIII: Non-Profit Organisations, Oktober 2001, in der Fassung von Februar 2008, verfügbar unter www.fatf-gafi.org.

und dem Präsidenten der EG-Kommission im Jahr 1989 beauftragt wurde, internationale Standards zur Bekämpfung der Geldwäscherei und der Terrorismusfinanzierung zu entwickeln.[58]

Vor diesem Hintergrund soll die vorliegende Arbeit einen Überblick über den Stand der Forschung geben und dabei zwei Bereiche schwerpunktmäßig berücksichtigen: Zum einen sollen aus einem Vergleich zwischen den schweizerischen und den deutschen Ansätzen neue Impulse gewonnen werden, zum anderen soll auf die europäischen und die internationalen Entwicklungen auf diesem Gebiet eingegangen werden. Ziel ist es, die Bandbreite möglicher Regelungsoptionen und ihre möglichen Effekte in Hinblick auf eine optimale Umsetzung des Stiftungszwecks, der übergeordneten Zielsetzung jedes Stiftungshandelns, abzubilden.

1.3 Gang der Darstellung

In einem ersten Schritt sollen auf einer zunächst faktischen Ebene die Problemstellung der Arbeit präzisiert und die Problemfelder, die eine Auseinandersetzung mit der Thematik der Foundation Governance erforderlich machen, dargestellt werden (Abschnitt 2). Die anschließende Analyse der so herausgearbeiteten tatsächlichen Problemstellung gliedert sich erstens in abstrakte Überlegungen (Abschnitte 3 und 4) und zweitens in konkrete Untersuchungen (Abschnitte 5, 6 und 7).

In einem ersten Teil sollen zunächst strukturelle und systematische Fragen Gegenstand der Darstellung sein, um die Rahmenbedingungen der Foundation Governance im Sinne einer theoretischen Grundlage für die weiteren Ausführungen abzubilden (Abschnitt 3). Im Anschluss werden, basierend auf den erarbeiteten Rahmenbedingungen, die hinter den bereits erläuterten tatsächlichen Problemen stehenden rechtlichen Problemstellungen entwickelt. Sodann werden die Geeignetheit der Foundation Governance zur Lösung dieser rechtlichen Problemstellung, die dabei verfolgten Ziele sowie mögliche Anknüpfungspunkte und Regelungsbereiche dargestellt (Abschnitt 4).

Die so abstrakt skizzierten Lösungsansätze werden im zweiten Teil der Analyse zu konkreten Gestaltungsoptionen weiterentwickelt. Zu diesem Zweck werden zunächst die bestehenden Governance Regelwerke mit ihren

---

58 Financial Action Task Force on Money Laundering, Combating the Abuse of Nonprofit Organisations – International Best Practices, Oktober 2002, verfügbar unter www.fatf-gafi.org.

Konzeptionen und Inhalten vorgestellt (Abschnitt 5). Basierend auf den Gestaltungsbeispielen wird im anschließenden Abschnitt auf die formellen Gestaltungsalternativen der Foundation Governance eingegangen, das heißt auf die Art der Einbindung der Governance Regelungen in das Rechtssystem (Abschnitt 6). Neben Ausführungen zu Regelungsgeber und Regelungstiefe wird in diesem Zusammenhang ein besonderer Schwerpunkt auf die Frage der Verbindlichkeit und Durchsetzbarkeit der Foundation Governance gelegt. Auf die Darstellung formeller Aspekte folgen Ausführungen zu dem materiellen Gehalt von Foundation Governance Bestimmungen (Abschnitt 7). Dabei wird auf die Bereiche der Steuerung und der Organisationsstruktur, der Verwaltung und der Handlungsabläufe sowie auf die Informationspolitik von Stiftungen eingegangen.

Die Darstellung endet mit einer abschließenden Darstellung (Abschnitt 8) und einem Fazit (Abschnitt 9).

2 Problemstellung

Im folgenden Abschnitt soll das Bedürfnis nach der Entwicklung von Regelungen der Foundation Governance dargelegt und die Relevanz entsprechender Bemühungen verdeutlicht werden. Zu diesem Zweck sind die in Stiftungen auftretenden Problematiken zu präzisieren, denen gegebenenfalls mit Hilfe von Foundation Governance begegnet werden kann. Die Darstellung soll sich dabei zunächst auf rein tatsächlicher Ebene bewegen und die faktische Situation abbilden. Es wird differenziert zwischen stiftungsinternen Problembereichen (Abschnitt 2.1), Problemen des Stiftungsmarktes (Abschnitt 2.2), sowie weiteren Umständen und Entwicklungen, welche die bestehenden Verhältnisse forcieren (Abschnitt 2.3).

2.1 Stiftungsinterne Problembereiche

Im Rahmen der stiftungsinternen Problembereiche kann zwischen einerseits strukturellen und organisatorischen Defiziten (Abschnitt 2.1.1), andererseits betriebswirtschaftlichen Defiziten (Abschnitt 2.1.2) sowie schließlich Defiziten in Hinblick auf die Informationspolitik (Abschnitt 2.1.3) unterschieden werden.

2.1.1 Strukturelle und Organisatorische Defizite

2.1.1.1 Interessenskonflikte und Eigeninteressen der Organmitglieder

In Bezug auf die strukturellen und organisatorischen Defizite betrifft ein zentraler Problemkomplex den Umgang mit Interessenskonflikten beziehungsweise solche Vorgehensweisen, die durch Eigeninteressen der Organmitglieder bestimmt sind. Zu ersterem Aspekt soll aus einer durch den Bundesverband Deutscher Stiftungen in Zusammenarbeit mit der KPMG AG im Jahr 2010 veröffentlichten Studie zur Führung, Steuerung und Kontrolle in der Stiftungspraxis zitiert werden, die auf den Antworten von 202 befragten Stiftungen basiert.[59] Die Untersuchung kommt zu dem Ergebnis,

---

59 Bundesverband Deutscher Stiftungen/KPMG AG Wirtschaftsprüfungsgesellschaft, Stiftungsstudie, Führung, Steuerung und Kontrolle in der Stiftungspraxis, Frühjahr 2010, verfügbar unter www.stiftungen.org./de/publikationen/downloads.html.

dass knapp die Hälfte der an der Studie teilnehmenden Stiftungen ihre Gremienmitglieder im Falle der Befangenheit nicht von Beschlussfassungen ausschließen und auch darüber hinaus keine Regelungen für den Fall des Auftretens von Interessenskonflikten bereithalten. Die Studie weist darauf hin, derartige Versäumnisse könnten dazu führen, dass die vorhandenen Mittel nicht im Stiftersinne verwendet würden, ein Umstand der wiederum die Erfüllung des Stiftungszwecks gefährde.[60]

In Hinblick auf den Problembereich des durch Eigeninteressen geleiteten Handelns der Organmitglieder können als konkrete Ausprägungen einerseits eine direkte „Selbstbedienung" in Form des Bezugs überhöhter Entschädigungen sowie andererseits der mittelbare Einsatz von Stiftungsmitteln für eigene Interessen genannt werden.[61] Exemplarisch seien insoweit die Selbstbeauftragung von Rechtsanwälten, Steuerberatern oder Wirtschaftsprüfern, die als Vorstandsmitglieder einer Stiftung tätig sind, die Anstellung von Angehörigen für die Zwecke der Stiftung sowie Begünstigungen bei der Vergabe von Stiftungsmitteln aufgeführt.[62]

Dementsprechend öffentlich gewordene Verhaltensweisen werden sich naturgemäß negativ auf die Reputation der jeweiligen Stiftung auswirken. So erregte beispielsweise der Skandal um die deutsche Sektion von UNICEF, bei welchem dem Geschäftsführer der Organisation Misswirtschaft mit Spendengeldern vorgeworfen wurde und UNICEF das Spendensiegel des Deutschen Zentralinstituts für Soziale Fragen verlor, im Jahr 2008 großes Aufsehen. In Bezug auf die Schweiz kann als Beispiel der Fall Zäch genannt werden, in dessen Rahmen der Präsident der Paraplegiker-Stiftung nach der Veruntreuung von Spendengeldern zu einer bedingten Gefängnisstrafe verurteilt wurde und im Jahr 2007 von seinem Amt zurücktrat. Ungereimtheiten sind auch aus der Kuoni-und-Hugentobler-Stiftung bekannt. Im Jahr 2001 wurde dem damaligen Stiftungsratspräsidenten vorgeworfen, Stiftungsmittel an den Stiftungsrat gezahlt zu haben, die mit keiner Gegenleistung verbunden waren.

2.1.1.2 Defizite hinsichtlich des Aufsichtsgremiums als Kontrollinstanz

Ein zweiter Komplex strukturell-organisatorischer Defizite betrifft die Funktionsfähigkeit des Aufsichtsgremiums in Stiftungen. Dem sei vorausge-

60 Studie Bundesverband Deutscher Stiftungen/KPMG AG (Fn. 59), S. 15.

61 Hofstetter (Fn. 41) spricht insoweit von der Gefahr des „Self-Dealing", S. 43, 48.

62 Steuber (Fn. 25), S. 1182.

schickt, dass nach der bereits zitierten Studie des Bundesverbands Deutscher Stiftungen immerhin 23 Prozent der befragten Stiftungen angeben, sie verfügten über gar kein zusätzliches Aufsichtsgremium. Von denjenigen Stiftungen, die eine Kontrollinstanz eingerichtet haben, antworteten wiederum 24 Prozent, dass Mitglieder ihres Aufsichtsorgans zugleich auch dem Leitungsorgan angehörten.[63] Diese Ergebnisse zeigen, dass Stiftungen in Hinblick auf die Funktionentrennung beziehungsweise Gewaltenteilung hinter den Verhältnissen des Forprofit Bereichs zurückbleiben. Ist das Aufsichtsgremium jedoch mit Mitgliedern besetzt, die in Personalunion auch Funktionen im Rahmen der Geschäftsleitung der Organisation wahrnehmen, wird die Kontrollfunktion des Aufsichtsgremiums eingeschränkt, wenn nicht ausgeschaltet.[64]

Eine weitere Gefährdung der Kontrollfunktion resultiert aus dem Problem des „Personenfilzes"[65] beziehungsweise der Kooptation, das heißt einer Situation, in der sich das Aufsichtsgremium selbst perpetuiert.

2.1.1.3 Weitere Problembereiche

Neben den bereits angesprochenen Problemfeldern bestehen weitere Defizite. Bereits im Jahr 2005 haben Forschungen der Universität Sankt Gallen den Stiftungen erhebliches unausgeschöpftes Verbesserungspotential in verschiedenen Bereichen ihrer Organisation und Struktur attestiert, insbesondere unter dem Aspekt des Umgangs und der Kommunikation mit externen Stakeholdern. In diesen Zusammenhang wurde unter anderem auf Mängel in Hinblick auf die Berechenbarkeit der Kernprozesse der Stiftungen hingewiesen, vor allem dort, wo Anspruchsgruppen wie Destinatäre und weitere Nutznießer involviert seien. Darüber hinaus sei die Einbindung potentieller und faktischer Anspruchsgruppen in die Stiftungstätigkeit nicht ausreichend. Auch die Kooperationsfreudigkeit der Stiftungen, beispielsweise mit anderen Stiftungen, bliebe hinter den Möglichkeiten zurück.[66]

Schließlich werden auch auf internationaler Ebene strukturelle und organisatorische Defizite in Stiftungen beobachtet. *Walz* berichtet von Ergebnissen amerikanischer Studien zur Leitungsstruktur und zum Leitungsverhalten bei gemeinnützigen Vereinen und Stiftungen, die es nahelegten, dass

---

63 Bundesverband Deutscher Stiftungen (Fn. 59), S. 14.

64 Hofstetter (Fn. 41), S. 43, 47.

65 Hofstetter (Fn. 41), S. 43, 47.

66 Forschungsprojekt „Foundation Excellence" der Universität Sankt Gallen, vgl. hierzu Rüegg-Sturm, Erfolgsvoraussetzungen für „Social Entrepreneurship" - Herausforderungen und Ansatzpunkte, in: ZSt 11-12/2005, S. 263, 266.

derartige Organisationen tendenziell zu „paternalism, amateurism and overspecialisation, consumption on the job", kurz „philantrophic insufficiency" neigten.[67]

2.1.2 Betriebswirtschaftliche Defizite

Neben den strukturellen und organisatorischen Defiziten stellen auch betriebswirtschaftliche Defizite ein bedeutendes Problem für Stiftungen dar. Im Folgenden soll auf das strategische Management (Abschnitt 2.1.2.1), den Bereich der Evaluation, des Risikomanagements und der internen Kontrollmechanismen (Abschnitt 2.1.2.2), die Vermögensbewirtschaftung (Abschnitt 2.1.2.3) sowie das Personalwesen (Abschnitt 2.1.2.4) eingegangen werden.

2.1.2.1 Strategisches Management

Eine von Sandberg im Jahr 2005 durchgeführte Studie, bei der 357 rechtsfähige Stiftungen des öffentlichen und privaten Rechts in Deutschland zum Grad der betriebswirtschaftlichen Orientierung gemeinwohlorientierter Stiftungen befragt wurden, zeigt über die verschiedenen Managementbereiche der Stiftungen hinweg mehr oder weniger stark ausgeprägte betriebswirtschaftliche Defizite.[68] In Hinblick auf das strategische Management kommt die Studie zu dem Ergebnis, dass Stiftungen zwar durchaus Leitgedanken und strategische Ziele definierten, jedoch würden die Instrumente, welche die Entscheidungsfindung und das Erreichen der angestrebten Ziele unterstützen, in den meisten Fällen nicht eingesetzt. Während Situationsanalysen noch weiter verbreitet seien (angewendet von 45 Prozent der Stiftungen), würden Stärken-Schwächen-Analysen (21 Prozent) sowie Chancen-Risiken-Analysen nur selten zum Einsatz kommen, ebenso Portfolio-Analysen (16 Prozent). 39 Prozent der Stiftungen setzten darüber hinaus sogar überhaupt keine entsprechenden Instrumente ein. Es sei zu beobachten, dass bei einem umfangreichem Budget beziehungsweise vorrangig

67 Walz, Stiftungsreform in Deutschland: Stiftungssteuerrecht, in: Hopt/Reuter (Hrsg.), Stiftungsrecht in Europa, Köln 2001, S. 197, 208.

68 Sandberg, Stand und Perspektiven des Stiftungsmanagements in Deutschland, Eine empirische Studie zur betriebswirtschaftlichen Orientierung von Stiftungen, Berlin 2005, verfügbar unter www.stiftungsmanagement-projekt.de. Vgl. auch Sandberg, Stiftungsmanagement in Deutschland, in: Stiftung & Sponsoring 1/2006, S. 39.

operativer Tätigkeit das strategische Management tendenziell fundierter sei.[69]

Im Frühjahr 2006 wurde eine an den Untersuchungen von Sandberg orientierte Studie in der Schweiz durchgeführt, in deren Rahmen 209 gemeinnützige Schweizer Stiftungen zu ihrer betriebswirtschaftlichen Orientierung befragt wurden.[70] Entsprechend dieser Studie gaben 47 Prozent der Befragten an, „sporadisch", „teilweise" oder „oft" eine SWOT-Analyse durchzuführen, das heißt eine systematische Auswertung der Stärken und Schwächen sowie Chancen und Risiken der eigenen Situation. Portfolio-Analysen würden ebenfalls von etwa der Hälfte der Stiftungen vorgenommen. Umfassendere Managementmodelle kämen dagegen bislang nur selten zur Anwendung, so würde beispielsweise die Balanced Scorecard nur von 14 Prozent der Befragten als Steuerungsinstrument eingesetzt.[71]

Zu ähnlichen Ergebnissen kommt eine Studie, die in einer Zusammenarbeit zwischen der Universität Potsdam und der KPMG AG Wirtschaftsprüfungsgesellschaft entstanden ist.[72] Hierfür wurden 89 Interviews mit Geschäftsführern vorwiegend gemeinnütziger Organisationen in Deutschland, Österreich und der Schweiz ausgewertet. Wie die Studie zeigt, verfügen zwar viele der befragten Organisationen über formulierte Leitbilder. Allerdings fänden weiterführende Instrumente, die eine Verbindung zwischen den in der Satzung beziehungsweise den Leitbildern formulierten Zielen und ihrer Umsetzung herstellen könnten, nur in einer Minderheit der befragten Organisationen Anwendung. Weiterhin stellt die Studie fest, dass das Management der befragten Stiftungen stark auf finanzielle Größen fokussiert sei und die Managementsysteme aus dem erwerbswirtschaftlichen Bereich weit verbreitet seien. Dagegen kämen solche Managementinstrumente, die weitere Zieldimensionen abbilden und damit speziell im Nonprofit Bereich von großem Nutzen wären nur selten zur Anwendung. Insbesondere die Balanced Scorecard, die besonders gut geeignet sei, finanzielle und nicht finanzielle Ziele miteinander zu verknüpfen, sei nur wenig verbreitet (angewendet von 14 Prozent der Organisationen).[73]

---

69 Studie Sandberg (Fn. 68), S. 6.

70 Michalski/Beck/Lustenberger/Zumbühl, Zur betriebswirtschaftlichen Orientierung von gemeinnützigen Stiftungen, Ergebnisse einer explorativen empirischen Studie, in: ZögU 1/2008, S. 4-20.

71 Studie Michalski/Beck/Lustenberger/Zumbühl (Fn. 70), S. 10f.

72 Universität Potsdam/KPMG AG Wirtschaftsprüfungsgesellschaft, Corporate Governance in Nonprofit-Organisationen, 2006, verfügbar unter www.kpmg.at/ publikationen.html.

73 Studie Universität Potsdam/KPMG AG (Fn. 72), S. 24f.

2.1.2.2 Evaluation, Risikomanagement und interne Kontrollmechanismen

Ein weiterer Bereich, der betriebswirtschaftliche Defizite offenbart, betrifft die Evaluation, das Risikomanagement sowie die internen Kontrollmechanismen in Stiftungen.

In Hinblick auf die Evaluierung sehen sich Stiftungen einem Problem gegenüber, das sich in dieser Form im Forprofit Bereich nicht stellt: Während erwerbswirtschaftliche Unternehmen insbesondere die Rendite als Ziel formulieren, deren Erreichung verhältnismäßig einfach zu messen ist, ist die Erreichung der ideellen Ziele von Stiftungen nicht direkt messbar und wird von verschiedenen externen Faktoren beeinflusst.[74] Umfassenden Bewertungssystemen erscheint in Stiftungen demnach besondere Bedeutung zuzukommen. Vor diesem Hintergrund weist die Studie von Sandberg darauf hin, dass zwar 63 Prozent der befragten Stiftungen regelmäßig oder gelegentlich diejenigen Projekte, die sie fördern, evaluierten, eigene Projekte würden dagegen nur von der Hälfte der Stiftungen regelmäßig oder gelegentlich bewertet, das eigene Arbeitsprogramm sogar nur von 42 Prozent der Befragten.[75]

Die Studie der Universität Potsdam legt weiterhin offen, dass nur knapp über die Hälfte der befragten Organisationen über ein Qualitätsmanagementsystem verfügen, obwohl die ganz überwiegende Mehrheit (86 Prozent) die Qualität ihrer Leistungen als wichtiges Kriterium für die Bewertung der eigenen Effektivität bezeichneten.[76] Die Schweizer Studie von Michalski/Beck/Lustenberger/Zumbühl kommt ebenfalls zu dem Ergebnis, dass beispielsweise das EFQM-Modell als Qualitätsmanagementsystem nur bei 20 Prozent der befragten Stiftungen eingesetzt würde.[77]

Auch das Risikomanagement ist in einer Vielzahl der Stiftungen nur gering ausgeprägt. So zeigt die Studie des Bundesverbands Deutscher Stiftungen, dass lediglich 45 Prozent der teilnehmenden Stiftungen eine strukturierte Risikoanalyse durchführen. Dies sei verwunderlich, angesichts der erheblichen finanziellen Risiken, die mit der Fördertätigkeit oder operativen Stiftungsarbeit einhergingen. Insbesondere kleinere Stiftungen seien schon bei dem Verlust minimaler Beträge in ihrer Existenz gefährdet. Unge-

---

74 Koch/von Holt (Fn. 41), S. 3.

75 Studie Sandberg (Fn. 68), S. 6.

76 Studie Universität Potsdam/KPMG AG (Fn. 72), S. 25.

77 Studie Michalski/Beck/Lustenberger/Zumbühl (Fn. 70), S. 10f. Das EFQM-Modell ist ein Qualitätsmanagement-System, das im Jahr 1988 von der European Foundation for Quality Management (EFQM) entwickelt wurde.

achtet der empirischen Ergebnisse seien die teilnehmenden Stiftungen jedoch überwiegend der Meinung, dass alle wesentlichen Risiken erkannt würden (76 Prozent) und dass angemessen darüber berichtet würde (74 Prozent). Es stelle sich die Frage, ob die gefühlte Sicherheit der Stiftungen nicht zu weit entfernt sei von dem tatsächlichen generellen Risiko in einer komplexen Umwelt.[78]

In Hinblick auf die internen Kontrollsysteme bestehen nach der Studie des Bundesverbands Deutscher Stiftungen ebenfalls Defizite. Danach verfüge nur knapp ein Drittel der Stiftungen über ein dokumentiertes internes Kontrollsystem, vielfach werde stattdessen auf ein - oftmals informelles - Vier-Augen-Prinzip gesetzt. Je kleiner das Stiftungsvermögen würde, desto weniger oft werde eine Kontrolle durch eine zweite Person vorgenommen. Kritisch sei insbesondere auch die Überwachung der Auszahlung von Stiftungsgeldern, da sicherzustellen sei, dass diese nur im Sinne des Stiftungszwecks eingesetzt werden. Dementsprechend müsse die Angabe, dass 69 Prozent der Stiftungen über ein definiertes Genehmigungsverfahren verfügen, als verbesserungswürdig angesehen werden.[79]

Schließlich weist auch das finanzielle Controlling Defizite auf. Die Studie von Sandberg kommt zu dem Ergebnis, dass 83 Prozent der befragten Stiftungen beispielsweise nicht mit Kennzahlen arbeiten. Denjenigen 7 Prozent der Stiftungen, die Kennzahlen nutzen, dienten diese in erster Linie zu Kontrollzwecken. Im Widerspruch hierzu bezeichneten jedoch fast zwei Drittel der Stiftungen, die keine Kennzahlen verwenden, das Ziel der Wirtschaftlichkeit als wichtig oder sehr wichtig; fast ein Drittel dieser Stiftungen messe dem Ziel der Senkung von Verwaltungskosten große Bedeutung zu.[80] Die entsprechende Schweizer Studie kommt zu besseren Ergebnissen. Danach gaben immerhin 44 Prozent der Stiftungen an, dass Kennzahlen im Sinne eines Projektcontrollings zur Anwendung gelangten. Jedoch sei auch diese Zahl weiter verbesserungswürdig.[81]

2.1.2.3 Vermögensbewirtschaftung

Ein dritter Aspekt der betriebswirtschaftlichen Defizite betrifft die Vermögensbewirtschaftung. Die Studie von Sandberg stellt hierzu fest, dass bei 89 Prozent der befragten Stiftungen die Anlageplanung in den internen Gremi-

---

78 Studie Bundesverband Deutscher Stiftungen/KPMG AG (Fn. 59), S. 29-31.

79 Studie Bundesverband Deutscher Stiftungen/KPMG AG (Fn. 59), S. 35f.

80 Studie Sandberg (Fn. 68), S. 9.

81 Studie Michalski/Beck/Lustenberger/Zumbühl (Fn. 70), S. 15.

en erfolgt, 28 Prozent der Organisationen delegieren sie dagegen ganz oder teilweise auf Banken oder Investmentgesellschaften. Liegt die Anlageplanung bei den internen Gremien, lassen sich diese jedoch in 64 Prozent der Fälle durch externe Stellen beraten.[82] Die Schweizer Studie von Michalski/Beck/Lustenberger/Zumbühl kommt zu dem Ergebnis, dass 60 Prozent der Stiftungen die Fragen der Vermögensplanung an externe Dienstleister delegieren, während in nur 36 Prozent der Fälle diese Aufgaben von den internen Gremien vorgenommen werden.[83]

Trotz weitgehend professioneller Beratung gibt es Beispiele schlechter Anlagepolitik. Konkrete Auswirkungen zeigten entsprechende Defizite beispielsweise im Fall der Schweizer Berghilfe. Die ausschließlich durch Spenden finanzierte Stiftung verlor in den Jahren 2001 und 2002 aufgrund mangelnder Diversifikation ihrer Anlagen an der Börse nahezu ebenso viel Geld, wie durch Spendengelder eingenommen wurden. Weitere potentielle Gefahren liegen begründet in einem überproportionalen Verwaltungsaufwand sowie in der Passivität, das heißt in der ungenügenden Ausschüttung von Vermögenswerten beziehungsweise ihrer Anhäufung.[84]

2.1.2.4 Personalwesen

Ein weiteres Element betriebswirtschaftlicher Defizite betrifft schließlich das Personalwesen. Die Studie von Sandberg kommt zu dem Ergebnis, dass diesem nur geringe Bedeutung zugemessen werde. Es dominiere die Besetzung von Stellen über persönliche Kontakte. Leistungskontrollen würden nur von einem knappen Viertel der Stiftungen durchgeführt.[85] Die Studie des Bundesverbands Deutscher Stiftungen weist in Hinblick auf die Qualifikationsanforderungen darauf hin, dass bei den Geschäftsführungsgremien vor allem auf betriebswirtschaftliches Fachwissen und Fachkompetenz bezüglich des Stiftungszwecks geachtet werde, während bei den Aufsichtsgremien insbesondere der gesellschaftliche Status und die Zugehörigkeit zu einer bestimmten Gruppe, zum Beispiel der Stifterfamilie, eine Rolle spiele.[86]

82 Studie Sandberg (Fn. 68), S. 7f.
83 Studie Michalski/Beck/Lustenberger/Zumbühl (Fn. 70), S. 14.
84 Hofstetter (Fn. 41), S. 43, 50.
85 Studie Sandberg (Fn. 68), S. 10f.
86 Studie Bundesverband Deutscher Stiftungen/KPMG AG (Fn. 59), S. 17.

2.1.3 Defizite in Hinblick auf die Informationspolitik

Schließlich ist auf Probleme in Hinblick auf die Informationspolitik von Stiftungen einzugehen. Im Rahmen des bereits erwähnten Forschungsprojekts der Universität St. Gallen wurde festgestellt, dass Defizite in Bezug auf die Transparenz, die Berechenbarkeit sowie die Verlässlichkeit der Berichterstattung der Stiftung gegenüber der Gesellschaft bestehen.[87]

Die Studie des Bundesverbands Deutscher Stiftungen kommt ebenfalls zu dem Ergebnis, dass die Transparenz gegenüber der Öffentlichkeit im Stiftungssektor nach wie vor eine untergeordnete Rolle spiele. Trotz einer grundsätzlich hohen Akzeptanz des Transparenzgebots bestehe in der Praxis Nachholbedarf in Hinblick auf eine regelmäßige und angemessen umfangreiche Berichterstattung. Zwar stellten 88 Prozent der befragten Stiftungen ihren Jahressabschluss oder ihre Jahresrechnung den eigenen Organen zur Verfügung, aber nur 22 Prozent der Stiftungen stellten ihren Jahresabschluss der Öffentlichkeit zur Verfügung (13 Prozent in Form eines gedruckten Jahresberichts, 9 Prozent über das Internet). Von denjenigen Stiftungen, die zur Erfüllung ihres Stiftungszwecks auf die Akquise von Zustiftungen und Spenden angewiesen sind und die demnach ein besonders hohes Interesse an Transparenz haben müssten, würden sogar lediglich 14 Prozent den Jahresabschluss der Öffentlichkeit zur Verfügung stellen (8 Prozent in Form eines gedruckten Jahresberichts, 6 Prozent über das Internet). Demgegenüber seien Stiftungen, die in hohem Masse Erträge aus Leitungsentgelten beziehungsweise aus einem wirtschaftlichen Geschäftsbetrieb generieren, deutlich transparenter. Von ihnen veröffentlichten 18 Prozent beziehungsweise 27 Prozent ihren Jahresabschluss in Form eines gedruckten Geschäftsberichts, dies könne mit der großen Nähe zur Wirtschaft erklärt werden. Die Studie betont, dass eine offene Kommunikation sowohl für spendensammelnde Stiftungen, welche nur auf diese Weise eine langfristig stabile Vertrauensebene zu den Förderern und damit einen nachhaltigen Akquisitionserfolg schaffen könnten, als auch für typische Kapitalstiftungen, deren Stiftungszweck sich in der Regel nur im Zusammenwirken mit Förderpartnern und der Öffentlichkeit verwirklichen lasse, im eigenen Interesse liege.[88]

87 Rüegg-Sturm (Fn. 66), S. 266.

88 Studie Bundesverband Deutscher Stiftungen (Fn. 59), S. 26f.

2.2 Probleme des Stiftungssektors

Nach der Darstellung der stiftungsinternen Problembereiche ist auf diejenigen Fragestellungen einzugehen, die den Stiftungssektor als solchen betreffen.

Einerseits liegt es auf der Hand, dass die bei den internen Stiftungsproblemen genannten Defizite, Skandale und Ungereimtheiten einzelner Stiftungen vielfach zu Rückschlüssen auf den gesamten Stiftungssektor führen. Darüber hinaus lassen sich jedoch weitere Problemfelder ausmachen, die dadurch entstehen, dass Stiftungen in den letzten Jahren vermehrt in Verdacht standen, für rechtswidrige oder zumindest rechtlich zweifelhafte Vorgänge verschiedener Art instrumentalisiert zu werden.

In diesem Zusammenhang sind zum einen die Verdachtsmomente zu nennen, nach denen Stiftungen zur Finanzierung terroristischer Vereinigungen genutzt werden. So heißt es beispielsweise in der Einleitung zu den im November 2002 in Folge der Ereignisse des 11. Septembers 2001 veröffentlichten Voluntary Best Practices for US Based Charities des US Department of the Treasury, dass sich im Rahmen des anhaltenden Vorgehens gegen den internationalen Terrorismus gezeigt habe, dass wohltätige Organisationen sowohl in den Vereinigten Staaten als auch weltweit von terroristischen Vereinigungen missbraucht würden. Dies einerseits um Gelder zu beschaffen oder zu bewegen, andererseits um logistische Unterstützung zu organisieren oder Mitglieder zu rekrutieren. Durch diesen Missbrauch bestünde die Gefahr, dass das Vertrauen in Spenden unterminiert und die Integrität des wohltätigen Sektors gefährdet würde, dessen Leistungen unverzichtbar für die nationale und die globale Gesellschaft seien.[89] In der Interpretative Note zu Special Recommendation VIII der Financial Action Task Force on Money Laundering (FATF) wird darauf hingewiesen, dass Nonprofit Organisationen in besonderem Masse anfällig für einen Missbrauch durch terroristische Organisationen seien, da sie einerseits das Vertrauen der Öffentlichkeit genießen würden, andererseits Zugang zu beträchtlichen finanziellen Ressourcen hätten und zu einem großen Teil mit Bargeld operierten. Des Weiteren verfügten viele Nonprofit Organisationen über eine globale Präsenz, die als Rahmen für die Operationen terroristischer Vereinigungen und für ihre finanziellen Transaktionen missbraucht werden könne. Schließlich seien die Organisationen häufig auch innerhalb oder zumindest in der Nähe solcher Gebiete vertreten, die terroristischen Gefahren besonders ausgesetzt seien. Ein Missbrauch könne einerseits

89 US Department of the Treasury, Anti Terrorist Financing Guidelines (Fn. 56), S. 2f.

dadurch erfolgen, dass terroristische Organisationen als legitime Nonprofit Organisationen auftreten, dadurch dass legitime Organisationen als Kanäle zur Finanzierung des Terrorismus benutzt werden, oder aber über eine Verschleierung der Umleitung von ursprünglich für legitime Zwecke bestimmten Mitteln hin zu terroristischen Organisationen.[90] In den Analysen der Sachverständigen der FATF finden sich entsprechende Beispiele.[91]

Auch die Europäische Union ergriff in diesem Zusammenhang verschiedene Maßnahmen. Bereits in ihrer Mitteilung an den Rat und an das Europäische Parlament über die Prävention und Bekämpfung der Terrorismusfinanzierung vom 20. Oktober 2004 hat die Kommission dazu aufgefordert, eine Verbesserung der bestehenden Regelungen und der Transparenz in Zusammenhang mit gemeinnützigen Organisationen, die von Terroristen zur Finanzierung ihrer Aktivitäten missbraucht werden können, zu prüfen. Viele dieser Organisationen sammelten Geld für Kriegsgebiete und es könne nicht davon ausgegangen werden, dass sich die Herkunft der Mittel nach ihrem Eintreffen vor Ort im Wege der internationalen Zusammenarbeit zurückverfolgen lasse, insbesondere wenn es sich um Bargeldbewegungen handele.[92] Eine weitere Mitteilung der Kommission vom 29. November 2005 hat die Prävention und Bekämpfung der Terrorismusfinanzierung durch bessere Koordinierung auf nationaler Ebene und größere Transparenz des gemeinnützigen Sektors zum Gegenstand. Auch wenn sich die Mitteilung in erster Linie mit der Bekämpfung der Terrorismusfinanzierung beschäftigt, so betont die Kommission dennoch, dass eine verbesserte Transparenz und Buchführung die gemeinnützigen Organisationen auch vor einem Missbrauch für andere Formen der Kriminalität schützen könne.[93] In dem Aktionsplan zur Umsetzung des Stockholmer Programms zur Neuausrichtung der Sicherheitspolitik wurde die Thematik erst kürzlich wieder aufgegriffen beziehungsweise sind weitere Maßnahmen angekündigt worden.[94]

---

90 FATF, Interpretative Note to Special Recommendation VIII (Fn. 57), S. 1.

91 Financial Action Task Force on Money Laundering, Report on Money Laundering and Terrorist Financing Typologies 2003-2004, verfügbar unter www.fatf-gafi.org, S. 8-14. Dies., Report on Terrorist Financing 2008, verfügbar unter www.fatf-gafi.org, S. 25f.

92 Europäische Kommission, Mitteilung der Kommission an den Rat und das Europäische Parlament über die Prävention und Bekämpfung der Terrorismusfinanzierung mithilfe von Maßnahmen zur Verbesserung des Informationsaustauschs und zur Förderung der Transparenz und der Rückverfolgbarkeit von Finanztransaktionen, 20. Oktober 2004, KOM (2004) 700 endgültig, S. 8f.

93 Europäische Kommission, KOM (2005) 620 endgültig (Fn. 50), S. 10f.

94 Europäische Kommission, KOM (2010) 171 endgültig (Fn. 51), S. 42.

Neben dem Verdacht der Instrumentalisierung von Stiftungen im Rahmen der Terrorismusfinanzierung ist auch ihre Rolle in Bezug auf Delikte der Geldwäsche sowie Steuerdelikte zweifelhaft. So veröffentlichte die OECD im Februar 2009 einen Bericht zum Missbrauch von gemeinnützigen Organisationen zur Geldwäsche und Steuerhinterziehung, der einen Überblick über den Status von gemeinnützigen Organisationen in den OECD-Ländern, über Risiken sowie mögliche Gegenstrategien gibt.[95]

In diesem Zusammenhang sei gesondert auf das Liechtensteinische Stiftungsmodell hingewiesen, das eine Trennung von Vermögen und Eigentümer ermöglicht. Die damit verbundene Anonymität legt die Vermutung nahe, dass die bestehenden Strukturen Geldwäsche potentiell begünstigen könnten. Im März 2008 wurde bekannt, dass liechtensteinische Behörden verdächtige Zahlungen zwischen einer liechtensteinischen Stiftung und der spanischen Terrororganisation ETA aufgedeckt hätten. Bereits im Februar 2008 meldete die spanische Zeitung „El País", dass sowohl spanische Rauschgiftbanden als auch kolumbianische Drogenkartelle liechtensteinische Banken via dort gegründeter Stiftungen zur Geldwäsche benutzt hätten.[96] Schließlich sei auch die Liechtensteiner Steueraffäre genannt, die im Februar 2008 für großes mediales Aufsehen in Deutschland und europaweit sorgte. Dabei flossen Gelder hunderter in Deutschland ansässiger Bürger in Höhe von mehreren Milliarden Euro in nach liechtensteinischem Recht eingerichtete Stiftungen. Stiftungen in Liechtenstein werden wie auch die sogenannten Sitzgesellschaften ohne eigenen Geschäftsbetrieb in der Regel lediglich mit einer jährlichen Pauschale besteuert und können, im Gegensatz zu dem Stiftungsrecht der meisten Länder, jederzeit durch den Stifter aufgelöst werden.[97]

Auch wenn insbesondere die letztgenannten Aspekte nur eine eng umgrenzte Gruppe von Stiftungen betreffen, so führen die genannten Umstände in ihrer Gesamtheit dennoch dazu, dass sich der Stiftungssektor nicht unerheblichen Reputationsproblemen gegenübersieht.

---

95 OECD, Report on Abuse of Charities for Money-laundering and Tax Evasion, 24. Februar 2009, verfügbar unter www.oecd-library.org.

96 El País, Ausgabe vom 30. März 2008, verfügbar unter www.elpais.com/articulo/espana/Garzon/embarga/Liechtenstein/cuentas/secretas/ETA/elpepuesp/20080330elpepinac_4/Tes.

97 Nach der Unterzeichnung von 12 Kooperationsabkommen bezüglich des Austauschs von Steuerinformationen wurde Liechtenstein im November 2009 von der sogenannten „Grauen Liste" der OECD für Steueroasen, die zwar Änderungen zugesagt, aber noch nicht umgesetzt haben, gestrichen.

2.3 Weitere Umstände und Entwicklungen, welche die bestehenden Problemstellungen forcieren

Abschließend soll zusätzlich zu den bereits ausgeführten stiftungsinternen Problemen sowie den Problemen des Stiftungssektors auf weitere Umstände und Entwicklungen eingegangen werden, welche die genannten Defizite flankieren, ergänzen und teilweise zusätzlich begünstigen.

Insoweit ist zum einen auf den Umstand hinzuweisen, dass das Stiftungsrecht generell wesentlich weniger dicht geregelt ist als beispielsweise das Aktienrecht. Dementsprechend bestehen zwar einerseits mehr Freiräume für die Stifter in Hinblick auf die Gestaltung der Satzungen, andererseits müssen diese Freiräume mit Inhalten gefüllt werden. Für die insoweit erforderlichen Entscheidungen fehlt es jedoch teilweise an zuverlässigen Orientierungsmaßstäben.[98]

Vor diesem Hintergrund ist eine weitere Schwierigkeit darin zu sehen, dass die Stiftungsbranche weniger konturiert ist als beispielsweise der Forprofit Bereich. Aufgrund des vorherrschenden Prinzips der Diskretion wird der Stiftungssektor selten als Ganzes wahrgenommen. Im Vergleich zu der Schweiz ist die deutsche Stiftungsbranche jedoch organisierter. So ist der Bundesverband Deutscher Stiftungen mit fast 3.600 Mitgliedern der größte Stiftungsverband Europas, über Stiftungsverwaltungen sind ihm mehr als 6.000 Stiftungen mitgliedschaftlich verbunden. Der Verband repräsentiert damit rund drei Viertel des deutschen Stiftungsvermögens.[99] In der Schweiz sind dagegen von den über 10.000 Förderstiftungen beispielsweise erst gut 300 Mitglied in einem der beiden Verbände (proFonds, Dachverband gemeinnütziger Stiftungen in der Schweiz, und SwissFoundations, Verein der Schweizer Förderstiftungen).[100]

Ein weiterer zentraler Aspekt betrifft die Tatsache, dass das Förderhandeln gemeinnütziger Stiftungen öffentlich und damit gesellschaftsrelevant ist. Stiftungen üben durch ihre gemeinnützige Ausrichtung öffentliche Funktionen aus und bilden einen Teil der Zivilgesellschaft. Sie können damit als quasi-öffentliche Institutionen angesehen werden, was wiederum Konsequenzen für die Ansprüche an ihre Transparenz und Professionalität mit sich bringt. Des Weiteren sind gemeinnützige Stiftungen zumeist steuerlich begünstigt, wobei die darin liegende staatliche Anerkennung der

---

98 Sprecher (Fn. 23), Rdnr. 17 Nr. 2.

99 Eigene Angaben des Bundesverbands Deutscher Stiftungen auf seiner Homepage, www.stiftungen.org/de/mitglieder.html.

100 Sprecher (Fn. 23), Rdnr. 17 Nr. 3.

Existenz und Tätigkeit der Stiftungen zu der Verpflichtung führt, sich gegenüber der Öffentlichkeit für die Verwendung der Gelder, welche die Stiftung beziehungsweise der Stifter und die Zustifter nicht als Steuern abführen müssen, zu rechtfertigen.[101]

Schließlich sei darauf hingewiesen, dass – im Einklang mit gesamtgesellschaftlichen Entwicklungen – auch an die Strukturen und die Leitungsorgane von gemeinnützigen Organisationen zunehmend höhere Anforderungen gestellt werden. Mit dem Begriff der „Audit Society" wird ein gesellschaftlicher Trend bezeichnet, nach dem die Kontrolle von Organisationen grundsätzlich den Vorzug gegenüber „bloßem Vertrauen" in diese erhält.[102]

2.4 Zusammenfassung

Nach Abschluss der Bestandsaufnahme faktischer Defizite im Bereich der Nonprofit Organisationen im Allgemeinen und der Stiftungen im Besonderen zeigt sich, dass sich sowohl die individuellen Stiftungen als auch der Sektor als solches verschiedenen Problemstellungen gegenübersehen.

Zunächst einmal erscheinen die durch mangelnde Professionalität und Misswirtschaft hervorgerufenen Probleme kritisch. Es fehlt verbreitet einerseits an der Einrichtung betriebswirtschaftlicher Standards, die eine professionelle Steuerung und Verwaltung der Stiftung gewährleisten, sowie andererseits an der Implementierung qualifizierter Aufsichtsstrukturen, welche der besonderen Verantwortung gerecht werden, die durch das treuhänderische Anvertrauen von Vermögenswerten entsteht. Neben den direkten wirtschaftlichen Folgeproblemen organisatorischer und betriebswirtschaftlicher Defizite stellt insbesondere die Tatsache, dass die verschiedenenartigen Missstände in unterschiedlicher Intensität zu einer Verringerung des Vertrauens in Stiftungen führen können, ein zentrales Problem dar. Sinkt das Vertrauen in wohltätige Organisationen aufgrund publik werdender Skandale und Ungereimtheiten, so kann sich dies unter anderem in geringeren Zuwendungen niederschlagen, was insbesondere für diejenigen Stiftungen, die sich vornehmlich über Spendengelder finanzieren, gravierende Probleme verursachen könnte. Zwar ist die ökonomische Leistungsfähigkeit im Bereich der Nonprofit Organisationen nicht das Hauptziel der Tätigkeit, sie bildet aber eine unentbehrliche Basis für die Erfüllung der gemeinnützigen und ehrenamtlichen Aufgaben. Insbesondere in einem

101 Sprecher (Fn. 23), Rdnr. 17 Nr. 6, 7.

102 Zurkinden-Erismann (Fn. 34), S. 1, 3; Sprecher (Fn. 23), Rdnr. 17 Nr. 8.

schwieriger werdenden Umfeld gilt es diese Basis zu bewahren und auszubauen, um dem eigentlichen Zweck der Organisation gerecht werden zu können.

Auch über wirtschaftliche Aspekte hinausgehend ist der Erhalt und der Aufbau von Vertrauen bei Spendern, Destinatären, Politik und Öffentlichkeit für Stiftungen von erheblicher Bedeutung. *Jakob* betont, dass die Wirkung von Nonprofit Organisationen im Allgemeinen und Stiftungen im Besonderen, die diese bei der Übernahme gemeinwohlfördernder Aufgaben im Dritten Sektor eines Gemeinwesens erzielen, um so grösser sein wird, je mehr Vertrauen ihnen entgegengebracht werden kann.[103] Vor diesem Hintergrund erscheint es besonders problematisch, dass die Informationspolitik einzelner Stiftungen als verbesserungswürdig anzusehen ist und sich die Transparenz des Stiftungssektors allgemein auf einem verhältnismäßig geringen Niveau bewegt.

Die Beobachtungen zeigen, dass Handlungsbedarf besteht, hin zu einer Professionalisierung des Sektors sowie zu einer Erhaltung beziehungsweise Stärkung des Vertrauens in Stiftungen, um Gefahren für die Verwirklichung des Stiftungszwecks zu vermeiden. Auf der Grundlage der so präzisierten Problemstellung können in den folgenden Abschnitten Überlegungen vorgenommen werden, inwiefern und in welcher Weise Regelungen der Foundation Governance bezogen auf die verschiedenen Problemfelder zu Verbesserungen der Situation beitragen können.

103 Jakob (Fn. 35), S. 534.

3 Rahmenbedingungen der Foundation Governance

Nachfolgend sollen strukturelle und systematische Fragen allgemeiner Art vorab behandelt werden, um die Rahmenbedingungen der Foundation Governance im Sinne einer theoretischen Grundlage für die weiteren Ausführungen darzustellen. Dabei sollen Grundwissen zu Stiftungen abgebildet und Besonderheiten des Stiftungssektors herausgearbeitet werden, mit dem Ziel, das Spannungsfeld in dem sich die Diskussion um Foundation Governance entfaltet abzustecken. Nach einem Abschnitt zu den Grundlagen des Stiftungswesens (Abschnitt 3.1) sollen die gesetzlichen Vorgaben für Stiftungen dargestellt werden (Abschnitt 3.2). Es folgen Ausführungen zur Heterogenität des Stiftungssektors (Abschnitt 3.3). Schließlich wird auf die Interessenlagen der beteiligten Parteien und die Interdependenzen der Akteure eingegangen, wobei insoweit die Prinzipal-Agenten-Beziehung im Mittelpunkt der Darstellung stehen wird (Abschnitt 3.4). Auf die gefundenen Ergebnisse kann in den späteren Abschnitten der Arbeit zurückgegriffen und an sie angeknüpft werden.

3.1 Grundlagen des Stiftungswesens

Im Rahmen der Ausführungen zu den Grundlagen des Stiftungswesens ist auf den Begriff der Stiftung (Abschnitt 3.1.1), die Geschichte des Stiftungswesens (Abschnitt 3.1.2) sowie die Funktion von Stiftungen in der Gesellschaft (Abschnitt 3.1.3) einzugehen.

3.1.1 Begriff der Stiftung

Die rechtsfähige Stiftung ist eine juristische Person des Privatrechts, geregelt in den Art. 80 bis 89bis des schweizerischen ZGB[104] beziehungsweise den §§ 80-88 des deutschen BGB[105]. Indessen formulieren Art. 80 ZGB beziehungsweise § 80 Abs. 1 i. V. m. § 81 Abs. 1 BGB lediglich die Anforderungen zur Errichtung einer Stiftung, nicht jedoch eine Definition. Anknüp-

104 Schweizerisches Zivilgesetzbuch vom 10. Dezember 1907 (AS 24 233).

105 Bürgerliches Gesetzbuch vom 18. August 1896, in der Fassung der Neubekanntmachung vom 2. Januar 2002 (BGBl. I S. 42, ber. S. 2909, 2003 I S. 738).

fungspunkt für den juristischen Stiftungsbegriff ist das Ergebnis des Stiftungsvorgangs. In der deutschen Literatur wird die Stiftung demnach definiert als eine mit einem bestimmten Vermögen ausgestattete, rechtsfähige, nicht verbandsmäßig organisierte Institution, die zu einem bestimmten Zweck geschaffen und diesem dauerhaft gewidmet ist.[106] Ebenso wie Körperschaften und Gesellschaften sind Stiftungen auf einen bestimmten Zweck ausgerichtet, sie unterscheiden sich von den genannten Rechtsformen jedoch durch das Substrat der Organisation. Während in Körperschaften und Gesellschaften der Personenverband rechtlich verselbstständigt ist, ist in der rechtsfähigen Stiftung das Vermögen von seinem ursprünglichen Eigentümer getrennt und als eigenständige Rechtsperson abstrahiert. Hinzu kommt, dass Stiftungen ganz weitgehend gemeinnützige Zwecke verfolgen. Die klassische Stiftung ist demnach ein personifiziertes Zweckvermögen, das gemeinwohlorientiert und uneigennützig mit finanziellen und anderen Ressourcen durch eigene und Projekte Dritter den Willen des beziehungsweise der Stifter erfüllt.[107] Dabei wird das Vermögen in der Regel auf Dauer erhalten und nur die Erträge werden für den Stiftungszweck verwendet. Auf abweichende Stiftungsformen wird im Laufe der Ausführungen einzugehen sein.

3.1.2 Geschichte des Stiftungswesens

3.1.2.1 Frühe Entwicklung des Stiftungswesens

Stiftungen haben eine lange Tradition und gehören zu den ältesten heute noch existierenden Organisationsformen. In Europa war insbesondere die Kirche ein Wegbereiter des Stiftungsgedankens. Die christliche Lehre der portio christi, das heißt „Sohnesteil Christi", veranlasste Gläubige dazu, einen Teil ihres Vermögens nach ihrem Ableben einem religiösen Zweck zu widmen (sogenannte piae causae). Neben philanthropischen Motiven sollten die entsprechenden Widmungen nicht zuletzt dem Seelenheil des Stif-

---

106 Ellenberger, in: Palandt (Hrsg.), Bürgerliches Gesetzbuch, 69. Auflage München 2010, Vorbemerkung zu § 80, Rdnr. 5; Reuter, in: Münchener Kommentar zum BGB Bd. 1 HBd. 1, 5. Auflage, München 2006, Vorbemerkung zu §§ 80-88, Rdnr. 48.

107 Von Schnurbein, Der Schweizer Stiftungssektor im Überblick, Centre for Philanthropy Studies, Basel 2009, S. 19; Riemer, Die Stiftungen, Systematischer Teil und Kommentar zu Art. 80-89bis ZGB, in: Berner Kommentar, Bern 1975, Nachdruck 1981, N 45.

ters selbst dienen (donatio pro anima).[108] Dieser Entwicklung gemäß sind die ältesten bekannten und teilweise noch existierenden Stiftungen solche mit kirchlichem Bezug. Darunter fallen zum Beispiel Stiftungen, bei denen die Stiftung als Eigentümerin und zur Unterhaltung von Kirchenbauten auftritt oder auch kirchliche Stiftungen mit sozialen und karitativen Aufgaben, zum Beispiel Spitäler, Armenhäuser und Waisenhäuser. Gegen Ende des Mittelalters und in der Frühen Neuzeit trat neben religiöse Stiftungszwecke verstärkt die Förderung des Gemeinwohls. Neben kirchlichen Wohltätigkeitseinrichtungen entstanden die ersten karitativen Stiftungen weltlichen Rechts, auf welche die heutigen gemeinnützigen Stiftungen zurückgehen.[109]

Im 15. Jahrhundert setzte mit der Reformation eine Krise des religiös dominierten Stiftungswesens ein. Die darauf folgende sogenannte Verweltlichung des Stiftungswesens ermöglichte neben kirchlich verwalteten Stiftungen die Entstehung staatlich und kommunal verwalteter Einheiten. Das Erfordernis eines „frommen“ Zwecks wurde indessen nicht beseitigt, sondern in das Erfordernis eines gemeinnützigen Zwecks umgewandelt.[110] In der Zeit der Aufklärung verschärfte sich die Kritik an den verbliebenen Stiftungen mit religiösen Zwecksetzungen weiter. Der religiöse Gedanke der „piae causae“ trat in den Hintergrund und das Stiftungswesen verlor seine sakralen und metaphysischen Bezüge.[111]

3.1.2.2 Entwicklung ab dem 19. Jahrhundert

Im beginnenden 19. Jahrhundert gab es im deutschen Stiftungsrecht mehrere zentrale Entwicklungen. Einerseits entstand anlässlich des Testaments des Bankiers Johann Friedrich Städel (1728-1816) aus Frankfurt am Main die Regelung, dass auch eine noch nicht entstandene Stiftung Zuwendungsobjekt einer Verfügung von Todes wegen sein kann. Die Rechtsregel fand Eingang in das BGB im sogenannten „Städel-Paragraph“, § 84 BGB. Eine

---

108 Münchener Kommentar/Reuter (Fn. 106), Vorbemerkung zu §§ 80-88, Rdnr. 1; Schlüter/Stolte, Stiftungsrecht, München 2007, Rdnr. 4.

109 Berner Kommentar/Riemer (Fn. 107), Systematischer Teil N 556, 557. Als Beispiel kann die 1354 durch Anna Seiler gegründete Stiftung genannt werden, auf die das Inselspital in Bern zurückgeht. Ein anderes Beispiel ist das aus einer Stiftung des Herzogs von Zähringen um 1200 hervorgegangene heutige Universitätsspital in Zürich.

110 Schulze, Die Gegenwart des Vergangenen - Zu Stand und Aufgaben der Stiftungsrechtsgeschichte, in: Hopt/Reuter (Hrsg.), Stiftungsrecht in Europa, Köln 2001, S. 55, 60f.

111 Schlüter/Stolte (Fn. 108), Rdnr. 5.

weitere bedeutende Entwicklung ist die stiftungsrechtliche „Fiktionstheorie“, die erstmals im Jahr 1816 formuliert wurde. Danach kann die Stiftung als Verbindung von Vermögen und Zweck ebenso wie eine Mehrheit natürlicher Personen „mit Persönlichkeit bekleidet werden“.[112] Übersetzt man diese Formulierung in die heutige Terminologie, so bedeutete die Fiktionstheorie, dass Stiftungen als juristische Personen Träger von Rechten und Pflichten sein können. Voraussetzung für das Entstehen der eigenen Rechtspersönlichkeit war indessen eine staatliche Genehmigung. Auch diese Wertung fand Eingang in das BGB, in dem in den §§ 80 ff. die Rechtsfähigkeit der Stiftung an eine staatliche Genehmigung geknüpft wurde.[113] Das deutsche Stiftungsrecht wurde im Jahr 1896 im BGB kodifiziert. Nach Gründung der Bundesrepublik Deutschland im Jahr 1949 sind in allen Bundesländern Stiftungsgesetze entstanden. Reformbestrebungen, die dort enthaltenen Regelungen auf Bundesebene zu vereinheitlichen, hatten bislang keinen Erfolg.

In der Schweiz wurde in Zürich bereits im Jahr 1835 das älteste bekannte deutschsprachige Stiftungsrecht kodifiziert. Die einzelnen Kantone der Schweiz hatten zunächst jeweils eigene Gesetze und Regelungen. Eine verfassungsrechtliche Grundlage für eine bundesweite Vereinheitlichung wurde mit dem Inkrafttreten von Art. 64 Abs. 2 Bundesverfassung der Schweizerischen Eidgenossenschaft im Jahr 1898 geschaffen.[114] Im Jahr 1907 wurde das heute gültige Stiftungsrecht als Teil des ZGB formuliert und im Jahr 1911 verabschiedet. Es ist im Grundsatz bis zur Stiftungsrechtsrevision aus dem Jahr 2006 unverändert geblieben.

Das Stiftungswesen im ausgehenden 19. und beginnenden 20. Jahrhundert wurde vor allem durch bedeutende Stifter beeinflusst, die ihre philanthropischen Aktivitäten nicht mehr auf ihr näheres Umfeld bezogen, sondern in den Dienst der gesamten Gesellschaft stellten, wie beispielsweise John Rockefeller, Andrew Carnegie oder auch Robert Bosch.[115] Ihre Beispiele zeigen, dass Stiftungen ein gewisses Maß an Wohlstand und Sicherheit voraussetzen, die Stiftungsgründung erfordert das Bestehen eines nicht

---

112 Heise, Grundriss eines Systems des gemeinen Civilrechts zum Behuf von Pandekten-Vorlesungen, 2. Auflage, 1816, § 106. Im Jahr 1840 wurde der Gedanke von Savigny fortgeführt und vertieft und ist seitdem Gemeingut. Zitiert nach Schlüter/Stolte (Fn. 108), Rdnr. 7.

113 Vgl. hierzu Schlüter/Stolte (Fn. 108), Rdnr. 6, 7.

114 Bundesverfassung der Schweizerischen Eidgenossenschaft vom 18. April 1999 (AS 1999 2556), vgl. hierzu Berner Kommentar/Riemer (Fn. 107), Systematischer Teil N 565.

115 Von Schnurbein (Fn. 107), S. 4f.

unerheblichen Vermögens. In den Jahren 1923 und 1924 dezimierte die Inflation viele Stiftungsvermögen und die Stiftungsbereitschaft des Bürgertums war für lange Jahre gehemmt. Eine ähnliche Wirkung hatte die Währungsreform nach dem 2. Weltkrieg.[116] Ab dem Jahr 1950 ist die Zahl der Stiftungen in Deutschland und der Schweiz, begünstigt durch die politische und wirtschaftliche Stabilität und Kontinuität, dagegen stetig gestiegen.

3.1.2.3 Entwicklung der letzten Jahre

In den letzten Jahren ist in Europa eine Renaissance des Stiftungswesens zu verzeichnen. In der Schweiz wurden 57 Prozent der Ende des Jahres 2010 bestehenden über 12.500 gemeinnützigen Stiftungen in den letzten zwanzig Jahren gegründet. Diese Stiftungen verwalten ein geschätztes Vermögen von ca. 50 Milliarden Schweizer Franken. In absoluten Zahlen rangiert der Kanton Zürich mit über 2.100 Stiftungen an erster Stelle, orientiert man sich jedoch an der Stiftungsdichte nimmt der Kanton Basel-Stadt mit 44,8 Stiftungen pro 10.000 Einwohner die Spitzenposition ein.[117] Der Wert von 44,8 Stiftungen pro 10.000 Einwohner ist dabei fast sechsmal so hoch wie in Würzburg, der Stadt mit der höchsten Stiftungsdichte Deutschlands (dort sind es 7,7 Stiftungen auf 10.000 Einwohner).[118] Der Vergleich unterstreicht die Bedeutung des Schweizer Stiftungswesens im internationalen Kontext.[119]

In Deutschland ist ebenfalls ein deutlicher Aufwärtstrend zu erkennen. In den vergangenen zehn Jahren wurden mehr Stiftungen errichtet als in den ersten 51 Jahren der Geschichte der Bundesrepublik. Im Jahr 2010 gab es über 800 Neugründungen, so dass Ende 2010 insgesamt fast 18.200 Stiftungen bestanden.[120]

---

116 Schlüter/Stolte (Fn. 108), Rdnr. 8.

117 Centre for Philanthropy Studies (CEPS) Universität Basel/Zentrum für Stiftungsrecht Universität Zürich/Swiss Foundations, Der Schweizer Stiftungsreport 2011, S. 6, verfügbar unter www.ceps.unibas.ch/forschung/publikationen/; Von Schnurbein (Fn. 107), S. 26, weist darauf hin, dass die mangelnde Datenbasis für den Stiftungssektor hinsichtlich der Statistik in vielen Fällen lediglich Schätzungen zulässt.

118 Bundesverband Deutscher Stiftungen, Stiftungen in Zahlen, verfügbar unter www.stiftungen.org/de/news-wissen/zahlen-daten.html.

119 Vgl. Anheier, Stiftungen in Europa – Resultate eines Ländervergleichs, in: Egger/Helmig/Purtschert, Stiftungen und Gesellschaft. Eine komparative Analyse des Stiftungsstandortes Schweiz – Deutschland, Liechtenstein, Österreich, USA, Basel 2004, S. 57, 87.

120 Bundesverband Deutscher Stiftungen (Fn. 118).

Die Gründe für diese Entwicklung sind vielfältig. Zum einen wurden sowohl in Deutschland als auch in der Schweiz Reformen des Stiftungsrechts durchgeführt, welche die Attraktivität des Stiftens gesteigert haben. In Deutschland trat im Jahr 2000 das Gesetz zur weiteren steuerlichen Förderung von Stiftungen in Kraft, dessen Ziel die Verbesserung der steuerrechtlichen Rahmenbedingungen für Stiftungen war.[121] Zwei Jahre darauf wurde auch das Stiftungszivilrecht novelliert. Zum 1. September 2002 trat das Gesetz zur Modernisierung des Stiftungsrechts in Kraft, welches die einheitliche und abschließende Bestimmung der rechtlichen Voraussetzungen, unter denen eine Stiftung Rechtsfähigkeit erlangt, im BGB zum Gegenstand hatte.[122] Im Mittelpunkt der Novellierung stand dabei die Vorschrift des § 80 Abs. 2 BGB, mit welcher der Gesetzgeber einen Rechtsanspruch des Stifters auf Anerkennung der Rechtsfähigkeit seiner Stiftung in das Gesetz aufnahm.[123] Schließlich trat rückwirkend zum 1. Januar 2007 das Gesetz zur weiteren Stärkung des bürgerschaftlichen Engagements in Kraft, welches das Gemeinnützigkeitsrecht vereinfachen und die steuerrechtlichen Rahmenbedingungen bürgerschaftlichen Engagements verbessern sollte; dies insbesondere über eine Ausweitung des sogenannten Spendenprivilegs und des Sonderausgabenabzugs für Stiftungszuwendungen.[124]

In der Schweiz wurde das Stiftungsrecht mit Wirkung zum 1. Januar 2006 revidiert.[125] In diesem Zusammenhang ist insbesondere auf die Einführung des Art. 86a ZGB hinzuweisen, wonach der Stifter unter bestimmten Voraussetzungen selbst den Zweck der Stiftung nachträglich ändern kann. Durch die Vorschriften des Art. 84a ZGB wurden darüber hinaus verbesserte Regelungen für den Gläubigerschutz getroffen. Mit der Revision des Gesellschaftsrechts, die zum 1. Januar 2008 in Kraft getreten ist, wur-

---

121 Gesetz vom 15. Juli 2000 (BGBl. 2000 I, S. 1034). Vgl. hierzu Crezelius/Rawert, Das Gesetz zur weiteren steuerlichen Erleichterung von Stiftungen, in: ZEV 2000, S. 421-428.

122 Gesetz vom 15. Juli 2002 (BGBl. 2002 I, S. 2634).

123 Nach überwiegender Ansicht hatte der Stifter jedoch schon vor Inkrafttreten des Gesetzes zur Modernisierung des Stiftungsrechts grds. einen Rechtsanspruch auf Anerkennung der Stiftung als rechtsfähig, Palandt/Ellenberger (Fn. 106) Vorbemerkung zu § 80, Rdnr. 4. Vgl. zu der Novellierung Andrick/Suerbaum, Das Gesetz zur Modernisierung des Stiftungsrechts, in. NJW 2002, S. 2905-2910.

124 Gesetz vom 10. Oktober 2007 (BGBl. 2007 I, S. 2322). Vgl. hierzu Tiedke/Möllmann, Das Gesetz zur weiteren Stärkung des bürgerschaftlichen Engagements, in: NJW 2007, S. 3221-3223.

125 Bundesgesetz vom 8. Oktober 2004 (AS 2005 4545). Vgl. hierzu Jakob, Das neue Stiftungsrecht der Schweiz, in: RIW 2005, S. 669-679; Zurkinden-Erismann, Stiftungsstandort Schweiz im Wandel, in: Stiftung & Sponsoring 3/2005, S. 39-41.

den einige Elemente der Stiftungsrechtsrevision aus dem Jahr 2006 bereits neuerlich abgeändert.[126] Hierbei handelt es sich unter anderem um die Neuregelung der Buchführungspflichten, des Handelsregisterrechts und vor allem des Revisionsrechts. Schließlich sei die Motion des Ständerats Luginbühl zur „Steigerung der Attraktivität der Stiftungslandschaft Schweiz" erwähnt, welche die Positionierung des Stiftungsstandorts Schweiz in Europa betrifft und vor dem Hintergrund neuer steuerlicher Privilegien in den Nachbarländern, etwa in Deutschland, insbesondere eine Angleichung der fiskalischen Rahmenbedingungen fordert. Die Motion wurde am 1. März 2010 vom Ständerat angenommen und an den Bundesrat überwiesen.[127]

Nach den Reformen des Stiftungsrechts wird auch für die Zukunft von einer Zunahme der Stiftungsgründungen ausgegangen. Dies wird einerseits mit den anstehenden Vermögenstransfers auf die Erbengenerationen begründet. So rechnet man allein in der Schweiz damit, dass innerhalb der nächsten Jahre ca. 900 Millionen Schweizer Franken vererbt werden. Weiterhin wird argumentiert, dass auch die zunehmende Individualisierung der Gesellschaft zum Wachstum des Stiftungssektors beitrage: während früher die Verwirklichung des gemeinnützigen Handelns in Zusammenarbeit mit Gleichgesinnten gesucht und Vereine gegründet wurden, kann bei Stiftungen der Stifter selbst entscheiden, in welchem Ausmaß er selbst in Erscheinung treten will. Die Spanne reicht dabei von der Benennung der Stiftung nach der eigenen Person bis hin zum völlig anonymen Stifter.[128]

Bedingt durch das starke Wachstum des Stiftungssektors ist auch das wissenschaftliche Interesse an Stiftungen gestiegen, das Stiftungsrecht als Disziplin liegt derzeit weit vorn im internationalen Trend.[129]

3.1.3 Gesellschaftliche Funktion von Stiftungen

In freiheitlich geprägten Gesellschaften hat sich die Erkenntnis durchgesetzt, dass der Staat nicht jede soziale Fragestellung allein bewältigen kann und dass die staatlichen Wohlfahrtssysteme, die in Zeiten hohen Wachstums und einer positiven Bevölkerungsentwicklung entstanden sind, Unter-

---

126 Siehe oben Fn. 11. Vgl. hierzu Jakob, Verein – Stiftung – Trust, Entwicklungen 2007, Bern 2008, S. 55ff.

127 Vgl. Lichtsteiner/Degen/Jacobi, Steigerung der Attraktivität des Stiftungsstandortes Schweiz, Grundlagenbericht zur Motion von Ständerat Werner Luginbühl vom 20. März 2009, verfügbar unter www.profonds.org/de/portrait/downloads.htm.

128 Stiftungsreport Schweiz 2011 (Fn. 117), S. 6f.

129 Jakob (Fn. 30), S. 165.

stützung benötigen. Zivilgesellschaften sind dadurch charakterisiert, dass sich neben dem staatlichen und dem erwerbswirtschaftlichen Sektor ein sogenannter Dritter Sektor formiert, dessen Organisationen zwar in privatrechtlicher Form, aber mit öffentlichen Zielsetzungen agieren.[130] Die Organisationen des Dritten Sektors definieren sich durch eine autonome, das heißt vom Staat unabhängige Entscheidungsfindung sowie durch Nichtausschüttungsrestriktionen, das heißt die erzielten Erträge werden nicht an Anteilseigner oder Mitglieder ausgeschüttet, sondern zur Verfolgung des Zweckes der Organisation eingesetzt. Ein weiteres Charakteristikum ist ein hohes Maß an ehrenamtlicher und freiwilliger Mitarbeit in der Organisation, sowohl hinsichtlich der Leitung als auch in Bezug auf die Ausführungsprozesse. Die Organisationen des Dritten Sektors füllen die Lücke, die dadurch entsteht, dass einerseits der Staat nicht alle im öffentlichen Interesse stehenden Aufgaben übernehmen kann und andererseits profitorientierte Unternehmen lediglich diejenigen Aufgaben übernehmen wollen, die wirtschaftlich attraktiv erscheinen. Der Dritte Sektor leistet damit einen nicht zu vernachlässigenden Beitrag zum Gemeinwohl.[131]

Zusammen mit den Vereinen und den Genossenschaften[132] verkörpern gemeinnützige Stiftungen eine der zentralen Rechtsformen privat getragener Organisationen des Dritten Sektors. Ihre gesellschaftliche Bedeutung ergibt sich aus ihrem gemeinnützigen Zweck und der Art und Weise, wie sie ihn verfolgen. Da es kaum Beschränkungen hinsichtlich der Art des gemeinnützigen Stiftungszwecks gibt, sind Stiftungen in allen Gesellschaftsbereichen zu finden. Die wichtigsten Förderbereiche sind dabei Kultur, Bildung und Forschung, Gesundheitswesen sowie Sozialdienste. Zwar ist offensichtlich, dass die Ausgaben von Stiftungen für gemeinnützige Zwecke auf nominaler Basis und im Vergleich mit der sozialen Investitionstätigkeit des Staates verhältnismäßig gering ausfallen. Nichtsdestotrotz kann das europäische Stiftungswesen Schätzungen zufolge über ein Vermögen von ca. 350 bis nahezu 1.000 Milliarden Euro disponieren. Die jährlichen Ausgaben der in Europa ansässigen Stiftungen werden auf jährlich 83 bis 150 Milliarden Euro geschätzt, wobei zwischen den Mitgliedsstaaten der EU deutliche

130 Schlüter/Stolte (Fn. 108), Rdnr. 15.

131 Vgl. Riemer, Landesbericht „Schweiz", in: Hopt/Reuter (Hrsg.), Stiftungsrecht in Europa, Köln 2001, S. 511, 512.

132 Die Frage, ob Genossenschaften dem Privatsektor oder dem Dritten Sektor zuzurechnen sind, wird kontrovers diskutiert, vgl. hierzu aus der schweizerischen Literatur Purtschert, Das Schweizer Genossenschaftswesen zwischen Bedeutungsverlust und wirtschaftlicher Dynamik, in: Helmig/Purtschert/Schauer/Witt (Hrsg.): Nonprofit-Organisationen und Märkte, Wiesbaden 2007, S. 375-388.

Unterschiede bestehen.[133] Diese Zahlen belegen, dass die Stiftungen einen bedeutenden wirtschaftlichen Faktor in Europa darstellen und gleichzeitig einen wesentlichen Beitrag zum Allgemeinwohl leisten. Darüber hinaus verfügen Stiftungen über spezifische Qualitäten, wie beispielsweise ihre Unabhängigkeit, ihre weitgehende Freiheit von bürokratischen Zwängen und ihrer Flexibilität, die ihre tatsächlichen Gestaltungsmöglichkeiten deutlich erhöhen können. Mit Blick auf ihre Zielsetzung können verschiedene Typen von Stiftungen unterschieden werden. So gibt es einerseits Stiftungen, die Umverteilungsfunktionen übernehmen, andererseits jene, die den Staat durch Substitution entlasten und schließlich solche, die sich als Innovationsmotor verstehen und mit eigenen Programmen operieren.[134]

Rüegg-Sturm schreibt Stiftungen insgesamt eine Katalysatorfunktion für gesellschaftsbezogene Innovation bei der Weiterentwicklung der Zivilgesellschaft zu, indem sie sich gesellschaftlichen Knappheiten, deren Deckung für den privatwirtschaftlichen Sektor nicht lukrativ ist und die aus Sicht der Politik nicht mehrheitsfähig sind, widmen. Ihr Kerngeschäft sei die kommunikative Legitimation gesellschaftlicher Knappheiten gegenüber der kritischen Öffentlichkeit, die nicht nur über (entgehende) Steuergelder an dem entsprechenden Risiko mitpartizipieren möchte, sondern auch über den potentiellen Nutzen und erzielte Erfolge der Stiftungstätigkeit informiert werden will.[135]

3.2 Gesetzliche Vorgaben für Stiftungen

Im Folgenden sollen die gesetzlichen Vorgaben für Stiftungen in der Schweiz und in Deutschland dargestellt werden. Dieser Schritt ist eine notwendige Voruntersuchung in Bezug auf den Themenkomplex der Foundation Governance, insbesondere aus dem Grund, da das Erfordernis von Governance Regelungen und deren Ausgestaltung im Kontext der bestehenden gesetzlichen Regelungen zu sehen ist.

---

133 Aufgrund der geringen Transparenz des Stiftungssektors in vielen Ländern, sind keine präziseren Schätzungen möglich. Vgl. Europäische Kommission (Hrsg.), Feasibility Study on a European Foundation Statute – Final Report, 2009, S. 18-25, verfügbar unter www.ec.europa.eu.

134 Vgl. hierzu Schlüter/Stolte (Fn. 108), Rdnr. 14, 15.

135 Rüegg-Sturm (Fn. 66), S. 263, 265.

3.2.1 Schweiz

Das schweizerische Stiftungsprivatrecht ist in den Art. 80 bis 89bis ZGB geregelt. Darüber hinaus sind weitere Vorschriften für Stiftungen relevant, so zum Beispiel die Normen des Obligationenrechts in Hinblick auf die Revisionspflicht von Stiftungen sowie die Normen des Steuerrechts hinsichtlich der Anerkennung der Gemeinnützigkeit des Stiftungszwecks. Die Schweiz gilt als Stiftungsparadies, was insbesondere auch auf die geltenden liberalen rechtlichen Rahmenbedingungen zurückzuführen ist. Die Vorschriften des schweizerischen Stiftungsrechts sind geprägt durch das dominierende Merkmal der Stifterfreiheit, die sich als spezifisch stiftungsrechtlicher Ausfluss der Privatautonomie, einem Grundgedanken des schweizerischen Privatrechts, ableitet.[136]

3.2.1.1 Stiftungsgründung

Zur Errichtung einer Stiftung bedarf es gemäß Art. 80 ZGB der Widmung eines Vermögens für einen besonderen Zweck.[137] Das Vermögen stellt die materielle Grundlage einer Stiftung dar. Zwar gibt es keine Untergrenze für das Stiftungsvermögen, in der Praxis haben sich jedoch Minimalbeträge etabliert und die eidgenössische Stiftungsaufsicht setzt ein Stiftungsvermögen von mindestens 50.000 Schweizer Franken bei Gründung der Stiftung voraus. Mit dem Zweck der Stiftung werden ihre Aufgabe und ihr Ziel definiert. Als Folge der Stifterfreiheit ist grundsätzlich jeder legale Zweck zulässig, insoweit er hinreichend präzisiert ist. Der Zweck der Stiftung kann dabei gemeinnütziger oder privatnütziger Art sein. Die Widmung schließlich beinhaltet die Willenserklärung des Stifters, sich eines bestimmten Vermögens zugunsten der neu zu errichtenden Stiftung zu entäußern.

In formeller Hinsicht geht der Errichtung der Stiftung ein notarieller Akt oder ein Testament voraus, vgl. Art. 81 Abs. 1 ZGB. Aufgrund der Stiftungsurkunde erfolgt sodann der obligatorische und konstitutive Eintrag der Stiftung in das Handelsregister, vgl. Art. 81 Abs. 2 und Art. 52 Abs. 1 ZGB. Ausgenommen von der Eintragungspflicht sind insoweit die kirchlichen Stiftungen und die Familienstiftungen (vgl. Art. 52 Abs. 2 ZGB). Eine Zustimmung seitens des Staates ist zur Entstehung einer Stiftung nicht erforderlich, es gilt das Normativsystem.

---

136 Berner Kommentar/Riemer (Fn. 107), Systematischer Teil N 55.

137 Vgl. hierzu ausführlich Berner Kommentar/Riemer (Fn. 107), Art. 80 N 19ff.; Grüninger, in: Basler Kommentar Zivilgesetzbuch I, 4. Auflage, Basel 2010, Art. 80 N 6ff.

Ist eine Stiftung gegründet, wird sie als personalisiertes Zweckvermögen verstanden. Nach dem Trennungsprinzip des klassischen Stiftungsmodells gibt der Stifter die Stiftung mit ihrer Errichtung aus der Hand; die Stiftungsurkunde, die Existenz oder das Vermögen der Stiftung dürfen grundsätzlich weder durch den Stifter, noch durch die Stiftungsorgane verändert werden. Dem Interesse des Stifters, eventuell auch nach der Errichtung noch auf die Stiftung einwirken zu können, trägt der mit der Stiftungsreform vom 1. Januar 2006 eingeführte Art. 86a ZGB Rechnung.[138] Danach kann der Stifter selbst den Zweck der Stiftung nachträglich ändern, wenn er sich dieses Recht in der Stiftungsurkunde vorbehalten hat und seit Stiftungserrichtung oder der letzten Zweckänderung mindestens zehn Jahre verstrichen sind, vgl. Art. 86a Abs. 1 ZGB. Eine weitere Voraussetzung ist, dass der neue Stiftungszweck ebenfalls gemeinnützig ist, vgl. Art. 86a Abs. 2 ZGB. Außerdem ist zu beachten, dass dieses Recht nur durch den Stifter selbst oder aufgrund einer testamentarischen Verfügung ausgeübt werden kann und nicht vererbbar ist, vgl. Art. 86a Abs. 3 S. 1. Stiften juristische Personen, erlischt es 20 Jahre nach Errichtung der Stiftung, vgl. Art. 86a Abs. 3 S. 2 ZGB. Bei Vorliegen der jeweiligen Voraussetzungen ist die zuständige Behörde verpflichtet die Zweckänderung zu genehmigen. Anders als im Rahmen des Art. 86 ZGB verbleibt ihr keinerlei Ermessensspielraum.

3.2.1.2 Organisation der Stiftung

Gemäß Art. 83 ZGB sind die Organe der Stiftung und die Art der Verwaltung in der Stiftungsurkunde festzulegen. Verwaltet werden Stiftungen grundsätzlich durch den Stiftungsrat, der den Stifterwillen vollzieht und den Stiftungszweck erfüllt. Bei größeren Stiftungen wird häufig differenziert zwischen einem Verwaltungsorgan, der Geschäftsführung, die in der Regel aus Hauptamtlichen besteht, und dem Stiftungsrat als Vertretungsorgan, bestehend aus Ehrenamtlichen.[139] Der Stiftungsrat hat kein eigenes Willensbildungsrecht und auch dann, wenn sich der Stifter selbst als Stiftungsrat einsetzt, muss dieser in der Funktion des Organmitglieds seinen als Stifter bei der Stiftungsgründung gefassten Willen vollziehen. Vor diesem Hintergrund haben die Mitglieder des Stiftungsrats die Pflicht zur Beachtung der Gesetze

138 Vgl. zur Diskussion bzgl. der Vorschrift einerseits Riemer, Entwicklungen im Gesellschaftsrecht, SJZ 100 (2004) S. 514f., und andererseits Vez, Thesen zu einem neuen Stiftungsverständnis, in: ZBJV 2007, S. 229, 241.

139 Von Schnurbein (Fn. 107), S. 8f.

und Rechtsordnungen, die Pflicht zur Beachtung der Stiftungsstatuten sowie die Pflicht zur Sorgfalt im Rahmen ihres Ermessensspielraums.

Stiftungsräte sowie gegebenenfalls Mitglieder der Geschäftsführung haften gegenüber der Stiftung aus Vertrag sowie aus unerlaubter Handlung. Die Haftung der Mitglieder des Stiftungsrats kann nicht ausgeschlossen werden, da sie zwingendes Recht darstellt. Der Schweizer Verband pro-Fonds, Dachverband gemeinnütziger Stiftungen in der Schweiz, hat im Rahmen eines Maßnahmenkatalogs in Hinblick auf die Motion Luginbühl jedoch vorgeschlagen, eine gesetzliche Haftungsbegrenzung für ehrenamtliche Stiftungsräte bezüglich leicht fahrlässig verursachter Schäden zu prüfen, um zu vermeiden, dass die Gefahr einer Haftung Ehrenamtliche von ihrem gemeinnützigen Engagement abhält.[140]

3.2.1.3 Steuerliche Aspekte

Stiftungen sind steuerlich begünstigt, soweit ihr Zweck als gemeinnützig anerkannt wird, vgl. Art. 56 lit. g DHG.[141] Als gemeinnützig im Sinne des Stiftungsrechts werden einerseits nur solche Tätigkeiten verstanden, die im Allgemeininteresse liegen. Dies wird in der Regel nur dann angenommen, wenn der Kreis der Stiftungsdestinatäre, denen die Förderung beziehungsweise Unterstützung zukommen soll, grundsätzlich offen ist. Das Allgemeininteresse verlangt zudem eine dauerhafte gemeinnützige Bindung, das heißt die eingesetzten Mittel müssen dem steuerbefreiten Zweck unwiderruflich gewidmet sein. Darüber hinaus muss die Stiftung uneigennützig handeln, ihrer Tätigkeit muss Gemeinsinn zugrunde liegen. Dies schließt zwar Erwerbszwecke aus, eine Erwerbstätigkeit ist dagegen zulässig, wenn sie lediglich ein Mittel zum Zweck darstellt und nicht die einzige wirtschaftliche Grundlage der Stiftung bildet. Die Uneigennützigkeit muss ferner tatsächlich ausgeübt werden. Dies erfordert, dass die Mittel der Stiftung in substantiellem Ausmaß für die Zweckerfüllung eingesetzt werden. In der Schweiz verzichten Gesetzgeber und Behörden allerdings insoweit auf eine starre Ausschüttungsquote. Schließlich wird die Stiftung nur steuerbefreit,

---

140 Profonds, Vorschlag zu einem Katalog möglicher Maßnahmen im Sinn der Motion Luginbühl, September 2009, S. 5, verfügbar unter www.profonds.org/de/portrait/downloads.htm.

141 Bundesgesetz über die direkte Bundessteuer vom 14. Dezember 1990 (AS 1991 1184); vgl. auch § 61 lit. g, Steuergesetz des Kantons Zürich vom 8. Juni 1997, LS 631.1.

wenn ihr Ziel ausschließlich, das heißt ohne Ausnahme, die Gemeinnützigkeit ist.[142]

Maßgeblich für die Steuerbefreiung sind die kantonalen und die eidgenössischen Steuergesetzgebungen, die trotz Harmonisierungsbemühungen nach wie vor Unterschiede aufweisen. Wird einer Stiftung die Steuerbefreiung zuerkannt, so entfallen die Kapital- und Gewinnsteuer, die Erbschafts- und Schenkungssteuer, Handänderungssteuer (jeweils soweit in den Kantonen existent) sowie die Steuern auf Grundstücksgewinne, wenn das Grundstück dem gemeinnützigen Zweck unmittelbar dient (anders in den Kantonen Bern, Jura und Freiburg). Ist eine Stiftung nicht steuerbefreit, da sie keinen gemeinnützigen Zweck verfolgt oder eine Familienstiftung ist, so erfolgt die Besteuerung entsprechend derjenigen von Körperschaften.

Neben dem Erlass der genannten Steuern, gewähren der Bund und die Kantone einen Spendenabzug für Zuwendungen an gemeinnützige Organisationen. Im Zuge der Stiftungsrechtsrevision des Jahres 2006 wurde der Steuerfreibetrag auf Bundessteuern bei Spenden von 10 Prozent auf 20 Prozent erhöht. Diesen Schritt haben viele Kantone bereits nachvollzogen, nur eine Minderheit der Kantone sieht noch einen Abzug von 10 Prozent oder weniger vor.[143] Sowohl der Bund als auch die Mehrheit der Kantone fordern jedoch eine Mindestlimite der Spenden von 100 Schweizer Franken. Schließlich ist sowohl bei der direkten Bundessteuer als auch bei den kantonalen Steuern die frühere Beschränkung des Spendenabzugs auf Geldzuwendungen aufgehoben, so dass auch Zuwendungen von anderen Vermögenswerten, wie beispielsweise Liegenschaften oder Kunstwerken, an gemeinnützige Stiftungen abzugsfähig sind.

3.2.1.4 Stiftungsaufsicht

Im Unterschied zu anderen Rechtsformen haben Stiftungen kein Aufsichtsorgan im Sinne einer Mitglieder- oder Aktionärsversammlung, welches die Einhaltung des Stiftungszwecks gewährleisten könnte. Diese Aufgabe ist stattdessen einer staatlichen Aufsichtsbehörde als externer Kontrollinstanz zugewiesen. Gemäß Art. 84 Abs. 2 ZGB trägt die Stiftungsaufsicht dafür Sorge, dass das Stiftungsvermögen seinen Zwecken gemäß verwendet wird. Nach ihrem Sinn und Zweck dient die staatliche Beaufsichtigung dem Schutz des privaten Stifterwillens und des Stifterinteresses am Bestand der

---

142 Vgl. Lichtsteiner/Degen/Jacobi (Fn. 127), S. 11f.

143 Eine Ausnahme stellt Basel-Landschaft dar, hier sind die Spenden zu 100% abzugsfähig.

Stiftung. Die Stiftungsaufsicht beschränkt sich dabei auf eine Rechtskontrolle. Diese findet einerseits präventiv statt, insbesondere im Rahmen der Prüfung der jährlich eingereichten Jahresabrechnungen und Tätigkeitsberichte der Stiftungen, vgl. Art. 83c ZGB. Andererseits stehen der Stiftungsbehörde, sollte sie Pflichtwidrigkeiten feststellen, repressive Aufsichtsmittel zur Verfügung. Hierzu zählen Weisungen, Sanktionen oder – als ultima ratio – die Abberufung von Stiftungsorganen.[144]

Gemäß Art. 87 Abs. 1 ZGB sind Familienstiftungen und kirchliche Stiftungen von dieser Regelung ausgenommen, sie können sich jedoch freiwillig unter die Aufsicht einer Aufsichtsbehörde stellen. Zuständige Aufsichtsbehörde ist gemäß Art. 84 Abs. 1 ZGB jeweils das Gemeinwesen, dem die Stiftung nach ihrer Bestimmung angehört. Bei national und international ausgerichteten Stiftungszwecken ist die eidgenössische Stiftungsaufsicht zuständig, bei einem kantonalen beziehungsweise lokalen Wirkungsradius die kantonale beziehungsweise lokale Stiftungsaufsicht.

3.2.1.5 Rechnungslegung und Revision

In Hinblick auf die Buchführung bestimmt Art. 83a Abs. 1 ZGB, dass das oberste Stiftungsorgan die Geschäftsbücher entsprechend der Vorschriften des Obligationenrechts über die kaufmännische Buchführung führt. Betreibt die Stiftung für ihren Zweck ein nach kaufmännischer Art geführtes Gewerbe, so sind die Vorschriften des Obligationenrechts über die Rechnungslegung und die Offenlegung der Jahresrechnung für Aktiengesellschaften entsprechend anwendbar, Art. 83a Abs. 2 ZGB.

Bezüglich der Revision sind die Stiftungen durch das revidierte Stiftungsrecht in die Revisionsbestimmungen des Gesellschaftsrechts eingebettet worden. Grundsätzlich ist jede Stiftung zur Revision verpflichtet, vgl. Art. 83b Abs. 1 ZGB. Die Revisionsstelle prüft jährlich die Rechnungsführung und die Vermögenslage der Stiftung, Einzelheiten der Revision regelt das Revisionsgesetz, vgl. Art. 83b Abs. 3 ZGB i. V. m. Art. 727-731a OR. Nach den neuen gesetzlichen Regelungen ist die Revisionspflicht abhängig von der Größe der Organisation, nicht von ihrer Rechtsform, dies im Einklang mit einem generellen Paradigmenwechsel in der Gesetzgebung von der Berücksichtigung der Rechtsform hin zur Berücksichtigung der Organisationsgrö-

144 Vgl. hierzu Berner Kommentar/Riemer (Fn. 107), Art. 84 N 88ff.; Basler Kommentar/Grüninger (Fn. 137), Art. 84 N 12f.

ße.[145] In der Folge werden gemeinnützige Stiftungen unter diesem Aspekt grundsätzlich gleich behandelt wie Wirtschaftsunternehmen.

3.2.1.5.1 Ordentliche Revision

Gemäß Art. 83b Abs. 3 ZGB i. V. m. Art. 727 Abs. 1 Nr. 2 OR muss eine ordentliche Revision durchgeführt werden, wenn zwei von drei der folgenden Größen in zwei aufeinander folgenden Geschäftsjahren überschritten werden: eine Bilanzsumme von 10 Millionen Schweizer Franken, ein Umsatzerlös von 20 Millionen Schweizer Franken oder 50 Vollzeitstellen im Jahresdurchschnitt. Ein wesentlicher Unterschied der ordentlichen Revision gegenüber der eingeschränkten Revision ist die Forderung nach einem internen Kontrollsystem, vgl. Art. 728a Abs. 1 Nr. 3 OR. Hierbei handelt es sich um ein in die Betriebsabläufe integriertes Kontrollsystem, dass sich auf die Gesamtheit aller vom Stiftungsrat und der Geschäftsleitung angeordneten Vorgänge, Methoden und Maßnahmen, die den ordnungsgemäßen Ablauf des Geschäftsbetriebes sicherstellen, bezieht.[146]

3.2.1.5.2 Eingeschränkte Revision

Sind die Kriterien für eine ordentliche Revision nicht erfüllt, findet lediglich eine eingeschränkte Revision statt, vgl. Art. 83b Abs. 3 ZGB i. V. m. Art. 727a Abs. 1 OR. Die Bestimmungen zur eingeschränkten Revision sind deutlich weniger weitreichend als diejenigen zur ordentlichen Revision. Art. 83a ZGB schreibt jedoch als grundsätzliche Voraussetzungen für eine ordnungsgemäße Revision die Anwendung der Grundsätze der kaufmännischen Buchführung (Art. 83a Abs. 1 ZGB i. V. m. Art. 957-963 OR) beziehungsweise bei kaufmännisch geführtem Gewerbe der aktienrechtlichen Buchführung (Art. 83a Abs. 2 ZGB i. V. m. Art. 662a, 697h OR) vor. Gemäß Art. 83b Abs. 4 ZGB kann die Aufsichtsbehörde auch von einer grundsätzlich nur zur eingeschränkten Revision verpflichteten Stiftung eine ordentliche Revision verlangen, wenn dies für die zuverlässige Beurteilung der Vermögens- und Ertragslage der Stiftung notwendig ist.

3.2.1.5.3 Befreiung von der Revisionspflicht

Ausgenommen von der Revisionspflicht sind einerseits Familienstiftungen und kirchliche Stiftungen, vgl. Art. 87 Abs. 1bis ZGB, zum anderen Stiftungen,

---

145 So von Schnurbein (Fn. 107), S. 7.

146 Von Schnurbein (Fn. 107), S. 13.

die von der Aufsichtsbehörde individuell von der Revisionspflicht befreit werden. Gemäß Art. 83b Abs. 2 ZGB i. V. m. Art. 1 Abs. 1 der Verordnung über die Revisionsstelle von Stiftungen[147] kann die Aufsichtsbehörde die Stiftung auf Antrag des Stiftungsrates von der Revisionspflicht befreien, wenn die Bilanzsumme der Stiftung in zwei aufeinander folgenden Geschäftsjahren kleiner als 200.000 Schweizer Franken ist und die Stiftung nicht öffentlich zu Spenden oder sonstigen Zuwendungen aufruft. Liegen die genannten Voraussetzungen nach erteilter Befreiung nicht mehr vor, so erfolgt ein Widerruf der Befreiung durch die Aufsichtsbehörde, vgl. Art. 1 Abs. 2 lit. a der Verordnung. Gleiches gilt, wenn die Stiftungsbehörde den Widerruf für eine zuverlässige Beurteilung der Vermögens- und Ertragslage der Stiftung für notwendig erachtet, vgl. Art. 1 Abs. 2 lit. b der Verordnung.

3.2.2 Deutschland

Die rechtsfähige Stiftung[148] orientiert sich, in Abgrenzung zu Körperschaften, die sich an dem (Mehrheits-)Willen der Mitgliederversammlung ausrichten, unter staatlicher Aufsicht an dem verobjektivierten Stifterwillen.[149] Regelungsgegenstand der §§ 80 bis 88 BGB ist die rechtsfähige Stiftung des Privatrechts. Das Bundesrecht regelt lediglich die privatrechtliche Seite des Stiftungsrechts und auch diese nicht abschließend: § 85 BGB zeigt, dass der Bund die aus Art. 74 Abs. 1 Nr. 1 GG[150] abgeleitete konkurrierende Gesetzgebungskompetenz für das Stiftungsprivatrecht jedenfalls hinsichtlich der Stiftungsverfassung nicht ausgeschöpft hat. Für die öffentlich-rechtlichen Aspekte des Stiftungsrechts sind gemäß Art. 70 Abs. 1 GG die Länder zuständig.

---

147 Verordnung vom 24. August 2005 über die Revisionsstelle von Stiftungen (AS 2005 4555).

148 Nicht rechtsfähig ist in Abgrenzung hierzu die treuhänderische Stiftung, die gesetzlich nicht geregelt ist. Es handelt sich lediglich um ein zweckgebundenes Sondervermögen, das von einem Träger – dem so genannten Treuhänder – verwaltet wird.

149 Vgl. hierzu Münchener Kommentar/Reuter (Fn. 106), Vorbemerkung zu §§ 80-88 Rdnr. 48.

150 Grundgesetz für die Bundesrepublik Deutschland, Gesetz vom 23. Mai 1949 (BGBl. I S. 1), zuletzt geändert durch Gesetz vom 21. Juli 2010 (BGBl. I S. 944) mit Wirkung zum 27. Juli 2010.

3.2.2.1 Stiftungsgründung

Eine rechtsfähige Stiftung des bürgerlichen Rechts wird gemäß § 80 Abs. 1 BGB errichtet durch das Stiftungsgeschäft sowie die staatliche Anerkennung durch die Stiftungsbehörde des Landes, in dem die Stiftung ihren Sitz hat. Im Anerkennungsverfahren wird geprüft, ob die in § 80 Abs. 2 BGB abschließend normierten Anerkennungsvoraussetzungen erfüllt sind. Ist dies der Fall, so besteht sowohl nach dem Wortlaut als auch nach der Gesetzesbegründung[151] des § 80 Abs. 2 BGB ein Rechtsanspruch auf Anerkennung der Stiftung als rechtsfähig. Die nach Landesrecht zuständige Behörde hat insoweit kein Ermessen. Mit ihrer Konstituierung verselbstständigt sich die Stiftung und wird von ihrem Stifter losgelöst.

Das Stiftungsgeschäft besteht einerseits aus einem organisationsrechtlichen, konstitutionellen Teil, der auf die Errichtung der juristischen Person gerichtet ist. Demgemäß muss der Stifter der Stiftung eine Satzung entsprechend der Mindestanforderungen des § 81 Abs. 1 S. 3 BGB geben. Andererseits erfordert das Stiftungsgeschäft einen vermögensrechtlichen Teil, in dem der Stifter rechtverbindlich erklärt, dass er ein bestimmtes Vermögen dauerhaft der Erreichung des von ihm formulierten Stiftungszwecks widmet.[152]

Die zentrale Funktion im Stiftungsrecht kommt dem Stiftungszweck zu.[153] Durch den Grundsatz der Stiftungsfreiheit ist der Stifter bei der Ausgestaltung des Stiftungszwecks grundsätzlich frei, die Grenzen finden sich insbesondere in der Gefährdung des Gemeinwohls (vgl. § 80 Abs. 2 BGB) und für die gemeinnützigen Stiftungen in den §§ 51ff. AO.[154] Des Weiteren muss der Stiftungszweck dem Bestimmtheitsgrundsatz genügen und auf Dauer, das heißt beständig gegenüber dem Wandel der Verhältnisse, angelegt sein. Nach Anerkennung der Rechtsfähigkeit der Stiftung ist der Stiftungszweck sowohl der Disposition des Stifters als auch dem Zugriff der

151 Bundestags-Drucksache 14/8277, S. 5.

152 Überwiegende Ansicht, vgl. Münchener Kommentar/Säcker/Rixecker (Fn. 106), § 81 Rdnr. 3; andere Ansicht Muscheler, Das vertragliche Stiftungsgeschäft, in: ZEV 2003, S. 41, 42ff., der ein einaktiges Stiftungsgeschäft annimmt.

153 Vgl. hierzu ausführlich Seifart/von Campenhausen, Stiftungsrechts-Handbuch, 3. Auflage, München 2009, § 1 Rdnr. 9; Rawert, in: J. von Staudingers Kommentar zum Bürgerlichen Gesetzbuch, Buch 1: Allgemeiner Teil, §§ 80-89 (Stiftungsrecht), Neubearbeitung 2011, § 80 Rdnr. 14.

154 Abgabenordnung in der Fassung der Bekanntmachung vom 1. Oktober 2002 (BGBl. I S. 3866, ber. 2003 I S. 61),zuletzt geändert durch Gesetz vom 30. Juli 2009 (BGBl. I S. 2474) mit Wirkung vom 5. August 2009.

Stiftungsorgane entzogen, eine grundlegende Zweckänderung ist nur unter den engen Voraussetzungen des § 87 BGB zulässig.

Ein weiteres wesentliches Merkmal der Stiftung ist das Stiftungsvermögen, das so bemessen sein muss, dass mit ihm die dauernde und nachhaltige Zweckerfüllung gesichert erscheint (vgl. § 80 Abs. 2 BGB). Weder das BGB noch die Landesstiftungsgesetze benennen dabei eine Mindesthöhe, die Stiftungsbehörden gehen jedoch im Allgemeinen davon aus, dass ein Ertrag bringendes Stiftungsvermögen von mindestens 50.000 Euro vorhanden sein muss.[155]

3.2.2.2 Organisation der Stiftung

Die Stiftungsorganisation verschafft der Stiftung als rechtlich verselbstständigtem Gebilde die notwendige Handlungsfähigkeit. Nach § 81 Abs. 1 S. 3 Nr. 5 BGB muss die Satzung Regelungen über die Bildung des Stiftungsvorstands enthalten. Das Erfordernis der Einsetzung eines Vorstands, dem die rechtliche Stellung eines gesetzlichen Vertreters zukommt und der dem Stifterwillen Geltung verschafft, ergibt sich dabei bereits aus § 86 i. V. m. § 26 BGB. Der Stifter kann in der Stiftungssatzung weitere, fakultative Stiftungsorgane vorsehen, beispielsweise ein Kontrollgremium, das oftmals als Kuratorium bezeichnet wird.

Soweit Vorstandsmitglieder ihre Pflichten schuldhaft verletzen und der Stiftung dadurch Schäden entstehen, haften sie nach § 280 Abs. 1 BGB. Zu vertreten sind nach allgemeinen Regeln gemäß §§ 26, 27 Abs. 3, 280 ff., 670, 276 grundsätzlich Vorsatz und Fahrlässigkeit. Der im Jahr 2009 neu eingeführte § 31a BGB begrenzt jedoch in Verbindung mit § 86 S. 1 BGB die Haftung ehrenamtlich oder gegen geringe Vergütung tätiger Stiftungsvorstände gegenüber der Stiftung auf Vorsatz und grobe Fahrlässigkeit. Haftet ein Vorstandsmitglied aufgrund einfacher Fahrlässigkeit gegenüber Dritten, hat es gegen die Stiftung einen Freistellungsanspruch. Ein etwaig eingerichtetes Kontrollorgan der Stiftung, haftet nach dem Gesetz jedoch weiterhin bereits für leichte Fahrlässigkeit. Neben den vertraglichen Haftungsansprüchen kommt auch eine deliktische Haftung der Organmitglieder in Betracht.

3.2.2.3 Steuerliche Aspekte

Stiftungen unterliegen als Steuersubjekte grundsätzlich der Körperschafts-, Grund- und gegebenenfalls auch der Umsatz- oder Gewerbesteuer. Bei der

155 Palandt/Ellenberger (Fn. 106), § 80 Rdnr. 5.

Übertragung des Vermögens auf eine Stiftung fällt grundsätzlich Schenkungssteuer an. Dient eine Stiftung jedoch nach ihrer Satzung und der tatsächlichen Geschäftsführung ausschließlich und unmittelbar gemeinnützigen, mildtätigen oder kirchlichen Zwecken, so genießt sie Steuervergünstigungen. Insbesondere ist sie von der Körperschaft-, Gewerbe- und Grundsteuer befreit (vgl. § 5 Abs. 1 Nr. 9 KStG[156], § 3 Nr. 6 GewStG[157] und § 3 Abs. 1 Nr. 3 lit. b GrStG[158]), die Höhe der Umsatzsteuer reduziert sich (vgl. § 12 Abs. 2 Nr. 8 lit. a UStG[159]).

Der Staat gewährt die genannten Steuervergünstigungen, wenn die Stiftung Zwecke fördert, die zu den Gemeinwohlaufgaben zählen und damit den Staat entlasten. Die Abgabenordnung kennt drei Typen steuerbegünstigter Zwecke.[160] Ein gemeinnütziger Zweck im Sinne des § 52 Abs. 1 AO liegt vor, wenn die Tätigkeit der Stiftung darauf gerichtet ist, die Allgemeinheit auf materiellem, geistigem oder sittlichem Gebiet selbstlos zu fördern. Die Fördertätigkeit muss dabei als solche im Interesse der Allgemeinheit liegen und grundsätzlich für die Allgemeinheit zugänglich sein. Daneben sind auch mildtätige Zwecke im Sinne des § 53 AO sowie kirchliche Zwecke gemäß § 54 Abs. 1 AO steuerbegünstigt. Über die Verfolgung der in den §§ 52 bis 54 AO genannten Zwecke hinaus muss eine Stiftung weiterhin die Voraussetzungen der §§ 55 bis 57 AO erfüllen, das heißt sie muss uneigennützig handeln (vgl. § 55 AO) und ihre Fördermaßnahmen selbst durchführen (vgl. § 57 AO). Außerdem muss die Tätigkeit der Stiftung ausschließlich auf die Verwirklichung ihrer satzungsmäßigen Zwecke gerichtet sein (vgl. § 56 AO). § 58 AO durchbricht die Grundsätze der §§ 55 bis 57 punktuell.

Zuwendungen an eine gemeinnützige Stiftung im Sinne der §§ 51 ff. AO sind gemäß § 13 Abs. 1 Nr. 16 lit. b ErbStG[161] von der Erbschaft- bezie-

---

156 Körperschaftssteuergesetz in der Fassung der Bekanntmachung vom 15. Oktober 2002 (BGBl. I S. 4144), zuletzt geändert durch Gesetz vom 8. April 2010 (BGBl. I S. 386) mit Wirkung vom 15. April 2010.

157 Gewerbesteuergesetz in der Fassung der Bekanntmachung vom 15. Oktober 2002 (BGBl. I S. 4167), zuletzt geändert durch Art. 3 des Gesetzes vom 8. April 2010 (BGBl. I S. 386).

158 Grundsteuergesetz vom 7. August 1973 (BGBl. I S. 965), zuletzt geändert durch Gesetz vom 19. Dezember 2008 (BGBl. I S. 2794) mit Wirkung vom 1. Januar 2008.

159 Umsatzsteuergesetz in der Fassung der Bekanntmachung vom 21. Februar 2005 (BGBl. I S. 386), zuletzt geändert durch Gesetz vom 8. April 2010 (BGBl. I S. 386) mit Wirkung vom 1. Januar 2010 bzw. 1. Juli 2010

160 Vgl. zum Folgenden ausführlich Seifart/von Campenhausen (Fn. 153), § 43.

161 Erbschaftssteuer- und Schenkungssteuergesetz, in der Fassung der Bekanntmachung vom 27. Februar 1997 (BGBl. I S. 378), zuletzt geändert durch Gesetz vom 22. Dezember 2009 (BGBl. I S. 3950) mit Wirkung vom 1. Januar 2010.

hungsweise Schenkungsteuer befreit, soweit sie der Zweckverwirklichung dienen. Darüber hinaus mindern Zuwendungen zur Gründung einer gemeinnützigen Stiftung oder als Zustiftung an eine bereits bestehende Stiftung das steuerpflichtige Einkommen des Stifters oder Spenders als Sonderausgabe. Der vom Einkommen abzugsfähige Höchstbetrag wurde durch das Gesetz zur Stärkung des bürgerschaftlichen Engagements[162] mit Wirkung zum 1. Januar 2007 erhöht und die Beschränkung des Sonderabzugs auf das Gründungsjahr aufgehoben. Für Zuwendungen an gemeinnützige private Stiftungen wie auch an öffentlich-rechtliche und kirchliche Stiftungen können nach der neuen Regelung alle zehn Jahre bis zu einer Million Euro als Sonderabzug steuermindernd geltend gemacht werden, vgl. § 10b Abs. 1a S. 1 EStG. Werden noch höhere Summen gespendet, kann der Spender diese nach den allgemeinen Regeln des Spendenrechts bis zu einer Grenze von 20 Prozent seines Jahreseinkommens steuerlich absetzen, vgl. § 10b Abs. 1 Nr. 1 EStG.

3.2.2.4 Stiftungsaufsicht

§ 87 Abs. 1 BGB setzt das Bestehen einer Stiftungsaufsicht voraus. Ihre Befugnisse sind landesrechtlich in den einzelnen Landesstiftungsgesetzen geregelt. Zweck der Stiftungsaufsicht ist die Durchsetzung des in Stiftungsgeschäft und Stiftungssatzung zum Ausdruck gekommenen Stifterwillens. Ihr Einschreiten dient damit der Erfüllung des Stiftungszweckes mit Rücksicht auf den Stifter. Die Stiftungsaufsicht ist eine reine Rechtsaufsicht und die zuständige Behörde darf ihr Ermessen nicht an die Stelle des Ermessens der Stiftungsorgane setzen. Da die Stiftung gemäß Art. 19 Abs. 3 GG Grundrechtsträgerin ist, gelten für die Ausübung der Stiftungsaufsicht die Grundsätze der Subsidiarität und der Verhältnismäßigkeit.[163]

Die Rechte der Stiftungsaufsicht sind in den Landesstiftungsgesetzen ausführlich geregelt. Sie umfassen Informations- und Überwachungsrechte, die Beanstandung von Entscheidungen und Maßnahmen sowie gegebenenfalls deren Aufhebung, die Abberufung von Organmitgliedern, die Bestellung von Beauftragten beziehungsweise Sachwaltern oder die Geltendmachung von Schadensersatzansprüchen.[164] Die Stiftungssatzung kann die Aufsicht durch die Stiftungsbehörde nicht ausschließen. Teilweise wird jedoch

---

162 Siehe Fn. 124.

163 Vgl. ausführlich zur Stiftungsaufsicht Münchener Kommentar/Reuter (Fn. 106), Vorbemerkung zu §§ 80-88 Rdnr. 68ff.; Staudinger/Rawert (Fn. 153), vor § 80 Rdnr. 83ff.

164 Vgl. hierzu Seifart/von Campenhausen (Fn. 153), § 10 Rdnr. 145ff.

vertreten, dass in dem Fall, dass die Satzung eine interne Kontrollinstanz vorsieht, die Anlässe für ein Einschreiten der Behörde reduziert werden könnten. Dies folge aus dem Übermaßverbot, das nur erforderliche Eingriffe der Stiftungsbehörde zulasse.[165]

3.2.2.5 Rechnungslegung und Rechnungsprüfung

Anders als für Kaufleute, Kapitalgesellschaften und bestimmte Personenhandelsgesellschaften gibt es für Stiftungen keine konkreten gesetzlichen Vorgaben über die Ausgestaltung ihrer finanziellen Rechenschaftslegung. Die Bundesregierung hat die Einführung eines Rechnungslegungs- und Publizitätsgesetzes für Vereine und Stiftungen abgelehnt und an die Organisationen und Verbände im Gemeinnützigkeitssektor appelliert, Standards weiterzuentwickeln und zu vereinheitlichen.[166]

3.2.2.5.1 Rechnungslegung

Mit der Rechnungslegung weist der Stiftungsvorstand die Ordnungsmäßigkeit seiner Tätigkeit nach, das heißt die zweckentsprechende Mittelverwendung sowie die Erhaltung des Stiftungsvermögens. Die Rechnungslegung stellt damit eine wesentliche Grundlage für die Prüfungstätigkeit der Stiftungsaufsicht dar.[167]

Auf bundesrechtlicher Ebene finden für rechtsfähige Stiftungen des Privatrechts über die Verweisung des § 86 S. 1 1. Hs. BGB die Vorschriften zur Rechnungslegung für Vereine Anwendung, vgl. § 666 i. V. m. §§ 259, 260 BGB. Gemäß dieser Vorschriften haben die Stiftungen lediglich eine geordnete periodische Zusammenstellung ihrer Einnahmen und Ausgaben (§ 259) sowie ein Bestandsverzeichnis ihres Vermögens (§ 260 BGB) zu erstellen.

Auf der Ebene des Landesrechts bestehen in allen Bundesländern Landesstiftungsgesetze mit Vorschriften zur Rechnungslegung. Dabei wird verlangt, dass Rechenschaft über die Verwaltung des Stiftungsvermögens abgelegt wird, indem Aufzeichnungen oder Bücher über die laufende Verwaltung geführt werden und zum Ende des Geschäftsjahres ein Abschluss er-

165 Münchener Kommentar/Reuter (Fn. 106), Vorbemerkung zu §§ 80-88 Rdnr. 80; Staudinger/Rawert (Fn. 153), vor § 80 Rdnr. 90.

166 Antwort der Bundesregierung auf die Kleine Anfrage verschiedener Abgeordneter und der Fraktion der FDP, 29. Februar 2008, Bundestags-Drucksache 16/8325.

167 Vgl. hierzu ausführlich, Kussmaul/Meyering, Die Rechnungslegung der Stiftung, in: DStR 2004, 371-376.

stellt wird, der aus einer Jahres(ab)rechnung und einer Vermögensübersicht besteht.[168] Darüber hinaus wird in einigen Ländern ein Bericht über die Erfüllung des Stiftungszwecks gefordert.[169] In der Mehrzahl der Landesstiftungsgesetze wird präzisiert, die Rechnungslegung habe nach den „Grundsätzen ordnungsgemäßer Buchführung" zu erfolgen beziehungsweise es wird eine „„ordentliche Buchführung" von Stiftungen gefordert.[170]

Weitestgehend bleiben Rechnungslegung und Wirtschaftsführung für Stiftungen jedoch ungeregelt. Die meisten Stiftungen orientieren sich daher an den Vorschriften der §§ 238 - 263 HGB[171]. Dies entspricht den Mindestanforderungen an die Rechnungslegung, wie sie in der Stellungnahme des Instituts der Wirtschaftsprüfer zur Rechnungslegung von Stiftungen (IDW RS HFA 5) vom 25. Februar 2000 beschrieben werden.[172]

3.2.2.5.2 Rechnungsprüfung

Im Unterschied zu der Situation in der Schweiz kennt das deutsche Recht grundsätzlich keine gesetzliche Pflicht für eine Rechnungsprüfung von Stiftungen.[173]

Die Landesstiftungsgesetze sehen jedoch die Möglichkeit vor, dass die Stiftungen alternativ zur Vorlage des Jahresberichts einen Prüfbericht durch beispielsweise einen Wirtschaftsprüfer oder einen vereidigten Buchprüfer anfertigen lassen.[174] Der Prüfauftrag ist in diesem Fall auf die satzungsgemäße Verwendung der Stiftungsmittel sowie die Erhaltung des Stiftungsvermögens zu erstrecken. Wird die Stiftung satzungsgemäß durch eine nach dem jeweiligen Landesstiftungsgesetz anerkannte Prüfungsstelle

---

168 Vgl. zum Beispiel § 4 Abs. 4 StiftG Hamburg, § 10 Abs. 1 Nr. 1 StiftG Schleswig-Holstein oder § 8 Abs. 1 Nr. 2 StiftG Berlin.

169 Vgl. zum Beispiel § 4 Abs. 4 StiftG Hamburg oder § 8 Abs. 1 Nr. 2 StiftG Berlin.

170 Vgl. zum Beispiel § 4 Abs. 4 StiftG Hamburg; § 4 Abs. 7 StiftG Schleswig-Holstein oder § 4 Abs. 2 Nr. 2 StiftG Mecklenburg-Vorpommern.

171 Handelsgesetzbuch vom 10. Mai 1897 (RGBl. I S. 219), zuletzt geändert durch Gesetz vom 1. März 2011 (BGBl. I S. 288).

172 Unternehmensstiftungen, die einen kaufmännischen Geschäftsbetrieb unterhalten, sind ohnehin verpflichtet bezüglich des Gewerbes die handelsrechtlichen Rechnungslegungsvorschriften der §§ 238ff. HGB anzuwenden.

173 Anders bei Unternehmensstiftungen, die ein Gewerbe führen und gemäß §§ 1, 3 Nr. 4, 11 Publizitätsgesetz i. V. m. §§ 9, 15 Publizitätsgesetz eine gewisse gesamtwirtschaftliche Größe und Bedeutung haben.

174 Vgl. zum Beispiel § 5 Abs. 2 StiftG Hamburg, § 10 Abs. 1 Nr. 2 StiftG Schleswig-Holstein oder § 8 Abs. 2 StiftG Berlin.

geprüft, so kann beziehungsweise soll dies eine Prüfung durch die Stiftungsaufsichtsbehörde ersetzen.[175]

3.3 Heterogenität des Stiftungsrechts

Nachdem soeben die rechtlichen Rahmenbedingungen für Stiftungen nachgezeichnet wurden, soll im folgenden Abschnitt ein Überblick über die verschiedenen Stiftungstypen in der Schweiz und in Deutschland gegeben werden. Eine Typologie der Stiftungslandschaft ist im Rahmen der Diskussion um Foundation Governance hilfreich, da auf diesem Weg die möglichen Adressaten der Governance-Vorschriften analysiert und ihre Besonderheiten herausgearbeitet werden können. Die gefundenen Ergebnisse können wiederum im Rahmen der Untersuchung möglicher Regelungsoptionen Berücksichtigung finden.

Sowohl in der Schweiz als auch in Deutschland setzt sich der Stiftungssektor höchst heterogen zusammen. Es hat sich eine breite Vielfalt verschiedener Stiftungsarten herausgebildet, die anhand verschiedener Kriterien differenziert und kategorisiert werden können. Dabei unterscheiden sich die Stiftungen einerseits hinsichtlich allgemeiner Eigenschaften. Stiftungen sind in den verschiedensten Bereichen, wie beispielsweise Sport, Kultur oder Wissenschaft tätig. Die Größe der bestehenden Stiftungen variiert beträchtlich, sowohl hinsichtlich des Umfangs des Stiftungsvermögens als auch hinsichtlich der Zahl der Mitarbeiter. Dementsprechend differiert auch die Binnenorganisation zwischen den unterschiedlichen Stiftungen, zum Beispiel hinsichtlich der Anzahl der Stiftungsgremien oder des Engagements von Ehrenamtlichen. Schließlich haben Stiftungen verschiedene Wirkungsradien, sie können kommunal, national oder auch international agieren.

Neben diesen allgemeinen Unterscheidungskriterien besteht die Möglichkeit, Stiftungen anhand sektorspezifischer Charakteristika zu kategorisieren. Diese stiftungsspezifischen Kriterien und die daraus resultierenden verschiedenen Stiftungstypen sind Gegenstand der nachfolgenden Darstellung.[176]

---

175 Vgl. zum Beispiel § 5 Abs. 2 StiftG Hamburg, § 10 Abs. 3 StiftG Schleswig-Holstein oder § 8 Abs. 2 StiftG Berlin.

176 Vgl. hierzu die tabellarische Übersicht bei von Schnurbein (Fn. 107), S. 18.

3.3.1 Stifter und Rechtsform

Sowohl in der Schweiz als auch in Deutschland können sowohl natürliche als auch juristische Personen als Stifter agieren. In letzterem Fall kommen als Stifter einerseits private Gesellschaften und andererseits staatliche Institutionen in Betracht.

3.3.1.1 Stiftungen des öffentlichen Rechts

Hinsichtlich der Rechtsform ist zwischen Stiftungen des öffentlichen Rechts und solchen des Privatrechts zu unterscheiden. Die Abgrenzung erfolgt dabei positivistisch: entscheidend ist, ob der Stiftung durch Verwaltungsakt oder durch Gesetz der Status der öffentlich-rechtlichen Stiftung verliehen wurde oder ob durch eine privatrechtliche Handlung eine Stiftung des Privatrechts begründet wurde. Die Rechtsverhältnisse der öffentlich-rechtlichen Stiftung richten sich nicht nach dem Stiftungsrecht des ZGB beziehungsweise des BGB, sondern ausschließlich nach dem Errichtungsakt und ihrer Satzung. In der Schweiz unterliegen Stiftungen des öffentlichen Rechts darüber hinaus nicht der Stiftungsaufsichtsbehörde, sondern werden über eigene Aufsichtsgremien kontrolliert. Beispiele für öffentlich-rechtliche Stiftungen sind die Kulturstiftung Pro Helvetia in der Schweiz oder die Stiftung Preußischer Kulturbesitz in Deutschland.[177]

3.3.1.2 Stiftungen des Privatrechts

Die privatrechtliche Stiftung liegt als Grundform des Stiftungsrechts den Regelungen der Art. 80 ff. ZGB beziehungsweise der §§ 80 ff. BGB zugrunde. Ausgehend von dieser Grundform, können verschiedene, abweichende Stiftungstypen differenziert werden.

Hierzu zählen einerseits Familienstiftungen, deren Zweck ausschließlich oder zumindest überwiegend dem Interesse einer bestimmten oder mehrerer Familien dient.[178] Familienstiftungen sind grundsätzlich von der

177 Vgl. zu den Stiftungen des öffentlichen Rechts Berner Kommentar/Riemer (Fn. 107), Systematischer Teil N 465ff.; Münchener Kommentar/Reuter (Fn. 106), Vorbemerkung zu §§ 80-88 Rdnr. 56-62.

178 Vgl. zu den Familienstiftungen Berner Kommentar/Riemer (Fn. 107), Systematischer Teil N 108ff.; Basler Kommentar/Grüninger (Fn. 137), Art. 87 N 1ff.; Münchener Kommentar/Säcker/Rixecker (Fn. 106), § 81 Rdnr. 83-87.

staatlichen Stiftungsaufsicht befreit.[179] Während in der Schweiz die Leistungen von Familienstiftungen gemäß Art. 335 Abs. 1 ZGB an eine besondere Bedarfssituation gebunden sein müssen und reine Genuss- oder Unterhaltsstiftungen verboten sind, bestehen derartige Beschränkungen in Deutschland nicht.[180]

Einen weiteren Typus der privatrechtlichen Stiftungen bilden die kirchlichen Stiftungen, die einen Zweck verfolgen, der direkt oder indirekt dem Glauben an Gott dient.[181] In der Schweiz unterstehen kirchliche Stiftungen gemäß Art. 87 Abs. 1 ZGB nicht der Stiftungsaufsicht. In Deutschland sind kirchliche Stiftungen landesrechtlich teilweise ebenfalls ganz oder weitgehend von der staatlichen Stiftungsaufsicht befreit, zum Teil wird die staatliche Aufsicht nur ausgeübt, soweit nicht die Kirche der Aufsicht nachkommt.

Unternehmensstiftungen stellen einen dritten Typus privatrechtlicher Stiftungen dar. Sie lassen sich in Trägerschaftsstiftungen, die selbst ein Unternehmen führen, und Beteiligungsstiftungen, die Anteile an einem oder mehreren Unternehmen besitzen, unterteilen.[182] Auch in Hinblick auf den Stiftungszweck ist zu differenzieren. Einerseits kann das Unternehmen Zweckverwirklichungsbetrieb hinsichtlich der Gemeinnützigkeit sein und der Erfüllung eines außerhalb seiner selbst liegenden Stiftungszwecks dienen. Als Beispiel wird in diesem Zusammenhang das einer Stiftung gewidmete Krankenhaus, das mit eigenen Mitteln den Stiftungszweck der Krankenpflege erfüllt, genannt.[183] Andererseits kann das Unternehmen rein wirtschaftliche Zwecke verfolgen und nur zur Erzielung von Gewinnen eingesetzt werden. Beide Grundtatbestände können miteinander kombiniert werden.[184]

---

179 Art. 87 Abs. 1 ZGB sowie zum Beispiel § 14 Abs. 2 des Hamburgischen Ausführungsgesetzes zum Bürgerlichen Gesetzbuch vom 1. Juli 1958 (HmbBl. I 40-e), letztmalig geändert durch Gesetz vom 14. Dezember 2005 (HmbGVBl. S. 521).

180 Vgl. Palandt/Ellenberger (Fn. 106), § 80 Rdnr. 8; Staudinger/Rawert (Fn. 153), Vorbemerkung Rdnr. 186f., der die noch in der Vorauflage vertretene Auffassung, Unterhaltsstiftungen seien zu verbieten, nicht mehr aufrechterhält.

181 Vgl. zu den Kirchenstiftungen Berner Kommentar/Riemer (Fn. 107), Systematischer Teil N 193ff.; Basler Kommentar/Grüninger (Fn. 137), Art. 87 N 4ff.; Münchener Kommentar/Säcker/Rixecker (Fn. 106), § 81 Rdnr. 67a-77.

182 Vgl. zu den Unternehmensstiftungen Berner Kommentar/Riemer (Fn. 107), Systematischer Teil N 386ff.; Basler Kommentar/Grüninger (Fn. 137), Vorbemerkung N 15ff.; Staudinger/Rawert (Fn. 153), Vorbemerkung Rdnr. 136ff.; Schmidt, Gesellschaftsrecht, 4. Auflage, Köln 2002, § 7 II 1 b S. 175.

183 Staudinger/Rawert (Fn. 153), Vorbemerkung Rdnr. 137.

184 Berner Kommentar/Riemer (Fn. 107), Systematischer Teil N 386; Seifart/von Campenhausen (Fn. 153), § 2 Rdnr. 16f. Aus diesem Grund ist die Abgrenzung zu

Schließlich gibt es in der Schweiz als weiteren Typus die Personalvorsorgestiftung. Es handelt sich dabei um Stiftungen, die als Träger der beruflichen (betrieblichen) Alters-, Hinterlassenen- und Invalidenvorsorge geschaffen wurden und die zweite Säule im schweizerischen Drei-Säulen-Konzept der sozialen Sicherheit darstellen.

3.3.2 Strategische Ausrichtung

Die Mehrzahl der Stiftungen sowohl in der Schweiz als auch in Deutschland ist als gemeinnützige Stiftung konstituiert. Aufgrund der Großen Vielfalt verschiedener Stiftungszwecke haben sich verschiedene Stiftungstypen herausgebildet, die hinsichtlich ihrer strategischen Ausrichtung differenziert werden können. Die Übergänge zwischen den verschiedenen Stiftungsformen sind indessen fließend.

3.3.2.1 Förderstiftungen

Förderstiftungen sind dadurch definiert, dass sie entsprechend ihrer Zwecksetzung die Tätigkeiten anderer Organisationen oder Personen durch Zuschüsse, Stipendien oder sonstige Fördermittel unterstützen. Das Hauptziel der Förderstiftungen besteht in der Reallokation von Ressourcen, um Personen mildtätig zu unterstützen oder auch um Projekte zu ermöglichen, die andernfalls an materiellen Restriktionen scheiterten. Soziologisch betrachtet erfüllt die klassische Förderstiftung damit eine gesellschaftliche Umverteilungsfunktion.[185] Als Beispiel können die Schweizer Avina Stiftung und die Deutsche Volkswagen Stiftung genannt werden. Viele der größeren Förderstiftungen beschränken sich jedoch nicht auf die Unterstützung der Projekte Dritter, sondern initiieren neben der Mittelvergabe auch eigene Projekte und Programme. So gibt beispielsweise die Robert Bosch Stiftung in ihren Fördergrundsätzen an, sowohl operativ als auch fördernd tätig zu sein, ebenso die Zeit-Stiftung Ebelin und Gerd Bucerius. In der Schweiz gilt selbiges für die Christoph Merian Stiftung in Basel. In aller Regel werden die Aktivitäten der Förderstiftungen aus den Erträgen des Stiftungsvermögens finanziert, allerdings erhalten auch Förderstiftungen Zustiftungen, die sie teilweise aktiv suchen, so zum Beispiel die Schweizer Limmat Stiftung.

---

den klassischen Stiftungen oftmals schwierig, da diese häufig ein Gewerbe betreiben, um den Grad der Erfüllung ihres gemeinnützigen Zwecks zu erhöhen.

185 Schlüter/Stolte (Fn. 108), Rdnr. 81.

3.3.2.2 Operative Stiftungen

Eine andere strategische Ausrichtung haben operativ tätige Stiftungen. Sie verfolgen ihre jeweiligen Stiftungszwecke unmittelbar selbst, das heißt sie entwickeln eigene Projektideen und führen diese Projekte in eigener Regie durch. Sie nehmen oft die gesellschaftliche Rolle eines Motors für Innovation und Reform wahr, indem sie als „think tank" agieren und insbesondere neue Ideen zur Optimierung struktureller und systemischer Defizite unterstützen. Als Beispiel seien die Schweizer Stiftung Avenir Suisse oder die Deutschen Stiftungen Bertelsmann und Körber genannt. Auch Spenden- und Sammelstiftungen sind in aller Regel operativ tätig. Sie werden gegründet, um Mittel aus verschiedenen Quellen zur Bekämpfung bestimmter gesellschaftlicher Missstände zu vereinigen. Dies trifft beispielsweise die Humanitäre Stiftung des Schweizerischen Roten Kreuzes, den World Wildlife Fund, der seinen Sitz in Gland hat, oder auf die Stiftung Tierpark Hagenbeck in Hamburg zu. Indessen existieren auch solche Sammelstiftungen, die nicht operativ tätig werden, sondern deren Stiftungszweck durch Projektvergaben verfolgt wird, so zum Beispiel bei der UBS Optimus Foundation.

3.3.2.3 Trägerschafts- und Anstaltsstiftungen

Schließlich sind die Trägerschafts- oder Anstaltsstiftungen zu nennen. Ihr Stiftungsvermögen besteht aus einem Sachwert, wie beispielsweise einer Liegenschaft, einer Kunstsammlung oder einer Einrichtung, beispielsweise einem Krankenhaus oder einer Universität. Der Stiftungszweck wird durch den Erhalt, die Bewirtschaftung oder den Betrieb des Sachwerts verfolgt. Trägerschafts- und Anstaltsstiftungen sind in aller Regel operativ tätig. Als Beispiele seien die Stiftung Schloss Glücksburg, die Basler Fondation Beyeler oder die Stiftungsuniversität Frankfurt genannt.

3.3.3 Herkunft der Mittel

Hinsichtlich der Herkunft der Stiftungsmittel lässt sich einerseits nach der Art der Stiftungsmittel fragen. Das Stiftungsvermögen kann aus Geldwerten, aber auch aus Immobilien, Unternehmensanteilen oder anderen Wertgegenständen bestehen.

Andererseits kann die Quelle des Vermögens untersucht werden. In diesem Zusammenhang ist zunächst der klassische Stifter zu nennen, der das Stiftungsvermögen aus dem eigenen Privatvermögen zur Verfügung stellt.

Die Erträge des Vermögens finanzieren dann die in aller Regel fördernde Tätigkeit der Stiftung. Sammelstiftungen finanzieren sich dagegen über Spenden, sie betreiben häufig aktives Fundraising, um aus den Erlösen ihre operativen Tätigkeiten zu finanzieren. Im Falle der Trägerschafts- oder Anstaltsstiftungen kann sich das Stiftungsvermögen neben den durch die Einrichtung erwirtschafteten Erträgen aus öffentlichen Zuschüssen oder auch privaten Spenden zusammensetzen. Eine Sonderform von Spenden stellt die Unterstützung von Stiftungen durch Unternehmensgewinne dar, zur Verfügung gestellt von Unternehmen im Rahmen ihrer Corporate Social Responsibility-Aktivitäten. Häufig tragen diese Stiftungen auch den Namen des Unternehmens, so beispielsweite die Nestlé Fondation pour l'Art oder die Kühne-Stiftung. Schließlich besteht für alle gemeinnützigen Stiftungen die Möglichkeit von Zustiftungen, die der Stiftung als Schenkung, gegebenenfalls als Schenkung von Todes wegen, zur Verfügung gestellt werden können.

3.3.4 Autonomiestatus

In aller Regel werden Stiftungen als eigenständige, rechtsfähige Organisation begründet, die von einem Stiftungsrat beziehungsweise Vorstand geführt werden. Daneben gibt es jedoch auch unselbstständige (auch: treuhänderische oder fiduziarische) Stiftungen, bei denen Vermögenswerte an eine natürliche oder juristische Person als Rechtsträger übertragen werden mit der Maßgabe, diese Werte als ein von dem übrigen Vermögen des Empfängers wirtschaftliches Sondervermögen zu verwalten. Um rechtswirksam handeln zu können, bedarf die unselbstständige Stiftung eines Rechtsträgers, in dessen Eigentum das Stiftungsvermögen übergeht.[186]

Die unselbstständige Stiftung kann beispielsweise einer sogenannten Dachstiftung unterstellt werden. Hierbei handelt es sich um Stiftungen, die sowohl Spenden und Zustiftungen entgegennehmen als auch Treuhandstiftungen verwalten. Die Dachstiftung selbst verfügt über einen sehr breit gefassten Stiftungszweck, der es ihr ermöglicht, unselbstständige Stiftungen oder Fonds zu spezifischen Zwecken einzurichten. Diese können dann von den Synergieeffekten in Vermögensanlage, Geschäftsführung oder Revision profitieren. Beispiele für Dachstiftungen sind die Schweizer Stiftung Corymbo, die Fondation des Fondateurs oder die Stiftung SOS Kinderdörfer.

---

186 Vgl. hierzu Berner Kommentar/Riemer (Fn. 107), Systematischer Teil N 418ff.; Münchener Kommentar/Reuter (Fn. 106), Vorbemerkung zu §§ 80-88 Rdnr. 87.

Häufig als Dachstiftung organisiert sind auch die in Deutschland vorkommenden Bürgerstiftungen, die als unabhängige gemeinnützige Institutionen soziale und kulturelle Belange in einem bestimmten, regional oder lokal begrenzten Tätigkeitsbereich fördern. Sie werden in der Regel „von Bürgern für Bürger" gegründet und sollen frei von politischen und staatlichen Einflüssen sowie denjenigen einzelner Stifter sein.[187] Als Beispiel sei die Bürgerstiftung Hamburg genannt.

3.3.5 Lebensdauer

Grundsätzlich ist das Verständnis von Stiftungen im rechtlichen wie auch im gesellschaftlichen Sinn von Langfristigkeit und einem Ewigkeitsgedanken geprägt. Da die Stiftung sich selbst gehört, besteht sie unabhängig von Personen und anderen äußeren Umständen, der Stifterwille bleibt grundsätzlich unverändert.[188] In Deutschland ist der grundsätzliche Substanzerhalt des Stiftungsvermögens darüber hinaus in § 80 Abs. 2 BGB sowie in den landesrechtlichen Stiftungsgesetzen verankert, wie beispielsweise in § 4 Abs. 2 des Hamburger Stiftungsgesetzes.

Dennoch lassen sich sowohl in der Schweiz als auch in Deutschland Verbrauchsstiftungen einrichten, das heißt solche Stiftungen, die nach dem Stiftungsgeschäft den Stiftungszweck durch Verbrauch der Substanz des zugewendeten Vermögens verwirklichen sollen.[189] Zu beachten ist dabei, dass die zeitliche Befristung bereits in der Stiftungsurkunde festgehalten sein muss. Als Beispiel kann die Stiftung für den Wiederaufbau der Dresdner Frauenkirche dienen.

3.3.6 Funktionale Typisierung von Nonprofit Organisationen

Neben den genannten Kriterien anhand derer Stiftungen differenziert werden können, bestehen in der Literatur bezogen auf den gesamten Nonprofit Sektor weitere Typisierungsansätze, die auf die Funktionen der verschie-

187 Vgl. hierzu Schlüter/Stolte (Fn. 108), Rdnr. 64, insbes. zu dem Konflikt zwischen demokratisch-partizipatorischen Elementen in der Bürgerschaftsstiftung einerseits und der Leitung der Stiftung durch den Stifterwillen andererseits.

188 Siehe bereits oben Abschnitt 3.2.1.1 und 3.2.2.1.

189 Vgl. Staudinger/Rawert (Fn. 153), § 81 Rdnr. 57f.; Münchener Kommentar/Säcker/Rixecker (Fn. 106), § 81 Rdnr. 16.

denen Nonprofit Organisationen abstellen. Diese seien im Folgenden überblicksartig dargestellt.

Im Mittelpunkt steht die Differenzierung zwischen einem treuhänderischen Idealtyp einerseits, der sich durch Spenden finanziert und unentgeltliche vermögenswerte Leistungen an die Allgemeinheit oder Dritte erbringt, und einem kommerziellen Idealtyp andererseits, der sich durch Leistungsentgelte finanziert und vermögenswerte Leistungen im Gegenzug erbringt. Ersterer Idealtyp wird dabei häufig auf die Rechtsform Stiftung zutreffen. Die gewählten Begriffe weichen im Einzelnen voneinander ab. So differenziert *von Hippel*[190] zwischen Spendenorganisationen und kommerziellen Organisationen, *Koss*[191] unterscheidet zwischen Zuwendungsorganisationen und sozialunternehmerischen Organisationen und Schuhen[192] schließlich spricht von voluntary organisations und nonprofit corporations. Einige Autoren sehen einen weiteren Idealtyp der Nonprofit Organisationen in sogenannten mitgliedernützigen Organisationen, die sich durch Zahlungen ihrer Mitglieder finanzieren und dafür im Austausch vermögenswerte Leistungen erbringen.[193] *Priller* separiert als einen vierten Idealtyp solche Organisationen, welche die Funktion eines Interessenvertreters oder Anwalts für bestimmte Themen übernehmen.[194]

3.4 Interessenlagen und Interdependenzen in Stiftungen

Der folgende Abschnitt hat die bestehenden grundsätzlichen Interessenlagen der beteiligten Parteien und die Interdependenzen der Akteure im Be-

---

190 Von Hippel, Typologie der Nonprofit-Organisationen, in: Hopt/von Hippel/Walz (Hrsg.), Nonprofit-Organisationen in Recht, Wirtschaft und Gesellschaft, Tübingen 2005, S. 87, 90 und 94.

191 Koss, Corporate Governance der Nonprofit-Organisationen in: Hopt/von Hippel/Walz (Hrsg.), Nonprofit-Organisationen in Recht, Wirtschaft und Gesellschaft, Tübingen 2005, S. 197, 207, Fn. 15 und 22.

192 Schuhen, Kontrollprobleme in Nonprofit-Organisationen und Lösungsansätze – Überlegungen auf Basis von Theorie und Praxis der Nonprofit-Governance, in: Hopt/von Hippel/Walz (Hrsg.), Nonprofit-Organisationen in Recht, Wirtschaft und Gesellschaft, Tübingen 2005, S. 221, 222.

193 Von Hippel (Fn. 190), S. 87, 93; Koss (Fn. 191), S. 197, 207.

194 Priller, Nonprofit-Organisationen als Partner und „verlängerter Arm" des Staates?, in: Hopt/von Hippel/Walz (Hrsg.), Nonprofit-Organisationen in Recht, Wirtschaft und Gesellschaft, Tübingen 2005, S. 325, 327.

zugsfeld von Stiftungen zum Gegenstand. In einem ersten Schritt sollen die Interessen von Stifter, Destinatären, Stiftungsaufsicht, der Allgemeinheit sowie des Leitungsgremiums der Stiftung nachgezeichnet werden (Abschnitt 3.4.1). Im Anschluss daran wird die wirtschaftswissenschaftliche Theorie des Prinzipal-Agenten-Ansatzes dargestellt und der Frage nachgegangen, ob und wenn ja in welcher Form Prinzipal-Agenten-Beziehungen auch in Stiftungen bestehen (Abschnitt 3.4.2).

Diese Ausführungen sind für die Thematik der Foundation Governance insofern relevant, als dass die grundsätzlichen Interessenlagen der involvierten Parteien und ihre Beziehungen untereinander einen wesentlichen Teil des Regelungsumfeldes der Foundation Governance darstellen und ferner selbst Gegenstand der Regelungen in Hinblick auf eine Optimierung der Umsetzung des Stiftungszwecks sein können. In diesem Zusammenhang sei Schuhen zitiert, der feststellt, Nonprofit Governance werde nicht zum Selbstzweck betrieben, sondern sei ein Element zur Wahrung der Ansprüche multipler Zielgruppen.[195]

3.4.1 Interessen der Beteiligten

3.4.1.1 Stifter

Zunächst ist auf die Interessen des Stifters einzugehen, als derjenigen Person, welche die Stiftung ins Leben gerufen hat. Der Stifter entscheidet sich dafür, mit seinem Vermögen insgesamt oder einem Teil davon eine Stiftung zu errichten und bestimmt den Stiftungszweck. Oberste Richtschnur der Stiftung ist der in dem Stiftungszweck konkretisierte Stifterwille, er ist Auslegungsgrundsatz aller Stiftungsaktivitäten.[196] Das Interesse des Stifters ist in erster Linie auf die möglichst optimale Verwirklichung des mit dem Stiftungszweck formulierten Anliegens gerichtet, wozu neben einer zweckgemäßen und effizienten Verwendung der Stiftungsmittel auch die Erhaltung des Stiftungsvermögens als solchem zählt. Der grundsätzliche Fortbestand der Stiftung ad infinitum birgt dabei die Problematik, dass im Rahmen der Satzungsgestaltung nicht nur die im Zeitpunkt der Gründung der Stiftung geltenden Rahmenbedingungen zu berücksichtigen sind. Vielmehr muss der Stifter auch ein sich potentiell wandelndes Umfeld und damit gegebenenfalls einhergehende Gefahren für den Stiftungszweck antizipieren und dafür

195 Schuhen (Fn. 192), S. 221, 234.

196 Vgl. Schweizerisches Bundesgericht vom 15. Dezember 1967, BGE 1993 II, S. 444 Rdnr. 31.

vorsorgen, dass auch künftige Generationen von Leitungsgremien das im Stiftungszweck verkörperte Anliegen in seinem Sinn verwirklichen. Er muss darauf vertrauen können, dass seiner Vorsorge verlässlich entsprochen wird.[197]

Bei Zuwendungen an die Stiftung, seien es Zustiftungen oder Spenden, besteht seitens des Zuwendungsgebers ein Interesse daran, dass seine Zuwendungen zweckentsprechend und effizient eingesetzt werden. Dies flankierend besteht ein umfangreiches Informationsinteresse, einerseits bereits im Vorfeld der Zuwendungsentscheidung, darauf gerichtet, die möglichst passendste Organisation auszuwählen, andererseits in der Folge der Zuwendung, um über die Verwendung der zugewendeten Gelder im Bilde zu sein.

3.4.1.2 Destinatäre

Die Destinatäre sind die von der Stiftung Begünstigten und erhalten Zuwendungen in Erfüllung des Stiftungszwecks. Im Rahmen der Tätigkeit von Förderstiftungen ist das Interesse der Begünstigten primär auf ein faires und durch Chancengleichheit bestimmtes Auswahlverfahren gerichtet. Von dem Leitungsgremium, beziehungsweise gegebenenfalls einem anderen mit der Auswahl der Destinatäre betrauten Stiftungsgremium, werden insoweit Unabhängigkeit und Fachkunde erwartet. Die Destinatäre, soweit sie nicht durch die Satzung einen Rechtsanspruch auf die Zuwendung haben, vertrauen auf die Beachtung dieser Kriterien sowie auf einen vertraulichen Umgang mit ihren Daten. Wird diese Erwartungshaltung nicht erfüllt, kann das Vertrauen in die Stiftung und deren Organe verletzt werden und in der Folge die Reputation der Stiftung darunter leiden. Sowohl der Vertrauensverlust als auch eine beeinträchtigte Reputation können die Erfüllung des Stiftungszwecks in der Zukunft gefährden.[198]

Umstritten sind die Rechte der Destinatäre. Auf der einen Seite kann der Stifter den Begünstigten aufgrund der aus der Stifterfreiheit resultierenden Satzungsautonomie mehr oder weniger umfassende Rechte bereits in der Stiftungssatzung einräumen. Auf diesem Wege kann die Stiftungsorganisation durch Kontrollinstanzen abgerundet werden, die besonders effektiv

---

197 Steuber (Fn. 25), S. 1182, 1185.

198 Vgl. Steuber (Fn. 25), S. 1182, 1185, die als Beispiel Stipendien der Wissenschaft nennt: Wissenschaftler würden die Anerkennung ihrer Arbeit, die in der Förderung verkörpert ist, für ihre Reputation nutzen wollen und würden eher auf eine Förderung verzichten, als ihre wissenschaftlichen Ergebnisse durch eine schlecht beleumdete Institution in einen negativen Kontext zu bringen.

wirken können, da die Destinatäre ein genuines Interesse an der Verwirklichung des Stiftungszwecks haben.[199] Gegen die Einführung derartiger „korporativer" Elemente in das Organisationsgefüge der Stiftung werden jedoch dogmatische Bedenken geltend gemacht betreffend die Gefahr, dass durch solche Gremien eine dem Stiftungsrecht fremde Willensbildung von der Basis ins Werk gesetzt würde.[200] Unbestritten ist allerdings, dass den Destinatären im Rahmen der Stiftungssatzung Mitbestimmungs- und Kontrollrechte eingeräumt werden können, soweit diese lediglich die Beachtung des Stifterwillens sichern sollen und keine Gremien etabliert werden, die autonome Willensbildungsorgane darstellen.[201]

Auf der anderen Seite haben die Begünstigten, zumindest in der Schweiz, darüber hinaus auch unabhängig von der Stiftungssatzung bestimmte Rechte. So lässt sich aus Art. 84 Abs. 2 ZGB ein allgemeines Recht auf eine Stiftungsaufsichtsbeschwerde ableiten. Danach kann gegen Handlungen und Unterlassungen der Stiftungsorgane Beschwerde bei der Aufsichtsbehörde erhoben werden, wobei gegen den letztinstanzlichen Bescheid der Behörde gerichtlich vorgegangen werden kann.[202] Hinsichtlich der Antragsbefugnis wird darauf abgestellt, ob der Beschwerdeführer ein „berechtigtes Interesse" nachweisen kann. Dies steht jedenfalls denjenigen zu, die einen konkreten Anspruch gegen die Stiftung oder eine Anwartschaft geltend machen können, also insbesondere auch den Destinatären. Daneben sind auch diejenigen antragsberechtigt, deren Interessen stiftungsrechtlich geschützt sind, so zum Beispiel Organmitglieder und der Stifter. Nicht berechtigt sind dagegen Personen, die lediglich ein abstraktes Interesse am Stiftungsgebaren vorweisen können.[203] In Deutschland ist die Situation eine andere. Hier richtet sich die Möglichkeit Destinatärrechte vor Gericht geltend zu machen allein nach der Stiftungssatzung.[204] Um von der Satzung unabhängige Ansprüche der Begünstigten zu generieren, wurden

---

199 Vgl. Staudinger/Rawert (Fn. 153), § 85 Rdnr. 34ff.

200 Blydt-Hansen, Die Rechtsstellung der Destinatäre der rechtsfähigen Stiftung Bürgerlichen Rechts, Frankfurt am Main 1998, S. 126ff.

201 Vgl. hierzu Wernicke, Vorstandskontrolle in der Stiftung, in: ZEV 2003, 301, 304; Staudinger/Rawert (Fn. 153), vor § 85 Rdnr. 35.

202 Zu Einzelheiten vgl. Basler Kommentar/Grüninger (Fn. 137), Art. 84 N 17.

203 Vgl. zur Stiftungsaufsichtsbeschwerde Jakob (Fn. 30), S. 168; ders. (Fn. 35), S. 498ff.

204 BGH, NJW 1957, 708; Palandt/Ellenberger (Fn. 106), § 85 Rdnr. 4.

verschiedene Wege eingeschlagen, die sich jedoch nicht als dogmatisch schlüssig oder praktikabel erwiesen.[205]

3.4.1.3 Stiftungsaufsicht

Die Stiftungsaufsicht übernimmt als staatliches Kontrollorgan eine Gewährleistungsverpflichtung gegenüber dem Stifter und der Allgemeinheit für eine rechtmäßige und satzungsgemäße Zweckerfüllung.[206] Im Rahmen der ihr obliegenden Rechtsaufsicht ist es die Hauptaufgabe der Stiftungsaufsicht, die Kongruenz zwischen Satzungszweck und den jährlichen Aktivitäten der Stiftung zu überprüfen. Ferner gehört es zu ihren Aufgaben, sich positiv zu vergewissern, dass keine Missbrauchstatbestände bestehen. Vor diesem Hintergrund zielt die Stiftungsaufsicht einerseits darauf ab, die Integrität des Stiftungssektors im Rahmen des ihr möglichen Maßes zu wahren. Andererseits ist ihr Interesse darauf gerichtet, zukünftigen Stiftern die Sicherheit zu geben, dass ihre Absichten ernst genommen werden und über ihre Belange gewacht wird.[207]

Zur Erfüllung ihrer Aufgaben ist die Stiftungsaufsicht darauf angewiesen, valide Informationen über die Stiftungen zu erlangen. In der Regel wird sie sich Unterlagen vorlegen lassen, um die Ordnungsmäßigkeit der Geschäftsführung zu kontrollieren. Bereits an dieser Stelle wird der praktische Wert der stiftungsbehördlichen Aufsicht jedoch relativiert, da der Behörde insoweit nur ein Ausschnitt der relevanten Informationen zugänglich ist.[208] Insbesondere das Ausnutzen von Informationsvorsprüngen seitens der Stiftungsleitung zu Lasten der Destinatäre, verborgene Begünstigungsabsichten, die mangelnde Transparenz und Nachvollziehbarkeit von Leitungsentscheidungen sowie Unwissenheit der Destinatäre sind Tatbestände, die nicht offen liegen und sich in der Regel weder aus einem Tätigkeitsbericht noch dem Jahresabschluss herauslesen lassen.[209] Schließlich ist es proble-

205 So zum Beispiel eine actio pro fundatione, mit welcher die Destinatäre nach Art der gesellschaftsrechtlichen actio pro socio Ansprüche der Stiftung geltend machen könnten; die analoge Anwendung des Schenkungsrechts; die Annahme gewillkürter Prozessstandschaften, welche durch Satzungsauslegung gewonnen werden sollen; zivil- oder öffentlich-rechtliche Notvertretungsrechte, vgl. hierzu Jakob (Fn. 35), S. 166ff. und S. 341ff.

206 Siehe bereits oben Abschnitt 3.2.1.4 und 3.2.2.4.

207 Hommelhoff, Stiftungsrechtsreform in Europa, in: Hopt/Reuter (Hrsg.), Stiftungsrecht in Europa, Köln 2001, S. 227, 234.

208 Veltmann (Fn. 20), Rdnr. 579.

209 Steuber (Fn. 25), S. 1182, 1187.

matisch, dass die Aufgaben der Stiftungsaufsicht in aller Regel lediglich abstrakt bestimmt sind. Ob die Geschäftsführung der Stiftung ordnungsgemäß ist, lässt sich angesichts unbestimmt formulierter Prüfungsaufträge kaum zuverlässig feststellen, es fehlt mithin an einem näher definierten Prüfungsmaßstab.[210]

3.4.1.4 Allgemeinheit

Genießen Stiftungen Steuerprivilegien, lässt sich dies nur rechtfertigen, wenn die Stiftungstätigkeit, zumindest überwiegend, dem Gemeinwohl dient.[211] Die Allgemeinheit ist mithin daran interessiert, dass Stiftungen ihre gemeinnützige Tätigkeit fortdauernd satzungsgemäß und rechtskonform ausüben.

Vor diesem Hintergrund stellt sich die Frage, inwiefern mit den gewährten Steuerprivilegien ein berechtigtes Interesse der Allgemeinheit korrespondiert, Informationen über die Tätigkeit der Stiftung - unabhängig von einer Kontrolle durch die Finanzbehörde - zu erhalten und ob Stiftungen dementsprechend verpflichtet sein sollten, die Öffentlichkeit über den Nutzen und die erzielten Erfolge zu informieren beziehungsweise ihre Mittelverwendung öffentlich zu legitimieren.[212] Hierfür spricht einerseits, dass gemeinnützige Stiftungen letztlich öffentliche Aufgaben erfüllen aus denen sich der Staat zunehmend zurückzieht, in vielen Fällen befriedigen Stiftungen Knappheiten innerhalb der Gesellschaft. Darüber hinaus gewährleistet nur eine umfassende Information der Allgemeinheit über Aufgaben und Leistungen von Stiftungen ein Zusammenspiel zwischen Anbieterseite und Nachfragerseite des Marktes für öffentliche Dienstleistungen: eine transparente Informationspolitik der Stiftungen ermöglicht es, dass potentielle Destinatäre an die Stiftung herantreten können und so eine optimale Vergabeentscheidung sichergestellt wird.[213]

Auf der anderen Seite ist die Einführung einer prinzipiellen Publizitätspflicht nicht unproblematisch. Einerseits drängt nicht jeder Stifter an die Öffentlichkeit. Ferner ist das Interesse an einer generellen Offenlegung mit

---

210 Veltmann (Fn. 20), Rdnr. 579.

211 Siehe bereits oben Abschnitt 3.2.1.3 und 3.2.2.3.

212 Veltmann (Fn. 20), Rdnr. 593. Auch international dient die Steuerprivilegierung als Ansatzpunkt für die Begründung von Informationspflichten gegenüber der Allgemeinheit, vgl. Hommelhoff (Fn. 207), S. 227, 229ff.

213 Veltmann (Fn. 20), Rdnr. 593; Schlüter, Stiftungsrecht zwischen Privatautonomie und Gemeinwohlbindung, München 2004, S. 427.

dem Interesse der Destinatäre an einer verschwiegenen und vertraulichen Handhabung, insbesondere bei mildtätigen Zuwendungen, abzuwägen.[214]

3.4.1.5 Leitungsgremium der Stiftung

Der Stiftungsrat beziehungsweise der Vorstand ist das Vertretungsorgan der Stiftung. Er ist sowohl zur Willensbildung als auch zur Ausführung des Willens berufen. Verbindliche Leitlinie für das Handeln des Leitungsgremiums ist dabei die Stiftungssatzung, insbesondere der darin durch den Stifter formulierte Stiftungszweck. Eine autonome Willensbildung jenseits des Stiftungszwecks ist dagegen unzulässig.[215]

Innerhalb des so umrissenen Rahmens hat der Stiftungsrat beziehungsweise der Vorstand einen verhältnismäßig weiten Handlungsspielraum, wobei sich sein Handeln unmittelbar auf das der Stiftung gewidmete Vermögen auswirkt. Die weitreichenden Freiheiten der Stiftungsleitung zeigen sich daran, dass sie grundsätzlich nicht verpflichtet ist, bei ihren Entscheidungen und Maßnahmen den Stifter oder die Begünstigten zu Rate zu ziehen. Darüber hinaus fehlen explizite Regeln für die Amtsdauer und eine mögliche Abberufung. Ist satzungsmäßig nichts Abweichendes festgelegt, kann das Leitungsgremium sogar die Verfassung der Stiftung ändern oder gegebenenfalls über seine Nachfolge entscheiden.[216]

Die Interessen der Stiftungsleitung sollten grundsätzlich auf eine effektive Erfüllung der ihr obliegenden Aufgabe, der Vollziehung des Stifterwillens, gerichtet sein. Bereits die obigen Ausführungen zu den stiftungsinternen Problemfeldern[217] lassen jedoch vermuten, dass diese Annahme nicht ohne weiteres als gegeben angesehen werden kann. Die Interessen des Stiftungsrats beziehungsweise des Vorstands können von denjenigen des Stifters abweichen, wenn die Gremienmitglieder eigene Vorteile in den Vordergrund stellen. Auf die Hintergründe für diesen Befund wird sogleich einzugehen sein.

3.4.2 Die Prinzipal-Agenten-Theorie

Der Prinzipal-Agenten-Konflikt beschäftigt sich mit den in Unternehmen bestehenden Interdependenzen der Akteure und ist grundlegend für das

214 Vgl. Steuber (Fn. 25), S. 1182, 1186.
215 Siehe bereits oben Abschnitt 3.2.1.2 und 3.2.2.2.
216 Wernicke (Fn. 201), S. 301, 302.
217 Siehe oben Abschnitt 2.1.

Verständnis der Corporate Governance. Im Folgenden soll die Theorie zunächst in ihrer ursprünglichen Anwendung im Forprofit Bereich dargestellt werden (Abschnitt 3.4.2.1). Anschließend soll ihre Übertragbarkeit auf den Nonprofit Bereich geprüft und der Frage nach dem Bestehen von Prinzipal-Agenten-Konflikten in Stiftungen nachgegangen werden (Abschnitt 3.4.2.2).

3.4.2.1 Anwendung im Forprofit Bereich

3.4.2.1.1 Grundmodell

Die Prinzipal-Agenten-Theorie versucht einzelne Beziehungen zwischen den ökonomischen Akteuren in Unternehmen als Auftraggeber-Auftragnehmer-Beziehungen zu beschreiben.[218] Konstitutiv für derartige Beziehungen ist es, dass die Handlungen des Auftragnehmers (Agent) nicht nur diesen selbst betreffen, sondern auch und vor allem für den Auftraggeber (Prinzipal) wirken. Vor diesem Hintergrund entstehen Prinzipal-Agenten-Konflikte immer dann, wenn die Interessen des Auftraggebers und des Auftragnehmers auseinanderfallen beziehungsweise auseinanderfallen könnten und die Gefahr besteht, dass der Agent seine eigenen Wertungen gegenüber denjenigen des Prinzipals in den Vordergrund stellt.

Wer die Rolle des Prinzipals und wer die Rolle des Agenten einnimmt, kann dabei nur situativ bestimmt werden und vermag je nach untersuchter Beziehung zu variieren, so dass zwischen denselben Akteuren mehrere unterschiedliche Prinzipal-Agenten-Beziehungen bestehen können.[219] Hinsichtlich der Definition des Prinzipals werden verschiedene Ansichten vertreten. Nach einem weiten Ansatz ist bereits derjenige als Prinzipal anzusehen, der von einer Handlung des Agenten betroffen ist. Um die Zahl der Prinzipal-Agenten-Beziehungen einzuschränken, sehen engere Definitionen nur denjenigen als Prinzipal, der durch ein durch den Agenten veranlasstes Verhalten finanziell betroffen ist oder fordern einen Delegationsakt des Prinzipals auf den Agenten. Weitere Autoren fordern beide Einschränkungen.[220] Typische Prinzipal-Agenten-Konflikte in Unternehmen entstehen

---

218 Die Theorie wurde zuerst in einem Aufsatz von Michael Jensen und William Meckling erörtert, Jensen/Meckling, Theory of the Firm: Managerial Behaviour, Agency Costs and Ownership Structure, in: Journal of Financial Economics, Oktober 1976, Nr. 4, S. 305-360.

219 Veltmann (Fn. 20), Rdnr. 575.

220 Vgl. Pratt/Zeckhauser, Prinzipals and Agents: The Structure of Business, Harvard Business School Press, 1985 Boston, S. 2.

zwischen dem Eigentümer, das heißt dem Kapitalgeber, und dem Management.

Die Analyse der zwischen dem Prinzipal und dem Agenten bestehenden Beziehungen basiert auf drei Annahmen. Einerseits geht die Prinzipal-Agenten-Theorie davon aus, dass zwischen den Parteien Informationsasymmetrien bestehen, das heißt dass die entscheidungsrelevanten Informationen zwischen ihnen unterschiedlich verteilt sind. Des Weiteren liegt der Theorie die Annahme der begrenzten Rationalität zugrunde, wonach ein rationales Verhalten aufgrund begrenzter Informationsverfügbarkeit und -verarbeitbarkeit nicht immer möglich ist. Schließlich wird ein opportunistisches Verhalten der Akteure unterstellt, das über die individuelle Nutzenmaximierung hinausgeht und eine Interessensdurchsetzung auch auf Kosten Dritter einschließt. Verbindet man die Annahmen, so kommt man zu dem Ergebnis, dass die begrenzte Rationalität des Prinzipals und die zu seinen Lasten asymmetrische Informationsverteilung opportunistische Verhaltensweisen des Agenten begünstigen können. Letzterer kann demnach Handlungen vornehmen, die seinen Nutzen zu Lasten des Prinzipals maximieren.

Drei Arten asymmetrischer Informationsverteilung lassen sich voneinander abgrenzen. Ein erster Problemtyp betrifft verborgene Eigenschaften (hidden characteristics). Damit ist gemeint, dass der Agent dem Prinzipal vor Vertragsabschluss unter Umständen relativ unbekannt ist und aus diesem Grund die Möglichkeit besteht, dass der Prinzipal wegen fehlender Kenntnis der Eigenschaften den falschen Bewerber als Agenten wählt. Ein weiteres Problemfeld setzt sich aus verborgenem Handeln (hidden action) und verborgener Information (hidden information) zusammen, wobei die Informationsasymmetrien hier jeweils ex post, also nach Vertragsschluss und während der Vertragserfüllung auftreten. Hidden Action meint dabei die Situation, dass für den Agenten gewisse diskretionäre Spielräume bestehen, da der Prinzipal dessen Handlungen nicht oder nicht vollständig beobachten kann. Hidden information liegt dagegen vor, wenn der Prinzipal zwar die Handlungen beobachten, ihre Qualität aber, beispielsweise aufgrund mangelnder Fachkenntnis, nicht einschätzen kann. In beiden Fällen besteht das Problem darin, dass der Prinzipal nicht beurteilen kann, ob das resultierende Ergebnis durch qualifizierte Anstrengungen des Agenten erreicht wurde, oder ob und wie sehr Umweltbedingungen das Ergebnis beeinflusst haben. Ein letzter Problemtyp betrifft verborgene Absichten (hidden intention). Damit werden Situationen beschrieben, in welchen der Prinzipal zwar die Möglichkeit hat, das Handeln des Agenten zu beobachten und zu bewerten, es aber dennoch zu Problemen kommt, da der Prinzipal bestimmte Absichten des Agenten nicht kennt.[221]

Ziel des Prinzipal-Agenten-Ansatzes ist es, durch das Etablieren richtig gesetzter Anreize den Agenten dazu zu bringen, im Interesse seines Prinzipals zu handeln. Die dabei entstehenden Kosten werden als Agency Costs bezeichnet. Bei der Lösung des Konflikts kann es jedoch nicht in erster Linie darum gehen, Zielkonflikte zu beseitigen, da unterschiedliche Zielsetzungen in gewissem Umfang unumgänglich sind. Ansatzpunkt für weitere Überlegungen ist daher vielmehr die Beseitigung von Informationsasymmetrien. Grundlegende Bedingungen für das Funktionieren eines Unternehmens sind somit die Generierung der relevanten Informationen sowie ihre unverfälschte Weitergabe an näher zu definierende Informationsempfänger.

3.4.2.1.2 Shareholder-Ansatz und Stakeholder-Ansatz

Zwei besondere Anwendungsfälle der Prinzipal-Agenten-Theorie sind der Shareholder-Ansatz und der Stakeholder-Ansatz.[222] Diese wurden als einander entgegengesetzte Modelle entwickelt, um die Gruppe derer zu bestimmen, die durch die Führung eines Forprofit Unternehmens gefördert werden sollen und geben damit unterschiedliche Antworten auf die Frage, wer als Prinzipal eines Unternehmens anzusehen ist. Während der Shareholder Ansatz die Bedürfnisse und Erwartungen der Anteileigner eines Unternehmens in den Mittelpunkt des Interesses stellt, versucht der Stakeholder-Ansatz, die Organisation in ihrem gesamten sozialökonomischen Kontext zu erfassen und die Bedürfnisse der verschiedenen Anspruchsgruppen in Einklang zu bringen. Im Rahmen des Stakeholder-Ansatzes ist dabei umstritten, wer anhand welcher Kriterien als Stakeholder zu definieren ist. Während weiter gefasste Definitionen alle diejenigen Personen als Stakeholder ansehen, die Einfluss auf das Erreichen der Organisationsziele nehmen können oder deren Interessen durch die Verfolgung dieser Ziele betroffen sind, verlangen andere, dass die Stakeholder ein legitimes Interesse an der Leitung der Organisation haben müssen. Einige Ansichten greifen besonders wichtige oder schutzwürdige Stakeholder heraus, wobei auch hier die Kriterien umstritten sind.

221 Vgl. hierzu die Darstellung bei Koss (Fn. 191), S. 197, 208-210.
222 Vgl. hierzu Hommelhoff/Hop/von Werder (Fn. 1), S. 7ff.

3.4.2.2 Übertragung auf das Stiftungsrecht

Die Frage, wer in Stiftungen die Rolle des Agenten innehat wird weitgehend einheitlich beantwortet, die Frage nach dem Prinzipal ist dagegen höchst umstritten. Während im Rahmen des Gesellschaftsrechts die Funktion des Prinzipals den Gesellschaftern beziehungsweise Anteilseignern zugerechnet wird, da sie wirtschaftlich Eigentümer sind und ihnen daher auch die Erträge zustehen, lässt sich im Stiftungsrecht keine entsprechende Parallele ziehen. Die Rollen sind vielmehr mehrfach gespalten. Zum einen verlaufen Eigentum und Steuerung in der Stiftung nicht in Einklang. Die Stiftung gehört sich selbst, sie wird durch den Stifterwillen geleitet. Zum anderen ist auch die Einheit zwischen Eigentümer und Begünstigten dem Stiftungsrecht fremd. Allein die Stiftung ist Inhaberin des Vermögens, die Erträge stehen dagegen den Destinatären zu.[223]

3.4.2.2.1 Agent

In Anwendung der Prinzipal-Agenten-Theorie auf das Stiftungsrecht soll zunächst der Frage nachgegangen werden, wer als Agent anzusehen ist. In der Literatur wird ganz weitgehend angenommen, dass in Stiftungen der Stiftungsrat beziehungsweise der Stiftungsvorstand eine klassische Agentenrolle im Sinne der Prinzipal-Agenten-Theorie einnimmt. Der Stiftungsrat beziehungsweise der Vorstand vertritt die Stiftung und die Folgen seines Handelns verpflichten grundsätzlich das der Stiftung gewidmete Vermögen. Im Rahmen von gemeinnützigen Stiftungen nimmt der Vorstand dabei neben den Interessen der Stiftung selbst auch die Interessen jener wahr, denen die Stiftung nach ihrem Zweck dienen soll, das heißt den Destinatären. Er selbst ist in der Regel nicht materiell an den Ergebnissen der Stiftungstätigkeit beteiligt.

Für den Fall, dass ein Geschäftsführer die laufenden Geschäfte wahrnimmt, die ihm von dem Stiftungsrat beziehungsweise dem Vorstand übertragen wurden, so soll zwischen dem Vertretungsorgan und dem Geschäftsführer keine Prinzipal-Agenten-Beziehung bestehen. Denn in diesem Fall habe nicht das Vertretungsorgan seine eigenen Verfügungsrechte an den Geschäftsführer übertragen, sondern diejenigen des Stifters. Der Stiftungsrat beziehungsweise Stiftungsvorstand habe demnach seine Agentenrolle

---

223 Kohl (Fn. 41), S. 339, 346.

auf den Geschäftsführer transferiert. Ihm verbleibe eine Überwachungsfunktion.[224]

3.4.2.2.2 *Prinzipal*

In Bezug auf den Prinzipal divergieren die Meinungen in der Literatur. Geht man von den oben erläuterten Theorien zu der Definition des Prinzipals aus, so kommt für Stiftungen nur ein weiter Ansatz in Betracht. Die Anforderungen der engen Definition, die einerseits einen Delegationsakt des Prinzipals und andererseits seine finanzielle Betroffenheit vorsieht, würde in Stiftungen von niemandem erfüllt, da die Delegation durch den Stifter erfolgt, die finanziellen Auswirkungen jedoch die Destinatäre betreffen.

Vor diesem Hintergrund betont Reuter[225], Stiftungen hätten keinen Stiftungsinteressierten, um deren Wohlwollen die Stiftungsvorstände werben müssten. *Schwintek*[226] bezeichnet den Vorstand als Agenten, dem „der Prinzipal abhanden gekommen ist". Nach *Koss*[227] ist der Stifter der Prinzipal, da er hinter der Stiftung steht und der Stiftung das Vermögen zur Verfügung stellt. Dieser Argumentation folgen *Kreutz*[228] sowie *Veltmann*[229], der argumentiert, dass der Stifter auch nach der rechtlichen Verselbstständigung des Stiftungsvermögens mit „seiner" Stiftung bestimmte Ziele verfolge. Auch *von Hippel*[230], der Nonprofit Organisationen nicht nach der Rechtsform, sondern funktional typisiert (vgl. oben Abschnitt 3.3.6), sieht für Spendenorganisationen den Stifter beziehungsweise den Spender als Prinzipal an. Zur Begründung führt er aus, dass sich die auf dem Grundmodell des homo oeconomicus basierende Prinzipal-Agenten-Theorie auf den altruistischen Spendenakt nur unter der Prämisse übertragen lasse, dass man nicht nur die materiellen Vorteile des Zuwendungsgebers berücksichtige (die bei einer Gabe gerade nicht vorlägen), sondern auch die immateriellen Vorteile einbeziehe, die durch die Zuwendung entstünden. *Wagner*[231] sieht

---

224 Koss (Fn. 191), S. 197, 204.

225 Münchener Kommentar/Säcker/Rixecker (Fn. 106), § 86 Rdnr. 22.

226 Schwintek, Vorstandskontrolle in rechtsfähigen Stiftungen bürgerlichen Rechts, Baden-Baden 2001, S. 28.

227 Koss (Fn. 191), S. 197, 205.

228 Kreutz, Verhaltenskodices als wesentliches Element von Corporate-Governance-Systemen in gemeinnützigen Körperschaften, in: ZRP 2007, S. 50, 52.

229 Veltmann (Fn. 20), Rdnr. 578.

230 Von Hippel, Grundprobleme von Nonprofit-Organisationen, Tübingen 2007, S. 54f.

231 Wagner in: Wagner/Walz, Zweckerfüllung gemeinnütziger Stiftungen durch zeitnahe Mittelverwendung und Vermögenserhaltung, Baden-Baden 1997, S. 11, 45f.

die Destinatäre als Prinzipale an, da sich der Stifter mit der Gründung der Stiftung seiner Einwirkungsmöglichkeiten begebe. Dagegen wird wiederum angeführt, dass der Stifter sich weitgehende Einwirkungsrechte in der Satzung vorbehalten könne und sein Wille die Stiftung bestimme.[232]

Jakob[233] sieht in einem Ansatz der sich von der ökonomischen Sichtweise löst und die Dogmatik des Stiftungsrechts in den Vordergrund stellt die Stiftung als Prinzipal. Diese sei als eigenständige Rechtsperson Trägerin des Vermögens und generiere damit die typischen Interessen eines Prinzipals. Nachdem die Stiftung als rechtliches Organisationsgefüge alle Stiftungsinteressen in sich vereine, tauge sie durchaus als Prinzipal auch für die ökonomische Sichtweise. *Hofstetter*[234] äußert sich nicht direkt dazu, wem die Rolle des Prinzipals in Stiftungen zuzuweisen ist, er vertritt jedoch die Ansicht, dass das Aktionärs- beziehungsweise Eigentümerinteresse in Unternehmen mit dem Stiftungszweck in Stiftungen korrespondiere. *Kohl*[235] lehnt die Einordnung der Stiftung als Prinzipal mit dem Argument ab, die Stiftung sei nicht Selbstzweck und nicht ihre Wohlfahrt solle durch die Stiftungstätigkeit gefördert werden. *Koss*[236] argumentiert ebenfalls dagegen, die Stiftung als juristische Person habe keine Nutzenfunktion, so dass der Agent auch keinen Einfluss auf sie nehmen könne. Die Stiftung sei nur insoweit geschützt, als der Stifterwille zu schützen sei.

3.5 Zusammenfassung

Die obigen Ausführungen haben einen Überblick über verschiedene Aspekte gegeben, welche die Frage der Foundation Governance beeinflussen und bei der Entwicklung entsprechender Regelungen zu berücksichtigen sind. Neben der Darstellung der Grundlagen des Stiftungswesens sowie der stiftungsrechtlichen Rahmenbedingungen, ist insbesondere der Heterogenität des Stiftungsrechts sowie den im Rahmen des Stiftungsgefüges bestehenden Interessenlagen besondere Aufmerksamkeit zu widmen.

In Bezug auf die Heterogenität des Stiftungsrechts kann festgehalten werden, dass das Regelungsspektrum der Foundation Governance ein hohes Maß an Flexibilität aufweisen sollte, um sich den individuellen Gege-

---

232 Von Hippel (Fn. 230), S. 55.
233 Jakob (Fn. 35), S. 207.
234 Hofstetter (Fn. 41), S. 43, 45.
235 Kohl, (Fn. 41), S. 339, 346.
236 Koss (Fn. 191), S. 197, 205f.

benheiten der verschiedenen Stiftungen beziehungsweise Stiftungstypen anpassen zu können, will man die Formulierung der Regelungen nicht auf einem allgemeinen abstrakten Niveau belassen.

Hinsichtlich der Interessenlagen der involvierten Parteien haben die obigen Ausführungen gezeigt, dass zwischen den Akteuren in Stiftungen Interessenskonflikte verschiedener Art bestehen. Diese liegen insbesondere in dem weiten Handlungsspielraum des Leitungsgremiums begründet, das als Auftragnehmer möglicherweise Interessen generieren kann, die von seinem Auftraggeber abweichen. Wie soeben gesehen, differieren die Meinungen darüber, wer als Auftraggeber zu sehen ist. Eng damit verbunden ist die Frage, wer unter diesem Aspekt im Mittelpunkt des Schutzes der Foundation Governance stehen sollte. Es erscheint plausibel, insoweit der Ansicht zu folgen, welche die Stiftung als Prinzipal ansieht. Denn wird die Stiftung als Institution geschützt, insbesondere der Erhalt des Stiftungsvermögens und die effiziente Erfüllung des Stiftungszwecks, so wird auch den Interessen der involvierten Parteien Rechnung getragen. Der Stifter hat sich mit der Gründung der Stiftung seines Einflusses auf diese grundsätzlich begeben, so das er selbst beziehungsweise seine Interessen lediglich vermittelt durch den im Stiftungszweck konkretisierten Stiftungswillen geschützt werden. In entsprechender Weise sind auch die Interessen der Destinatäre nur insoweit zu schützen, als sie durch den Stiftungszweck gedeckt werden, so dass sich auch in Hinblick auf die Begünstigten lediglich ein durch den Stiftungszweck vermittelter Schutz ergibt. Schließlich werden durch den Schutz der Stiftung als solche auch die Interessen der Stiftungsaufsicht und insbesondere der Allgemeinheit berücksichtigt, die vorrangig auf eine satzungsgemäße und rechtskonforme Ausübung der Stiftungstätigkeit gerichtet sind.

4 Rechtliche Problemstellung und Lösungsansätze

In Abschnitt 2 erfolgte die Darstellung der stiftungsinternen Missstände sowie der Probleme des Stiftungssektors als solchem auf rein faktischer Ebene. Basierend auf dem in Abschnitt 3 abgebildeten theoretischen Grundlagenwissen sollen in folgendem Abschnitt zunächst die beobachteten tatsächlichen Missstände in einen rechtlichen Kontext gebracht beziehungsweise die mit ihnen verbundenen rechtlichen Problemstellungen untersucht werden (Abschnitt 4.1). Im Anschluss daran ist auf die Frage einzugehen, inwiefern Foundation Governance geeignet ist, um zu der Lösung der bestehenden rechtlichen Problematik beizutragen (Abschnitt 4.2). In einem dritten Schritt sollen die Ziele der Foundation Governance abgebildet werden (Abschnitt 4.3) um hierauf aufbauend schließlich mögliche Anknüpfungspunkte und Regelungsbereiche zu diskutieren (Abschnitt 4.4).

Im Rahmen der folgenden Ausführungen ist zu berücksichtigen, dass Foundation Governance, wie bereits oben gesehen, ein vielschichtiger und schillernder Begriff ist, der verschiedene Gestaltungsformen und Ausprägungen in sich vereint. Aus diesem Grund soll sich die Darstellung zunächst auf einer schematischen, abstrahierenden Ebene bewegen. Die insoweit abstrakt formulierten Modelle werden dann in ihrer konkreten Ausgestaltung Gegenstand der sich anschließenden Abschnitte 5, 6 und 7 sein.

4.1 Rechtliche Problemstellung

4.1.1 Einordnung der tatsächlichen Missstände in einen rechtlichen Kontext

Als zentrale faktische Probleme in Stiftungen wurden bereits zum einen organisatorische und strukturelle Defizite, zum anderen betriebswirtschaftliche Defizite, und schließlich Defizite in Hinblick auf die Informationspolitik festgestellt. Bezüglich des Stiftungssektors wurde auf die Gefahren des Missbrauchs von Stiftungen zur Finanzierung terroristischer Vereinigungen sowie zu Zwecken der Geldwäsche hingewiesen. Diese Situation erneut vor Augen gerufen, stellt sich die Frage nach der Einordnung der genannten rein tatsächlichen Beobachtungen in rechtliche Zusammenhänge. Als Ausgangspunkt der Überlegungen soll insoweit der Prinzipal-Agenten-Konflikt dienen, der auch im Rahmen der parallel gelagerten Diskussion um Corporate Governance einen zentralen Theorieansatz bildet. Wie bereits gezeigt wurde, besteht in Stiftungen ein Prinzipal-Agenten-Konflikt zwischen der Stiftung beziehungsweise dem Stifter und dem mit der Wahrnehmung der Interessen beauftragten Leitungsgremium.

4.1.1.1 Informationsproblematik

In einem ersten Schritt ist auf die Defizite in der Informationspolitik der Stiftungen einzugehen. Wie oben ausgeführt, basiert die Prinzipal-Agenten-Theorie unter anderem auf der Annahme, dass zwischen den Parteien Informationsasymmetrien bestehen. Ungleichgewichte in Hinblick auf die Informationsverteilung sind dem Prinzipal-Agenten-Konflikt vorgelagert und bedingen ihn, sie verhindern sachgerechte Entscheidungen auf der Grundlage der erforderlichen Informationen. Im Forprofit Bereich hat der Unternehmensvorstand gegenüber den Eigentümern einen Informationsvorsprung. Eine direkte Parallele zu Stiftungen scheidet insofern aus, da nicht angenommen werden kann, dass das Leitungsgremium einen Informationsvorsprung gegenüber der Stiftung als solcher habe, der entsprechend der Annahmen in der vorliegenden Arbeit die Rolle des Prinzipals zukommt. Folgt man jedoch der Argumentation *Jakobs*, dass die Stiftung als rechtliches Organisationsgefüge alle Stiftungsinteressen in sich vereint[237], so kommt man zu der Annahme, dass in Stiftungen Informationsasymmetrien zulasten derjenigen Personen bestehen, die ein Interesse an der Stiftung haben. Diese Informationsasymmetrien können beispielsweise in Mängeln in der Berechenbarkeit und Verlässlichkeit der Berichterstattung der Stiftung gegenüber potentiellen Zustiftern oder der Gesellschaft oder aber aus undurchsichtigen Vergabemechanismen, die zulasten der Destinatäre wirken, zum Ausdruck kommen.[238]

4.1.1.2 Kontrollproblematik

Neben den Informationsdefiziten wurden in den oben beschriebenen Studien strukturelle und organisatorische Defizite in Stiftungen genannt. In diesem Zusammenhang wurde zum einen ein auf Interessenskonflikten basierendes und durch Eigeninteressen geleitetes Handeln der Organmitglie-

---

237 Siehe bereits oben Abschnitt 3.4.2.2.2.

238 Siehe zu den Informationsinteressen externer Stakeholder auch Veltmann (Fn. 20), Rdnr. 591-593.

der beobachtet. Ein solches opportunistisches Verhalten kann als typische Auswirkung der dem Prinzipal-Agenten-Konflikt immanenten Kontrollproblematik gesehen werden. Die Kontrollproblematik ist dabei eng mit der Informationsproblematik verbunden. Bedingt durch einen mangelnden Informationsstand des Prinzipals wird die Kontrolle über das Handeln des Agenten erschwert. In der Folge werden oftmals Verhaltensweisen des Agenten beobachtet, die zu Lasten des Prinzipals wirken. Im Fall der Stiftung können entsprechend schädigenden Verhaltensweisen dazu führen, dass die vorhandenen Mittel nicht im Stiftersinne verwendet werden, was wiederum den Stiftungszweck gefährden kann. Als weitere strukturelle und organisatorische Defizite wurden Mängel in Hinblick auf die Funktionsfähigkeit des Aufsichtsgremiums beobachtet, die ebenfalls einen Bezug zu der angesprochenen Kontrollproblematik aufweisen: das Versäumnis wirkungsvolle Kontrollmechanismen zu implementieren und der Problematik entgegenzutreten begünstigt das Entstehen kritischer Situationen und verschärft diese zusätzlich.

Auch die beobachteten betriebswirtschaftlichen Defizite stehen in Wechselwirkung mit der Kontrollproblematik. Sie flankieren insofern den Prinzipal-Agenten-Konflikt, als dass eine professionelle Leitung der Stiftung mit der Implementierung beispielsweise von Evaluations- und Risikomanagementmechanismen das strukturelle Kontrolldefizit kompensieren beziehungsweise abfedern könnte. Instrumente des strategischen Managements wie betriebswirtschaftliche Analysen, Balanced Scorecards, Qualitätsmanagementsysteme oder aber ein finanzielles Controlling könnten das Kontrollproblem mindern, ein geringer Professionalisierungsgrad wird es dagegen forcieren.

Schließlich stellen auch die den Stiftungssektor als solchen betreffenden Gefahren Ausprägungen der Kontrollproblematik dar. Eine andere Thematik ergibt sich jedoch dann, wenn Stiftungen bewusst für kriminelle Zwecke instrumentalisiert werden. Schon an dieser Stelle sei in diesem Zusammenhang darauf hingewiesen, dass in letzteren Fällen eine stiftungsinterne Governance Lösung kaum Abhilfe schaffen wird und vielmehr gesetzliche Regelungen anzustreben sein werden.

4.1.2 Potenzierung der Informations- und der Kontrollproblematik in Stiftungen

Aus den soeben dargestellten Ausführungen wird ersichtlich, dass hinsichtlich des bestehenden Problemkomplexes verkürzt zwischen einerseits der

Seite der Informationsasymmetrien, die den Konflikt entstehen lassen, sowie andererseits dem Fehlen von wirksamen Kontrollmechanismen, die es verhindern dem entstehenden Konflikt vorzubeugen, unterschieden werden kann. Vor diesem Hintergrund führen verschiedene Umstände zu der Annahme, dass sowohl die Informationsproblematik als auch und insbesondere die Kontrollproblematik in Stiftungen im Vergleich zu Unternehmen des Forprofit Bereichs potenziert auftreten und sich die Risikolage in dieser Rechtsform insofern zusätzlich verschärft.

So ist in diesem Zusammenhang zu berücksichtigen, dass in Stiftungen die beiden für Publikumsgesellschaften zentralen Kontrollinstrumente des Eigentümerinteresses einerseits und der Kapitalmarktkontrolle andererseits nicht existieren. Zum einen kann eine Kontrolle des Leitungsgremiums durch den Eigentümer in Stiftungen nicht stattfinden, da das Stiftungsvermögen verselbstständigt ist und in dem Sinne keinen Eigentümer mehr hat. Anders als zum Beispiel für das Management einer Aktiengesellschaft, gibt es für die Stiftungsorgane keine natürlichen Personen, denen gegenüber sie rechenschaftspflichtig oder verantwortlich wären. Die Stiftungsorgane verwalten die der Stiftung anvertrauten Gelder vielmehr treuhänderisch und der Stifter oder andere Zuwendungsgeber erfahren nicht zwangsläufig, ob die Mittel effektiv und effizient für den Stiftungszweck verwendet wurden.[239] Auch im Vergleich zum Verein sind die Freiräume des Leitungsgremiums von Stiftungen tendenziell grösser, da es hier an einer Rückbindung an Mitgliederinteressen fehlt.[240] Anders ist die Situation gegebenenfalls dann, wenn der Stifter der jeweiligen Stiftung noch lebt und – im Sinne eines „Quasi-Eigentümers" aktiv in der Stiftung mitwirkt.[241]

Zum anderen fehlt im Stiftungsbereich ein Äquivalent zu der Marktkontrolle an der Börse beziehungsweise am Kapitalmarkt, die für Unternehmen des Forprofit Bereichs eingreift. Anders als Publikumsgesellschaften können Stiftungen nicht unter Übernahmedruck geraten, wenn das Management seine Aufgaben nicht erfüllt, eine verhaltenssteuernde Wirkung des Kapitalmarkts besteht nicht, da es kein Beteiligungskapital gibt. Allgemeine Marktmechanismen laufen leer, da Stiftungen nicht am Markt tätig sind oder zumindest nicht typischen Marktmechanismen unterworfen sind.[242] Insbesondere betrifft dies Förderstiftungen, die nicht um Mittelflüsse werben

239 Veltmann (Fn. 20), Rdnr. 578; vgl. auch Kohl (Fn. 41), S. 339, 343.

240 Segna, Corporate Governance im Dritten Sektor - Gemeinsamkeiten und Unterschiede zum Forprofit-Sektor; 7. Hamburger Tage des Stiftungs- und Nonprofit-Rechts am 10. November 2007 an der Bucerius Law School.

241 Hofstetter (Fn. 41), S. 43, 46.

242 Jakob (Fn. 35), S. 530; Hofstetter (Fn. 41), S. 43, 45.

müssen und deren bestehendes Stiftungsvermögen sie unabhängig macht. Über die fehlende Marktkontrolle hinausgehend kann überdies festgestellt werden, dass Stiftungen grundsätzlich der Bewertung und Messung durch die Öffentlichkeit entzogen sind, sie stehen in aller Regel nicht unter entsprechendem Erfolgsdruck und werden kaum durch Anspruchsgruppen beeinflusst. Es bestehen keine Benchmarks, die für die erfolgreiche Stiftungstätigkeit einen konstruktiven Druck erzeugen könnten.[243]

Dies berücksichtigend zeigt sich, überspitzt formuliert, dass auf rein wirtschaftlicher Ebene für das Leitungsgremium weder intern noch extern Anreize bestehen, die Interessen der Stiftung zu vertreten, das heißt den Stiftungszweck umzusetzen.[244] Hinzu kommt, dass die staatlichen Kontrollmechanismen sowohl in der Schweiz als auch in Deutschland nur wenig ausgeprägt sind. Gewisse grundlegende Kontrollaufgaben werden zwar von der Stiftungsaufsicht wahrgenommen, es bestehen jedoch berechtigte Zweifel, ob diese Art der Kontrolle, die lediglich eine formale Kontrolle der Rechtmäßigkeit und keine Überprüfung der Effizienz beinhaltet, in gleichem Masse funktionieren kann wie die direkte Eigentümerkontrolle und die Marktkontrolle bei Unternehmen.[245]

Im Ergebnis bestehen in Stiftungen ernst zu nehmende rechtsformspezifische Kontrollprobleme. Der Reiz der Rechtsform Stiftung, ein ohne Eigentümereingriffe ausschließlich am Stiftungszweck zielorientiert arbeitendes Organisationsmodell zu gewährleisten beinhaltet zugleich ein gewisses Kontrolldefizit des Stiftungshandelns.[246] Eigeninteressen bilden eine latente Gefahr für die Umsetzung des Stiftungszwecks.[247] Im Folgenden wird der Frage nachzugehen sein, ob und wenn ja in welcher Weise Foundation Governance ein probates Mittel ist, um die faktischen Probleme des Stiftungssektors vor dem Hintergrund der beschriebenen rechtsformimmanenten Kontrollproblematik zu lösen.

---

243 Zurkinden-Erismann, Zusammenfassung: Was ist gute Stiftungsarbeit, in: Egger/Helmig/Purtschert, Stiftungsparadies Schweiz, Basel 2004, S. 25, 26.

244 Kohl (Fn. 41), S. 339, 344.

245 Hofstetter (Fn. 41), S. 43, 46.

246 Veltmann (Fn. 20), Rdnr. 579.

247 Hofstetter (Fn. 41), S. 43, 47.

4.2 Geeignetheit der Foundation Governance zur Lösung dieser Probleme

Inwiefern Foundation Governance zur Lösung der soeben beschriebenen Problematiken beitragen kann wird kontrovers diskutiert. Insoweit ist jedoch zu differenzieren. Wie bereits eingangs dieser Arbeit gezeigt, werden unter dem Begriff der Foundation Governance verschiedene Ansatzweisen zusammengefasst. Einerseits wird mit dem Begriff auf die innere Organisation von Stiftungen mittels Satzungsgestaltung Bezug genommen, andererseits sind Kodizes gemeint, die von externer Seite an Stiftungen herangetragen werden.[248]

Generell betrachtet, das heißt unabhängig von der konkreten formellen Ausgestaltung von Governance Systemen, wird die Geeignetheit der Foundation Governance zur Lösung von Kontrollproblematiken in Stiftungen weitgehend bejaht. In diesem Zusammenhang wird häufig auf die Parallelität der Kontrollproblematiken in Nonprofit und Forprofit Organisationen hingewiesen.

So argumentiert *Hopt*, Accountability sei allgemein ein Problem von Organisationen, die von Nichteignern geleitet werden, ohne dass es im Ansatz einen Unterschied mache, ob diese Nichteigner die Organisation für Rechnung von Kapitalgebern verwalteten oder aber im Sinne eines Stifters beziehungsweise anderen Geldgebern oder Spendengebern. Governance Regelungen dienten bei Nonprofit Organisationen ebenso wie bei Unternehmen des Forprofit Bereichs neben dem Individualschutz dem Funktionenschutz, es bestehe ein zentrales öffentliches Interesse daran, dass mit dem Kapital von Stiftern Funktionen (mit)erfüllt werden, die herkömmlich vom Staat getragen wurden, aber künftig angesichts knapper Kassen und Krise des öffentlich-rechtlich organisierten und finanzierten Sozialstaates nicht mehr getragen werden könnten. Es bestehe bereits oder entstehe demnächst ein Standortwettbewerb um Stiftungen und andere Nonprofit Organisationen, in dessen Folge auch dementsprechende Reformen der Gesetzes- und außerrechtlichen Regelwerke auf nationaler und europäischer Ebene zu erwarten seien.[249]

Saenger und *Veltmann* stellen insbesondere auf die Möglichkeit ab, durch Governance Mechanismen Transparenz zu etablieren. Governance Systeme seien geeignet, Strukturen zu implementieren, die ein transparentes Handeln und die Kontrolle der operativ handelnden Organe sicherstel-

248 Siehe oben Abschnitt 1.1.3.

249 Hopt (Fn. 34), S. 243, 247f.

len, was in Stiftungen ebenso wünschenswert sei wie bei Unternehmen des Forprofit Bereichs. Foundation Governance sei geeignet, zur Erhaltung der ökonomischen Leistungsfähigkeit der Stiftung und damit zur unentbehrlichen Basis für die Erfüllung der eigentlichen Stiftungsaufgaben beizutragen.[250]

Unabhängig von dem weitgehenden Konsens über die Geeignetheit von Governance Systemen zu Lösung rechtsformspezifischer Kontrollproblematiken in Stiftungen, ist die Frage nach der Sinnhaftigkeit von externer Seite verfasster Verhaltenskodizes umstritten. Dafür argumentiert Kreutz, dass Regelungsmechanismen und Organisationsstrukturen, wie sie Verhaltenskodizes darstellten, in besonderer Weise geeignet seien, den Gefahren, die aus Prinzipal-Agenten-Konflikten resultieren, zu begegnen. Die mit Verhaltenskodizes verbundene Sensibilisierung der Verantwortlichen und damit gleichzeitig einhergehende Bürokratisierungstendenz habe zur Folge, dass Interessenkonflikte früher erkannt würden und dadurch riskantes beziehungsweise vertrauensbeeinträchtigendes Verhalten vermieden werde. Eigengeschäfte von Organmitgliedern und Führungspersonal, die wegen ihrer vertrauensbeeinflussenden Wirkung als Risiko zu werten seien, würden bei strikter Beachtung von Verhaltenskodizes vermieden beziehungsweise auf ein Mindestmaß beschränkt.[251] Auch Ruter und Häfele erachten einen eigenen Corporate Governance Kodex für Stiftungen, der eine Verzahnung von Wirtschaft, Spenden, Fördergeldern, treuhänderischer Verwaltung sowie ehrenamtlichen und hauptberuflichen Mitarbeitern leistet, für wünschenswert.[252]

Die Gegner externer Kodizes stellen insbesondere auf deren unspezifischen und notwendigerweise verallgemeinernden Ansatz ab sowie auf die Problematik der Durchsetzbarkeit. So kritisiert Riemer, dass sich die vorhandenen Schweizer Kodizes an unterschiedliche, nicht ohne weiteres abgrenzbare und sich teilweise überschneidende Adressatenkreise richteten und dabei überdies unterschiedliche Inhalte aufwiesen. Die hohe Zahl an Kodizes führe zu einer Vielzahl von Orientierungshilfen, die jedoch nicht zu Orientierung beitrügen, sondern eher geeignet seien, Verwirrung zu stiften. Riemer weist darauf hin, dass die Unterschiede zwischen den involvierten Rechtsträgern unterschiedliche Lösungen forderten, die an die verschiede-

250 Saenger/Veltmann, Corporate Governance in Stiftungen, in: ZSt 3/2005, S. 67, 68.
251 Kreutz (Fn. 228), S. 50, 53f.
252 Ruter/Häfele (Fn. 27), S. 5, 7.

nen Zwecke, Größen, Zusammensetzungen des Vermögens sowie die Art der Finanzierung anzupassen seien.[253]

Jakob kritisiert, dass externe Kodizes die ökonomische und marktwirtschaftliche Perspektive in den Vordergrund stellten, jedoch nur unzureichend auf die Dogmatik des Stiftungsrechts eingingen. Unter dem Mantel der Foundation Governance lasse sich Rechtspolitik auch jenseits der stiftungsrechtlichen Dogmatik betreiben. Es sollten vorrangig die vorhandenen stiftungsrechtlichen Mittel nutzbar gemacht werden und aus den dabei aufgetretenen Lücken Konsequenzen gezogen werden.[254]

Ähnlich argumentiert *Kohl*. Die Eigenvorsorge des Stifters für seine Stiftung sei effektiver und sinnvoller als ein Foundation Governance Kodex, der kollektive Einheitslösungen für Bereiche anstrebe, in denen hinsichtlich vieler Governance Fragen Differenzierung geboten sei. Es solle an die kreative, kraftvolle Nutzung der Privatautonomie des Stifters spezifisch für seine Stiftung appelliert werden.[255] *Kohl* kritisiert zudem – in Bezug auf protestantische Corporate Governance Projekte – dass jeweils offen bliebe, worauf sich die Verbindlichkeit der Regelwerke gründet und wodurch die Betroffenen, außer durch moralischen Appell, zu einer Selbstverpflichtung veranlasst werden sollen. Ob für die unterschiedlichen Erscheinungsformen der gemeinnützigen Stiftung mehr als plakative Regeln, die für alle tauglich sein sollen, vorstellbar seien, müsse bezweifelt werden. Corporate Governance und Corporate Governance Kodizes sollten bleiben, wo ihre Heimat sei, bei der Corporation.[256]

Zurkinden-Erismann schließlich stellt hinsichtlich der Situation in der Schweiz pointiert die Frage, ob es in dem herrschenden liberalen Umfeld zusätzlicher Best Practice Regelungen bedürfe und ob Foundation Governance ein Allheilmittel sein könne oder bloß eine Zeiterscheinung in einer risikoaversen Gesellschaft darstelle.[257]

4.3 Ziele der Foundation Governance

Basierend auf den obigen Ausführungen zu der rechtlichen Problemstellung in Stiftungen kann als zentrale Zielsetzung der Foundation Governance das

253 Riemer (Fn. 41), S. 514.
254 Jakob (Fn. 35), S. 532.
255 Kohl (Fn. 41), S. 339, 351.
256 Kohl (Fn. 41), S. 339, 349.
257 Zurkinden-Erismann (Fn. 34), S. 1, 14.

Anbieten von Lösungsansätzen für die rechtsformspezifischen Kontrollprobleme und die Abwehr der hieraus resultierenden Risiken für den Stiftungszweck und damit für die Stiftung als solche definiert werden. Eingebettet in diese übergeordnete Zielsetzung können mit Blick auf die bereits näher betrachteten Komponenten der Kontrollproblematik zwei weitere zentrale Zwischenziele unterschieden werden. Diese betreffen einerseits eine generelle Steigerung der Transparenz zur Relativierung von Informationsasymmetrien sowie andererseits die Implementierung von Kontrollsystemen zur Verhinderung der Folgen opportunistischer Verhaltensweisen.

Beide Ziele sind dabei vor dem Hintergrund der stiftungsspezifischen Potenzierung der aus dem Prinzipal-Agenten-Konflikt in Forprofit Unternehmen bekannten Risikosituation zu betrachten. In Hinblick auf die Umsetzung des Stiftungszwecks bedarf es verschiedener Koordinationsinstrumente und korrigierender Überwachungsmaßnahmen, die eine Entscheidungsfindung des Agenten im Sinne des Prinzipals sicherstellen. In diesem Zusammenhang spielen die Spezifizierung von Management- und Aufsichtspflichten sowie die Frage, wie über das Stiftungshandeln Rechenschaft abzulegen ist eine wichtige Rolle. Das Definieren verbindlicher Standards für die Pflichten des Managements vereinfacht dabei die Kontrolle dieser Pflichten. Die Organisationsvorgaben der Stiftung müssen gleichsam die aus dem Prinzipal-Agenten-Verhältnis resultierenden Interessenkonflikte und Gefahrenlagen antizipieren.[258]

In der folgenden Darstellung sollen die so umrissenen Ziele der Foundation Governance aus zwei unterschiedlichen Sichtweisen spezifiziert werden. In einem ersten Schritt soll auf die Perspektive der Stiftung eingegangen werden, bei welcher der Fokus auf der bestmöglichen Umsetzung des Stiftungszwecks der eigenen Organisation liegen wird (Abschnitt 4.3.1), anschließend soll die Situation aus der Perspektive des Stiftungssektors betrachtet werden, wobei die Außenwirkung des Agierens der Gesamtheit der Stiftungen im Mittelpunkt stehen wird (Abschnitt 4.3.2). Es ist jedoch zu berücksichtigen, dass beide Perspektiven in verschiedener Hinsicht Überschneidungen aufweisen und in Wechselwirkung zueinander stehen.

Schließlich soll den folgenden Ausführungen ein Zitat von van Veen vorangestellt werden, der darauf hinweist, dass im Rahmen der Foundation Governance neben dem Ziel der Kontrolle negativer Zustände auch die Förderung positiver Absichten eine wichtige Rolle spielt: „The discussion on Corporate Governance is not exclusively about controlling mankind's bad

258 Schlüter (Fn. 213), S. 351.

qualities but mainly also about bringing out its good qualifications to the extent possible".[259]

4.3.1 Perspektive der Stiftung: Bestmögliche Umsetzung des Stiftungszwecks

Aus der Perspektive der Stiftung ist das übergeordnete Ziel der Foundation Governance die bestmögliche Umsetzung des Stiftungszwecks. Vor diesem Hintergrund werden weitere Anliegen angestrebt.

Hierzu zählt einerseits die Ausbildung eines funktionierenden internen Organisationssystems, das die intendierte optimale Umsetzung des Stiftungszwecks gewährleistet. Insofern liegt der Fokus auf einer Professionalisierung der Abläufe innerhalb der Stiftung im Allgemeinen sowie auf der Implementierung wirksamer organisatorischer beziehungsweise betriebswirtschaftlicher Kontrollmechanismen im Besonderen. Governance Regelungen zielen darauf ab, die Agierenden für Risiken zu sensibilisieren, problematische Entwicklungen erkennbar zu machen und Verhaltensweisen, welche für die Stiftung negative Auswirkungen haben könnten, zu vermeiden beziehungsweise auf ein Mindestmaß zu beschränken.[260] Die entsprechende Aufsicht im Sinne einer guten und verantwortungsvollen Stiftungsführung beabsichtigt demnach nicht allein eine rückblickende Kontrolle, sondern ist ihrem Wesen nach insbesondere auch begleitende und vorausschauende kritische Überwachung.[261]

Ein weiteres zentrales Anliegen ist der Erhalt und Ausbau der wirtschaftlichen Grundlagen der Stiftung. Foundation Governance soll dazu beitragen, finanzielle Schieflagen durch rechtzeitige Warnmechanismen zu vermeiden und Fehlentwicklungen vorzubeugen.[262] In diesem Zusammenhang ist gesondert darauf hinzuweisen, dass Stiftungen insbesondere auch auf die Beibehaltung ihrer steuerlichen Privilegierung angewiesen sind. Nur durch diese werden sie maßgeblich in die Lage versetzt, den Stiftungszweck zu erfüllen und die Allgemeinheit zu fördern. Verlieren gemeinnützige Körperschaften nachträglich ihre Steuerprivilegierung, werden zumeist Steuern in einer Höhe fällig, welche ihre Existenz gefährden können. Vor diesen Hintergrund wird in der deutschen Literatur vertreten, dass Governance

259 Van Veen (Fn. 36), S. 757, 760.
260 Kreutz (Fn. 228), S. 50, 53.
261 Vgl. Ruter/Häfele (Fn. 27), S. 5, 6.
262 Vgl. Ruter/Häfele (Fn. 27), S. 5.

Regelungen als steuerrechtliches Sicherungsinstrument fungieren[263], da auf diesem Weg Verstöße gegen die gemeinnützigkeitsrechtlichen Grundsätze des Zuwendungsgebotes des § 55 I Nr. 1 S. 2 AO und des Begünstigungsverbots des § 55 I Nr. 3 AO vermieden werden können.

Schließlich erfordert eine optimale Umsetzung des Stiftungszwecks auch die Unterstützung und das Vertrauen der Allgemeinheit. Dies umfasst wiederum eine positive Rezeption des Stiftungswirkens in der Öffentlichkeit verbunden mit einer ideellen Unterstützung der Werte und Förderabsichten der jeweiligen Organisation. Die Basis der öffentlichen Unterstützung liegt dabei in einer tadellosen Reputation der jeweiligen Organisationen, deren Gewährleistung mithin eine weitere Zielsetzung der Foundation Governance darstellt. Spendensammelnden Stiftungen sind zusätzlich darauf angewiesen, dass sich das öffentliche Vertrauen auch auf finanzielle Weise in Form von Zuwendungen an die Stiftung ausdrückt. Dabei kann der Grad des Vertrauens in eine Stiftung als Unterscheidungskriterium auf dem Markt der Spenden angesehen werden, es bringt den Vorteil einer besseren Position auf dem „Markt der Gemeinnützigkeit" mit sich. Dies wird wiederum zumeist ein erhöhtes Spendenaufkommen sowie gegebenenfalls vermehrte Zustiftungen zur Folge haben.[264]

4.3.2 Perspektive des Stiftungssektors: Reputation und Vertrauen

Unmittelbar hieran anknüpfend stellt sich die Perspektive des Stiftungssektors dar. Danach kann als zentrales Ziel der Foundation Governance einerseits die optimale Umsetzung der Stiftungszwecke in den verschiedenen Stiftungen gesehen werden. Andererseits ist jedoch auch ein originäres Interesse der Branche als solcher festzustellen, gerichtet auf eine positive Außenwirkung und Reputation des Sektors und - damit verbunden - auf den Gewinn und Erhalt des Vertrauens der Öffentlichkeit in Stiftungen. In diesem Zusammenhang spielt insbesondere die Verhinderung von Skandalen im Stiftungswesen beziehungsweise des Missbrauchs einzelner Stiftungen für kriminelle Zwecke und der damit einhergehenden negativen Rückschlüsse auf den Sektor eine zentrale Rolle. Daneben geht es um die Frage des Funktionserhalts des Stiftungssektors, der die staatliche Förderung ge-

263 Kreutz (Fn. 228), S. 50, 53f.

264 Kreutz (Fn. 228), S. 50, 53 unter Hinweis auf Graf Strachwitz, in: Walz, Rechnungslegung und Transparenz im Dritten Sektor, Köln 2005, S. 203, 214.

meinnütziger Belange komplementiert beziehungsweise in diesem Bereich eine zunehmend wichtigere Rolle spielt.[265]

Vor diesem Hintergrund ist ein zentrales Zwischenziel der Foundation Governance die Schaffung transparenter Strukturen. Dies umfasst sowohl die Gewährleistung transparenter Abläufe innerhalb der jeweiligen Organisationen als auch die Freigabe von Informationen beziehungsweise die Rechenschaftslegung nach außen, das heißt gegenüber der Öffentlichkeit. Insbesondere die Rechnungslegung von gemeinnützigen Körperschaften dient dem Zweck der Dokumentation der Mittelverwendung und ist daher als Informationsquelle für die interessierte Öffentlichkeit geeignet, über die finanzielle Situation der jeweiligen Organisation Auskunft zu geben.[266] Trotz der ganz überwiegenden Vorteile transparenter Strukturen ist zu berücksichtigen, dass ein hohes Maß an Publizität gegebenenfalls in Widerspruch zur Privatheit des Stifters stehen kann. Dagegen wird indessen vorgebracht, dass die treuhänderische Verwaltung der Vermögenswerte anderer Leute schon wegen der dabei notwendig auftretenden Interessenkonflikte Transparenz und Offenlegung fordere. Eine Rechnungslegung sei erst recht dann notwendig, wenn Steuervorteile oder andere staatliche Privilegien beansprucht würden. Gegebenenfalls könne in Hinblick auf die Transparenzanforderungen nach der Größe der jeweiligen Stiftung differenziert werden.[267]

4.4 Anknüpfungspunkte und Regelungsbereiche der Foundation Governance

Nachdem die rechtsformspezifischen Probleme von Stiftungen dargestellt und vor diesem Hintergrund die Ziele der Foundation Governance spezifiziert wurden, sollen im Folgenden auf abstrakter Ebene Lösungsansätze der Foundation Governance diskutiert werden. In diesem Zusammenhang sind in einem ersten Schritt mögliche Anknüpfungspunkte für Regelungen der Foundation Governance darzustellen, wobei es darum geht, welche Mecha-

265 Hopt (Fn. 34), S. 243, 247. Vgl. zu der wirtschaftlichen Bedeutung des Dritten Sektors Schauhoff in Schauhoff, Handbuch der Gemeinnützigkeit, 3. Auflage, München 2010, Grundlegung, Rdnr. 7 bis 9.

266 Hoppen, in: Schauhoff, Handbuch der Gemeinnützigkeit, 3. Auflage, München 2010, § 18 Rdnr. 75.

267 Vgl. Münchener Kommentar/Säcker/Rixecker, § 86 Rdnr. 22; Hopt (Fn. 34), S. 243, 253 unter Hinweis auf entsprechende Differenzierungen für Kapitalgesellschaften beispielsweise in § 267 HGB.

nismen generell aktiviert werden können, um der bestehenden Kontrollproblematik entgegenzutreten (Abschnitt 4.4.1). In einem zweiten Schritt sollen sodann mögliche materielle Regelungsbereiche der Foundation Governance im Einzelnen vorgestellt werden (Abschnitt 4.4.2).

4.4.1 Anknüpfungspunkte der Foundation Governance

Im Rahmen der Ausführungen zur rechtlichen Problemstellung in Stiftungen wurde zwischen einer Informationsproblematik auf der einen Seite und einer Kontrollproblematik auf der anderen Seite differenziert. Zur Lösung der jeweiligen Problemstellung ergeben sich spiegelbildlich unterschiedliche mögliche Anknüpfungspunkte für Regelungen der Foundation Governance.

4.4.1.1 Informationsproblematik

In Bezug auf den Abbau von Informationsasymmetrien, die zugunsten des Leitungsgremiums in der Rolle des Agenten bestehen, ist der offensichtliche Ansatzpunkt die bereits angesprochene Schaffung transparenter Strukturen. Im Rahmen dieser Arbeit wurde die Stiftung als Prinzipal angesehen, welche die Stiftungsinteressen verschiedener Parteien - sowohl interner als auch externer Stakeholder - in sich vereint. Den korrespondierenden Informationsinteressen ist demzufolge sowohl durch Transparenz innerhalb der Stiftungsorganisation als auch durch die Offenlegung von Informationen gegenüber außenstehenden Parteien Rechnung zu tragen.

4.4.1.2 Kontrollproblematik

Die der Rechtsform Stiftung immanente Kontrollproblematik wird durch unterschiedliche Aspekte forciert. Insoweit wurde insbesondere auf das Fehlen einer Eigentümerkontrolle und einer Marktkontrolle Bezug genommen sowie auf die im Allgemeinen gering ausgeprägten staatlichen Kontrollinteressen hingewiesen. Dem entsprechen verschiedene Anknüpfungspunkte, über welche eine Lösung der Kontrollproblematik herbeigeführt werden kann.

So kann beispielsweise das grundsätzliche Fehlen eines der Kapitalmarktkontrolle bei Unternehmen vergleichbaren Mechanismus durch die Stärkung einzelner marktlicher Ansätze bei Stiftungen relativiert werden. Insofern kann an einen Markt für Stiftungspersonal, an den bereits oben erwähnten Markt für Spenden sowie gegebenenfalls an einen Markt für Produkte oder Dienstleitungen gedacht werden. Ferner stehen insbesondere die großen gemeinnützigen Stiftungen gegebenenfalls in Wettbewerb um reputationswirksame Projekte und Zielerreichungen.[268] Mittels Transparenz und Rechnungslegung kann erreicht werden, dass Stiftungen für die Öffentlichkeit vergleichbar werden, so dass durch die entstehenden Möglichkeiten für beispielsweise Spender oder Destinatäre, sich zwischen der einen und der anderen Organisation zu entscheiden, Marktmechanismen etabliert werden können.

Die bei Stiftungen grundsätzlich fehlende Eigentümerkontrolle kann auf verschiedenen Wegen zu kompensieren gesucht werden. In Betracht kommt insbesondere die Implementierung von Kontrollmechanismen in der Stiftungssatzung, einerseits organisatorischer Art, das heißt durch ein Aufsichtsgremium, oder betriebswirtschaftlicher Art, das heißt beispielsweise mittels eines Risikomanagementsystems. Des Weiteren kann an die Einbindung externer Anspruchsgruppen, die ein Interesse an einer ordnungsgemäßen Stiftungsführung haben, in die Kontrolle des Organhandelns gedacht werden.

Schließlich wurde bereits dargelegt, dass die staatlichen Kontrollinteressen bezüglich Stiftungen nur gering ausgeprägt sind. Wählt man diesen Anknüpfungspunkt zur Lösung der Kontrollproblematik in Stiftungen, so muss man sich des Konflikts zwischen der Liberalität des Stiftungsrechts und Bestrebungen der Deregulierung einerseits sowie größerer Verantwortung der Aufsichtsbehörden andererseits mit der Folge einer weitergehenden Involvierung staatlicher Stellen bewusst sein.[269] Vor diesem Hintergrund sind verschiedene vermittelnde Lösungsvorschläge denkbar. Einerseits könnte involvierten Anspruchsgruppen das Recht eingeräumt werden, bei einem möglichem Fehlverhalten des Leitungs- oder des Aufsichtsgremiums die staatlichen Behörden einzubinden. Alternativ kann eine staatliche Kontrolle auch über das Steuerrecht vermittelt werden. Von Hippel[270] spricht in diesem Zusammenhang von einer „gesellschaftsrechtlichen Ersatzfunktion" des Steuerrechts: in Hinblick auf die Frage, ob die Organisation ihren Satzungszweck beachtet, effizient wirtschaftet oder das Gewinnausschüttungsverbot einhält übernehme das Finanzamt Kontrollaufgaben, die im Forprofit-Sektor von jedem der Gesellschafter wahrgenommen würden. Darüber hinaus und insofern weitergehend wäre auch eine Verknüp-

268 Hopt (Fn. 34), S. 243, 252; von Hippel (Fn. 190), S. 315ff.

269 Hopt (Fn. 34), S. 243, 250.

270 Von Hippel (Fn. 190), S. 60.

fung von Steuerprivilegien mit der Erfüllung interner Mindestkontrollstandards denkbar.[271]

4.4.2 Regelungsbereiche der Foundation Governance

Im Folgenden sollen mögliche Regelungsbereiche der Foundation Governance dargestellt werden. Es ist zu differenzieren zwischen den Bereichen der Steuerung und Organisationsstruktur (Abschnitt 4.4.2.1), der Verwaltung und Handlungsabläufe (Abschnitt 4.4.2.2), sowie der Informationspolitik (Abschnitt 4.4.2.3).

4.4.2.1 Steuerung und Organisationsstruktur

Ein wichtiges Regelungsfeld der Foundation Governance betrifft die Steuerung und die Organisation von Stiftungen. Im Mittelpunkt steht insoweit die Festlegung der Führungsstruktur und der damit einhergehenden Prozesse in einer Weise, welche eine optimale Umsetzung des jeweiligen gemeinnützigen Zwecks gewährleistet. Foundation Governance kann einerseits die Einrichtung fakultativer Stiftungsorgane neben dem Leitungsgremium regeln, insbesondere eines Aufsichtsgremiums oder auch von Ausschüssen und Beiräten sowie eventuell Interessenvertretungen der Anspruchsgruppen. Des Weiteren kann die Aufgabenverteilung zwischen den Organen und die Abläufe ihres Zusammenwirkens festgelegt werden, indem den Beteiligten jeweils bestimmte Pflichten und Verantwortlichkeiten zugeordnet werden. Schließlich kann Foundation Governance Einzelheiten der Arbeitsweise der Organe regeln, dass heißt beispielsweise die Prozesse hinsichtlich der Vorbereitung, des Beschlusses und der Umsetzung von Entscheidungen vorgeben. Daneben ist in diesem Zusammenhang auch an Regelungen zur Nominierung von Mitgliedern der Führungsebene, ihrer Qualifikation sowie ihrer Honorierung zu denken.

4.4.2.2 Verwaltung und Handlungsabläufe

Ein weiteres Regelungsfeld bilden die Verwaltung von Stiftungen sowie die Handlungsabläufe der jeweiligen Organisationen, also die inhaltliche Ausgestaltung der Unternehmensführung. Insoweit kann Foundation Governance insbesondere zu einer Balance der sowohl ideellen als auch wirt-

271 Von Hippel (Fn. 190), S. 267 m. w. N.

schaftlichen Ziele von Stiftungen beitragen. Vor diesem Hintergrund können einerseits Regelungen des Projektmanagements vorgesehen werden, betreffend die Auswahl von Stiftungsprojekten, ihre Abwicklung und ihre Evaluation. Andererseits kann ein Risikomanagementsystem eingerichtet werden mit Regelungen zur Identifizierung von Risiken, der Implementierung von Kontrollsystemen sowie der Sicherstellung des mängelfreien Funktionierens der etablierten Prozesse. Schließlich können betriebswirtschaftliche Elemente eingeführt und ein Finanzcontrolling geregelt werden. Allgemein gesprochen kann mittels Foundation Governance eine Professionalisierung des Stiftungsmanagements gefördert werden. Geht man noch eine Ebene weiter, so kann Foundation Governance gegebenenfalls einen Paradigmenwechsel weg von der rein philanthropisch motivierten Tätigkeit Ehrenamtlicher hin zu einem unternehmerischen Selbstverständnis der jeweiligen Stiftung und zu dem Gedanken des Social Entrepreneurship bewirken.[272]

4.4.2.3 Informationspolitik

Schließlich kann Foundation Governance bei der internen und externen Informationspolitik der Stiftung ansetzen, welche auf das Profil der Organisation und die jeweilige Organisationsstruktur, Führungsstruktur und Führungskultur abgestimmt sein muss. Im Mittelpunkt steht dabei der Abbau beziehungsweise der Ausgleich von Informationsasymmetrien sowohl zwischen Beteiligten der Stiftung als auch zwischen der Stiftung und der Allgemeinheit. Stiftungsintern können Governance Regelungen einen ausreichenden Informationsfluss zwischen den Organen sicherstellen, um so sachgerechte Entscheidungen zu gewährleisten. In Hinblick auf die externe Informationspolitik kann Foundation Governance Grundsätze hinsichtlich der Information der Öffentlichkeit, möglicher Spender und gegebenenfalls auch der Destinatäre festlegen und auf diesem Weg die Transparenz des Stiftungshandelns erhöhen. In diesem Zusammenhang sind auch die Möglichkeiten zur Regelung der internen und externen Rechnungslegung zu nennen.

272 Zurkinden-Erismann (Fn. 243), S. 25, 26.

4.5 Zusammenfassung

In den obigen Ausführungen wurden ausgehend von den in Abschnitt 2 dargestellten tatsächlichen Missständen die hinter diesen Beobachtungen liegenden rechtlichen Problematiken dargestellt und mögliche Lösungsansätze aufgezeigt.

Als Hauptursachen wurden dabei die im Rahmen der Prinzipal-Agenten-Theorie auch bei Unternehmen des Forprofit Bereichs bekannten Informations- und Kontrollprobleme identifiziert, die in Stiftungen aufgrund verschiedener rechtsformspezifischer Faktoren potenziert auftreten. Schlagwortartig zusammenfassend wurde von einer der Rechtsform Stiftung immanenten Kontrollproblematik gesprochen.

Hinsichtlich der Geeignetheit von Foundation Governance zur Lösung dieses Problemkomplexes wurde dargestellt, dass diese im Generellen von einem großen Teil der Literatur bejaht wird, während speziell bezüglich der Sinnhaftigkeit der von externer Seite verfassten Verhaltenskodizes Vorbehalte bestehen, insbesondere in Hinblick auf Fragen der Durchsetzbarkeit entsprechender Regelwerke.

Als Ziel der Foundation Governance wurde generell das Anbieten von Lösungsansätzen für die rechtsformspezifische Kontrollproblematik und die Abwehr der hieraus resultierenden Gefahren für den Stiftungszweck genannt. Spiegelbildlich zu der festgestellten Informations- und Kontrollproblematik wurden als weitere Zwischenziele einerseits eine Steigerung der Transparenz zur Relativierung von Informationsasymmetrien sowie andererseits die Implementierung von Kontrollsystemen zur Verhinderung der Folgen opportunistischer Verhaltensweisen gesehen. Speziell aus der Perspektive der einzelnen Stiftung steht die bestmögliche Umsetzung des Stiftungszwecks im Vordergrund, aus der Perspektive des Stiftungssektors dagegen vornehmlich die Reputation der Branche sowie das ihr entgegengebrachte Vertrauen.

Die Anknüpfungspunkte der Foundation Governance greifen die Ursachen für die Potenzierung der festgestellten Problembereiche in Stiftungen auf. Hinsichtlich der Informationsproblematik steht demnach die Schaffung transparenter Strukturen im Vordergrund, in Hinblick auf die Kontrollproblematik geht es primär um das Kompensieren der fehlenden Kapitalmarktkontrolle, Eigentümerkontrolle beziehungsweise eingeschränkter staatlicher Kontrollmechanismen. Schließlich wurden als mögliche materielle Regelungsbereiche der Foundation Governance Steuerung und Organisationsstruktur, Verwaltung und Handlungsabläufe sowie die Informationspolitik genannt.

5 Überblick über bestehende Regelwerke der Foundation Governance

Der folgende Abschnitt soll einen Überblick über verschiedene bereits bestehende Regelwerke beziehungsweise entsprechende Entwürfe in dem Bereich Foundation Governance geben. Insofern betreffen die nachfolgenden Ausführungen Foundation Governance in Form von extern an die Stiftungen herangetragenen Kodizes. Die Darstellung soll zunächst rein deskriptiver Natur sein, ihre Analyse - in formeller und materieller Hinsicht - folgt in den Abschnitten 6 und 7. Es ist zu unterscheiden zwischen Beispielen aus der Schweiz und Deutschland (Abschnitt 5.1)[273] sowie Beispielen auf europäischer beziehungsweise internationaler Ebene (Abschnitt 5.2).

5.1 Beispiele Schweiz und Deutschland

In der Schweiz und in Deutschland kann unterschieden werden zwischen Kodizes, die von Branchenverbänden erlassen wurden, so beispielsweise der Swiss Foundation Code (Abschnitt 5.1.1), der Swiss NPO-Code (Abschnitt 5.1.2), die Grundsätze Guter Stiftungspraxis (Abschnitt 5.1.3) oder auch der Verhaltenskodex Transparenz, Organisationsführung, Kontrolle des Verbands Entwicklungspolitik deutscher Nichtregierungsorganisationen (Abschnitt 5.1.4) sowie der Diakonische Corporate Governance Kodex (Abschnitt 5.1.5). Daneben bestehen Regelungen betreffend Gütesiegel für Nonprofit Organisationen, wie beispielsweise das ZEWO-Gütesiegel (Abschnitt 5.1.6) oder das DZI-Spendensiegel (Abschnitt 5.1.7). Schließlich sollen exemplarisch private Initiativen individueller Stiftungen (Abschnitt 5.1.8) vorgestellt werden.

5.1.1 Swiss Foundation Code

Am 25. Oktober 2005 wurde in der Schweiz der Swiss Foundation Code von Swiss Foundations, dem Verband Schweizer Förderstiftungen, publiziert. Er wurde im Jahr 2009 in überarbeiteter Form herausgegeben, wobei die Zahl der Empfehlungen von 22 auf 26 erweitert und der Code um einen Kom-

---

273 Ein Überblick über weitere nationale europäische Foundation Governance Regelwerke findet sich bei Sprecher (Fn. 23), Rdnr. 31.

mentarteil ergänzt wurde.[274] Zu Swiss Foundations gehören zum Beispiel die Christoph Merian Stiftung, die Gebert Rüf Stiftung sowie die Stiftung Mercator Schweiz.

5.1.1.1 Geltungsbereich, Zielsetzungen und Verbindlichkeit

Der Swiss Foundation Code richtet sich in erster Linie an Förderstiftungen, welche über ein eigenes Vermögen beziehungsweise Erträge daraus verfügen, das zur Unterstützung von eigenen Projekten oder Projekten Dritter eingesetzt wird. Der Code geht davon aus, dass Förderstiftungen von einer zugespitzten Governance Thematik geprägt sind, da einerseits keine Interessen einer Eigentümergemeinschaft ein Gegengewicht zum Management bilden, andererseits fehle es an Spendeninteressen, so dass auch keinerlei Marktkontrolle wirken könne. Die Grundsätze des Codes gelten für Förderstiftungen verschiedener Größen, die Empfehlungen richten sich jedoch in erster Linie an große und mittelgroße Stiftungen, wobei betont wird, dass die konkreten Maßnahmen jeweils stiftungsspezifisch und damit auch in Einklang mit der Stiftungsgröße auszugestalten seien.[275]

Der Swiss Foundation Code soll die Stiftungsorgane für ihre Verantwortlichkeiten sensibilisieren. Das Hauptziel ist die Förderung einer wirkungsvollen, effizienten und transparenten Umsetzung von Stifterwille und Stiftungszweck. Die Anwendung des Codes soll Vertrauen schaffen bei Stiftern und Zustiftern, bei Destinatären, bei einer breiten Öffentlichkeit und bei den Aufsichtsbehörden. Die Grundsätze und Empfehlungen zielen auf die Stiftungspolitik und die Stiftungsstrategie ab, das heißt auf die grundsätzlichen Festlegungen in den Bereichen Gründung, Führung, Fördertätigkeit und Finanzen. Der neu ergänzte Kommentar gibt einerseits Begründungen zu den drei Grundsätzen und 26 Empfehlungen, andererseits versteht er sich als praxisorientierter Arbeitstext und soll Handlungsoptionen für konkrete Situationen, Fragestellungen und Probleme aufzeigen.[276]

Der Swiss Foundation Code hat empfehlenden Charakter. Er soll Stiftungen im Sinne der Selbstregulierung zur Überprüfung und gegebenenfalls zur Verbesserung ihrer Governance veranlassen. Indem sich Förderstiftungen selbst Leitlinien gäben, kämen sie dem Ruf nach stärkerer staatlicher

274 Swiss Foundation Code (Fn. 43).
275 Swiss Foundation Code (Fn. 43), Einleitung, S. 13.
276 Swiss Foundation Code (Fn. 43), Einleitung, S. 14.

Regelung zuvor, welche das „produktive, weil disparate Biotop der Stiftungslandschaft Schweiz" lähmen könnte.[277]

5.1.1.2 Inhaltliches

Der Swiss Foundation Code basiert auf drei zentralen Grundsätzen, die in einem wechselseitigen Wirkungszusammenhang stehen. An erster Stelle ist die wirksame Umsetzung des Stiftungszwecks genannt. Sämtliche Stiftungsorgane seien verpflichtet, den Stiftungszweck möglichst wirksam, effizient und nachhaltig umzusetzen. Zweitens wird die Herstellung von Checks und Balances gefordert. Die Stiftungsorgane hätten durch geeignete organisatorische Maßnahmen dafür Sorge zu tragen, dass bei allen wichtigen Entscheidungen und Abläufen der Stiftung ein ausgewogenes Verhältnis von Führung und Kontrolle besteht. Schließlich stellt der dritte Grundsatz Transparenz in den Mittelpunkt. Der Stiftungsrat sei verantwortlich für eine dem Stiftungszweck angemessene, möglichst große Transparenz über die Ziele, Tätigkeiten und Strukturen der Stiftung.[278]

Den Grundsätzen schließen sich 26 Empfehlungen an, die sich an strategischen Gesichtspunkten orientieren. Sie sind in die Kapitel Gründung (mit Unterkapiteln zu Stifter und Stiftungsdokumenten), Führung (mit Unterkapiteln zu Stiftungsrat, Geschäftsführung, Revisionsstelle und weiteren Organen), Förderung (mit Unterkapiteln zu Förderpolitik und -strategie, Einsatz der Stiftungsmittel, Selektion von Projekten und Durchführung von Projekten) sowie Finanzen (mit Unterkapiteln zu Beschaffung der Geldmittel, Anlage des Stiftungsvermögens, Festlegen und Umsetzen der Anlagestrategie, Kontrolle des Anlageresultats, Festlegen der Anlageorganisation und finanzielle Führung der Stiftung) gegliedert.

Im Zuge der Überarbeitung des Codes im Jahr 2009 wurden insbesondere die Empfehlungen zu dem Bereich der Finanzen ergänzt und präzisiert. Es wird betont, dass der Stiftungsrat in der Verantwortung für die finanzielle Führung der Stiftung stehe, welche wiederum die Vermögensanlage, die Budgetplanung sowie eine vollständige und transparente Rechnungslegung betreffe. Die verantwortungsvolle, kostenbewusste und professionelle Anlage des Stiftungsvermögens sei Grundlage der Leistungsfähigkeit der Stiftung. Insoweit würden die Grundsätze des Codes für das Stiftungshandeln analog gelten: erforderlich seien ein effizienter Einsatz der finanziellen Mittel (Wirksamkeit), die Trennung der Geldanlage von der Be-

277 Swiss Foundation Code (Fn. 43), Einleitung, S. 15.
278 Swiss Foundation Code (Fn. 43), Grundsätze, S. 18f.

urteilung der Anlageresultate (Checks and Balances) sowie Transparenz.[279] Daneben wurde der Grundsatz der Transparenz im Allgemeinen in den Empfehlungen bezüglich der Anforderungen an eine Stiftungskommunikation vertieft und in den dazugehörenden Kommentaren veranschaulicht. So wurde beispielsweise die Empfehlung 12 „Information der Öffentlichkeit" neu eingeführt, wonach die Stiftung über ihre Grundlagen, ihre Fördertätigkeit und ihre Verfahren zu informieren hat.[280]

5.1.2 Swiss NPO-Code

Der Swiss NPO-Code wurde am 31. März 2006 von der Konferenz der Präsidentinnen und Präsidenten großer Hilfswerke der Schweiz verabschiedet.[281] Zu den zertifizierten Organisationen zählen zum Beispiel die Caritas, der Schweizer Samariterbund, die Schweizer Berghilfe sowie der World Wildlife Fund.

5.1.2.1 Geltungsbereich, Zielsetzungen und Verbindlichkeit

Gemäß § 1 Swiss NPO-Code richtet sich das Regelwerk, in Anlehnung an den Geltungsbereich der Empfehlungen für die Rechnungslegung in großen, gemeinnützigen Organisationen (Swiss GAAP FER 21)[282], an die leitenden Organe der großen Nonprofit Organisationen mit Sitz in der Schweiz, welche gemeinnützige Leistungen im Interesse der Allgemeinheit erbringen, unabhängig von ihrer Rechtsform. Angesprochen sind damit insbesondere die großen Spenden sammelnden Hilfswerke und Sozialdienst leistenden Organisationen – in Abgrenzung zu dem Adressatenkreis des soeben vorgestellte Swiss Foundation Codes, der auf reine Vergabe- oder Förderstiftungen ohne operative Projekte Bezug nimmt.

279 Swiss Foundation Code (Fn. 43), Kommentierung, S. 99f.

280 Swiss Foundation Code (Fn. 43), Empfehlung 12, S. 73.

281 Swiss NPO-Code (Fn. 32).

282 Swiss GAAP FER, Fachempfehlungen zur Rechnungslegung. Swiss GAAP FER 21 betrifft die Rechnungslegung für gemeinnützige, soziale Nonprofit Organisationen. Der Geltungsbereich umfasst solche Organisationen, bei denen einer unbestimmten Anzahl von Spendern nicht identische Leistungsempfänger gegenüberstehen. Es finden alle übrigen FER-Standards unverändert Anwendung, zusätzlich wird die Berichterstattung um einen Leistungsbericht und um eine Rechnung über die Veränderung des Kapitals erweitert. Die Anwendung der Fachempfehlung soll ein Qualitätsmerkmal darstellen und für erhöhte Transparenz stehen.

§ 3 Swiss NPO-Code formuliert als Zielsetzung des Codes die effiziente und wirksame Erfüllung der Aufgaben von Nonprofit Organisationen. Der Swiss NPO-Code soll insbesondere die Wahrnehmung und Übernahme von Verantwortung der leitenden Organe, transparente und klare Führungsstrukturen, das Vertrauen der Öffentlichkeit, der Spendenden und der öffentlichen Hand in die Organisation, das Miteinander von ehrenamtlicher, freiwilliger und entlohnter Tätigkeit innerhalb der Organisation sowie die Transparenz durch objektive Informationen über Tätigkeit und Erfolg der Organisation fördern.

Der Swiss NPO-Code ist für diejenigen Organisationen, die sich ihm unterstellen, verbindlich. Die Prüfung der Einhaltung des Codes wird im Auftrag des Vereins Swiss NPO-Code vorgenommen, dieser hat wiederum die Stiftung ZEWO als unabhängige neutrale Institution mit der Durchführung der Prüfung beauftragt. Es ist der Grundsatz „comply or explain" vorgesehen, das heißt die beitretenden Organisationen haben sich zur Einhaltung des Codes zu verpflichten und jedwede Abweichungen im Rahmen ihrer Jahresberichte einzeln und substantiell auszuweisen und zu begründen.

5.1.2.2 Inhaltliches

§ 4 Swiss NPO-Code formuliert Schwerpunkte der Nonprofit Governance in verschiedenen Bereichen, namentlich der Gewaltenteilung, der Verantwortung und Effizienz, der Transparenz, der Wahrung der Interessen von Mitgliedern, Gönnern und Freiwilligen sowie der Wahrung der Interessen von Spenderinnen und Spendern. Diese Grundsätze sollen das ethische Gerüst des Governance Handelns in Nonprofit Organisationen bilden und bei der Umsetzung des Swiss NPO-Codes im Sinne einer Leitlinie berücksichtigt werden.[283] Insbesondere § 4 Abs. 4 Swiss NPO-Code, wonach die leitenden Organe die Interessen und Rechte von Mitgliedern, Gönnerinnen und Gönnern wahren und eine wirksame Zusammenarbeit von ehrenamtlichen, freiwilligen und entlohnten Mitarbeitern gewährleisten, zeigt Unterschiede zwischen dem Swiss NPO-Code und dem Swiss Foundation Code auf: Einerseits definiert der Swiss NPO-Code einen erweiterten Kreis von Stakeholdern, andererseits wird der Tatsache, dass viele große Nonprofit Organisationen einen bedeutenden Anteil von Freiwilligen und ein Miteinander von Nebenamtlichen und Hauptamtlichen aufweisen, besonders Rechnung getragen.[284]

283 Voggensperger/Thaler, Kurzkommentar zum Swiss NPO-Code, Zürich 2006, S. 4.
284 Zurkinden-Erismann (Fn. 34), S. 1, 14.

Die Gliederung des Swiss NPO-Code orientiert sich an dem Umstand, dass sich das Regelwerk sowohl an Vereine als auch an Stiftungen richtet. Es befasst sich je ein separates Kapitel mit der Organisationsstruktur des Vereins sowie derjenigen der Stiftung. Dabei erfolgt eine klare Zuteilung der den einzelnen Organen zustehenden Aufgaben und Verantwortlichkeiten. In Hinblick auf Stiftungen wird auf die Aufgaben des obersten Organs, die Gewaltenteilung, den Schutz der Mitstifter und Gönner sowie die Aufgaben des Stiftungsrats eingegangen (§ 9 bis § 12 Swiss NPO-Code). Ein weiteres Kapitel befasst sich mit der Organisation und Arbeitsweise des obersten Leitungsorgans in Verein und Stiftung. Darin werden neben Fragen der Führungsstruktur (§ 13 bis § 16 Swiss NPO-Code) Themen wie die Unvereinbarkeit (§ 17 Swiss NPO-Code), die Vermeidung von Interessenskonflikten (§ 18 Swiss NPO-Code), der Einsatz von ständigen oder nichtständigen Ausschüssen (§ 19 Swiss NPO-Code), die Delegation von Aufgaben (§ 20 Swiss NPO-Code) sowie die Entschädigung (§ 21 Swiss NPO-Code) angesprochen. Das folgende Kapitel ist der Rolle und Aufgabe des Präsidenten sowie der Geschäftsleitung gewidmet (§ 23 und § 24 Swiss NPO-Code), ein weiteres Kapitel befasst sich mit der Rechnungslegung und Kontrolle. Insoweit wird dem Aufbau eines internen Kontrollsystems sowie dem Risikomanagement besondere Bedeutung beigemessen (§ 26 Swiss NPO-Code). Des Weiteren werden in diesem Zusammenhang die Fachempfehlungen zu Rechnungslegung Swiss GAAP FER 21 als integrierter Bestandteil des Codes erklärt (§ 25 Swiss NPO-Code). Ein letzter Bereich betrifft die Kommunikation (§ 28 und § 29 Swiss NPO-Code). Ebenso wie der Swiss Foundation Code setzt auch der Swiss NPO-Code einen Schwerpunk bei der Transparenz, das oberste Leitungsorgan wird für eine zielgruppen- und zeitgerechte transparente Kommunikation verantwortlich erklärt.[285]

5.1.3 Grundsätze Guter Stiftungspraxis

Auch in Deutschland finden sich Governance Regelwerke für Stiftungen. So hat die Mitgliederversammlung des Bundesverbandes Deutscher Stiftungen am 11. Mai 2006 die Grundsätze Guter Stiftungspraxis verabschiedet.[286] Die Grundsätze werden fortlaufen weiterentwickelt und sind letztmalig im August 2010 in überarbeiteter Form veröffentlicht worden. Seit dem Jahr 2006 haben sich verschiedene Stiftungen zu diesen Grundsätzen bekannt.

285 Zurkinden-Erismann (Fn. 34), S. 1, 14.

286 Grundsätze Guter Stiftungspraxis (Fn. 45).

Dies teilweise durch einen Gremienbeschluss, wonach die Grundsätze Guter Stiftungspraxis ohne jegliche Änderungen als Teil der Stiftungsregularien intern verbindlich gemacht werden (so geschehen zum Beispiel bei der E.W. Kuhlmann-Stiftung in Hamburg), teils werden die Grundsätze für die Belange der jeweiligen Stiftung adaptiert, als Orientierungsrahmen genutzt und ergänzt (so zum Beispiel bei der Stiftung Bertelsmann oder der Siemens-Stiftung).

5.1.3.1 Geltungsbereich, Zielsetzungen und Verbindlichkeit

Die Grundsätze Guter Stiftungspraxis gelten für alle gemeinwohlorientierten Stiftungen, unabhängig davon, in welcher Rechtsform sie verfasst sind. Der zugrunde gelegte Stiftungsbegriff ist demnach an materiellen Kriterien orientiert.[287] Dementsprechend fallen in den Geltungsbereich der Grundsätze neben rechtsfähigen Stiftungen zum Beispiel auch Stiftungsgesellschaften, Stiftungsvereine oder auch treuhänderische Stiftungen.

Ziel der Grundsätze Guter Stiftungspraxis ist einerseits die Sammlung aktueller Handlungsempfehlungen, andererseits soll ein Orientierungsrahmen für effektives und uneigennütziges Stiftungshandeln gegeben werden. Die Grundsätze richten sich primär an Stiftungsorgane, Stiftungsverwalter und Stiftungsmitarbeiter, können jedoch auch potentiellen Stiftern bei der Gründung einer Stiftung eine Hilfe sein.[288] Sie sollen das Bewusstsein aller Beteiligten für die Vermeidung von Interessenkonflikten, für die angemessene Transparenz bei der Zweckverwirklichung und für die Effizienz der Mittelverwendung schärfen.[289]

Die Grundsätze Guter Stiftungspraxis sind als Vorschläge zu Selbstverpflichtungen zu sehen und damit nicht unmittelbar verbindlich.

5.1.3.2 Inhaltliches

Die zentralen Aussagen der Grundsätze Guter Stiftungspraxis beziehen sich einerseits auf das Transparenzgebot, welches verdeutliche, dass die Bereitstellung von Informationen ein Ausdruck der originären Verantwortung jeder gemeinnützigen Organisation gegenüber der Gesellschaft ist und die Vertrauensbildung fördere. Einen weiteren Schwerpunkt bilden die Ausführungen zur Vermeidung von Interessenkonflikten zwischen dem am Ge-

---

287 Grundsätze Guter Stiftungspraxis (Fn. 45), S. 8.
288 Grundsätze Guter Stiftungspraxis (Fn. 45), Vorwort, S. 3f.
289 Grundsätze Guter Stiftungspraxis (Fn. 45), Präambel, S. 7.

meinwohl ausgerichteten Stiftungsauftrag und privaten Interessen der handelnden Personen. Ein dritter Bereich betrifft die wirkungsvolle Organisation der Stiftungsverwaltung und die Rolle der Stiftungsverantwortlichen als Treuhänder des Stiftungszweckes, wobei hervorgehoben wird, dass die Mitglieder von Kontroll- und Beratungsgremien grundsätzlich unabhängig von den für die operative Tätigkeit verantwortlichen Organen sein sollen. Schließlich werden die Wirtschaftlichkeit und die Effizienz des Stiftungshandelns hervorgehoben, wozu auch eine regelmäßige Überprüfung der Wirksamkeit der Stiftungsprogramme, vor allem im Hinblick auf die Verwirklichung des Satzungszwecks zählt.[290] Die Grundsätze Guter Stiftungspraxis sollen in Anbetracht der Vielfalt von Stiftungen je nach Größe, Zweck und Art der Aufgabenwahrnehmung den jeweiligen Gegebenheiten individuell angepasst werden.[291]

Der Anhang zu den Grundsätzen enthält zusätzliche Orientierungsregeln für einzelne, besondere Stiftungssegmente, die jedoch inhaltlich auf den Grundsätzen guter Stiftungspraxis basieren. Dies betrifft die „Zehn Merkmale einer Bürgerstiftung", verabschiedet vom Arbeitskreis Bürgerstiftungen des Bundesverbandes Deutscher Stiftungen im Mai 2000; die „Empfehlungen für die Verwaltung kommunaler Stiftungen", verabschiedet vom Arbeitskreis Kommunales des Bundesverbandes Deutscher Stiftungen im Oktober 2004; die „Empfehlungen für die Errichtung und Verwaltung von Stiftungen der öffentlichen Hand", verabschiedet vom Arbeitskreis Stiftungen der öffentlichen Hand des Bundesverbandes Deutscher Stiftungen im April 2008; die „Zehn Empfehlungen für gemeinnützige Unternehmensstiftungen", verabschiedet vom Arbeitskreis Unternehmensstiftungen des Bundesverbandes Deutscher Stiftungen im Januar 2010; sowie die „Grundsätze guter kirchlicher Stiftungspraxis", verabschiedet vom Arbeitskreis Kirchen des Bundesverbandes Deutscher Stiftungen im September 2009.[292]

5.1.4 Verhaltenskodex Transparenz, Organisationsführung und Kontrolle

Ebenfalls in Deutschland hat der Verband Entwicklungspolitik deutscher Nichtregierungsorganisationen (VENRO) am 10. Dezember 2008 den Verhaltenskodex Transparenz, Organisationsführung und Kontrolle verab-

290 Grundsätze Guter Stiftungspraxis (Fn. 45), S. 9-11.
291 Grundsätze Guter Stiftungspraxis (Fn. 45), Präambel, S. 7.
292 Grundsätze Guter Stiftungspraxis (Fn. 45), S. 12-19.

schiedet, der auf die Arbeit von Nichtregierungsorganisationen abgestimmt ist.[293] Zu den Mitgliedern zählen beispielsweise die Deutsche Stiftung Weltbevölkerung und die Stiftung Entwicklung und Frieden in Bonn, weitere Mitglieder sind Caritas International und das Deutsche Rote Kreuz. Die Richtlinien werden fortlaufend weiterentwickelt und wurden im Januar 2011 in aktualisierter Form veröffentlicht. Es bestehen separate Kodizes zu den Bereichen Öffentlichkeitsarbeit sowie Kinderrechte.[294]

5.1.4.1 Geltungsbereich, Zielsetzungen und Verbindlichkeit

Ziel des Verhaltenskodex ist es, durch gemeinsame Prinzipien und Standards eine verbesserte Qualität der zivilgesellschaftlichen Entwicklungszusammenarbeit und der humanitären Hilfe herbeizuführen und die Arbeit der VENRO-Mitglieder für die Öffentlichkeit und Spender transparent zu gestalten. Auf diesem Weg soll das Vertrauen in die Arbeit von Nichtregierungsorganisationen gestärkt werden.[295]

Mit der Annahme des Kodex verpflichten sich die VENRO-Mitgliedsorganisationen zu den in dem Kodex dargelegten Prinzipien und Standards, diese sind für alle derzeitigen und künftigen Mitglieder verbindlich. Die Verbindlichkeit des Kodex soll sichergestellt werden, indem die VENRO-Mitglieder sich verpflichten, dessen Umsetzung in einem kontinuierlichen Prozess zu begleiten, sich gegenseitig bei der Umsetzung der im Kodex festgelegten Prinzipien und Standards zu unterstützen sowie eine Verpflichtung auf die Prinzipien und Standards des Kodex zu veröffentlichen. Abweichungen von den Grundgedanken des Kodex sind jeweils zu begründen.[296]

5.1.4.2 Inhaltliches

Der Kodex gibt verbindliche Richtlinien für die Arbeit von Nichtregierungsorganisationen vor. Er enthält Prinzipien zu den Bereichen Organisationsführung, Kommunikation, Betriebsführung und Wirkungsbeobachtung. Zu letzteren drei Bereichen werden zudem Standards für die Umsetzung der jeweiligen Prinzipien formuliert.

---

293 VENRO-Verhaltenskodex (Fn. 47).

294 VENRO, VENRO-Kodex Entwicklungsbezogene Öffentlichkeitsarbeit von Dezember 1998 und VENRO-Kodex Kinderrechte von Dezember 2009, beide jeweils in der Fassung von Januar 2011 verfügbar unter www.venro.org/venro0.html.

295 VENRO-Verhaltenskodex (Fn. 47), Präambel, S. 3.

296 VENRO-Verhaltenskodex (Fn. 47), Abschnitt 5.1, S. 10.

Die Prinzipien fordern von den Mitgliedern unter anderem, dass Leitungsaufgaben und die Aufsicht des Leitungsorgans von unterschiedlichen Organen wahrgenommen werden (Abschnitt 1.1). Weitere Forderungen betreffen eine offene, wahrhaftige und umfassende Rechenschaft über Arbeit, Aktivitäten, Finanzen und Strukturen sowie eine transparente Kommunikation gegenüber Stakeholdern (Abschnitt 2.1), ein wirtschaftliches Handeln mit dem jeweils günstigsten Verhältnis zwischen Zielerreichung und Mitteleinsatz (Abschnitt 3.1) sowie eine wirkungsorientierte Arbeitsweise, wobei die angestrebten Wirkungen zu beschreiben und erzielte Wirkungen auszuwerten sind (Abschnitt 4.1).

5.1.5 Diakonischer Corporate Governance Kodex

Als weiteres Beispiel sei der Corporate Governance Kodex des Diakonischen Werkes der Evangelischen Kirche in Deutschland genannt[297], der das deutsche Corporate Governance System auf den diakonischen Bereich transparent und nachvollziehbar übertragen soll. Der Kodex richtet sich an alle Einrichtungen der Diakonie, wobei im Rahmen seiner Anwendung die unterschiedlichen Rechtsformen und Größen der Einrichtungen Berücksichtigung finden sollen. Das Regelwerk beschreibt wesentliche Grundlagen zur Stärkung der diakonischen Einrichtungskultur, insbesondere durch die Optimierung der Leitung und Überwachung diakonischer Einrichtungen. Der Kodex enthält Standards und Empfehlungen guter und verantwortungsvoller Einrichtungsführung.[298]

Inhaltlich ist der Kodex in die Bereiche „Zusammenwirken der Organe der Einrichtung sowie der Einrichtung mit der Kirche“ (Abschnitt 2), „Zusammenarbeit mit dem Spitzenverband“ (Abschnitt 3) sowie „Abschlussprüfung“ (Abschnitt 4) untergliedert. Ziel des ersteren und umfangreichsten Abschnitts ist einerseits eine verbesserte Transparenz der jeweiligen Einrichtungen und damit eine Stärkung des Vertrauens in die Qualität der Arbeit der Diakonie und die Führung ihrer Einrichtungen und Dienste. Andererseits soll eine Optimierung der Kommunikations- und Verwaltungsstruktur sowie eine Steigerung der Wirtschaftlichkeit der Einrichtungen erreicht werden. Zu diesem Zweck wird ein duales Führungssystem vorgegeben, das zwischen dem Vorstand als Einrichtungsleitung und einem Aufsichtsgremium unterscheidet. In Abschnitt 3 gibt der Kodex vor, dass sich

297 Diakonischer Corporate Governance Kodex (Fn. 48).

298 Diakonischer Corporate Governance Kodex (Fn. 48), Vorbemerkung, S. 1.

der Vorstand als Einrichtungsvertretung an verbandsinternen Maßnahmen und Instrumenten, insbesondere zum Risikomanagement, beteiligen soll. Schließlich wird in Abschnitt 4 eine Abschlussprüfung empfohlen.

Der Kodex zielt auf ein hohes Maß an Verbindlichkeit ab. Die Aussagen der Einrichtungen hinsichtlich der Einhaltung einzelner Bestimmungen des Regelwerks, das heißt die Übereinstimmung der Vorgaben des Kodex mit dem tatsächlichen Zusammenwirken der Organe, sollen von Wirtschaftsprüfern testiert werden.[299]

5.1.6 ZEWO-Gütesiegel

Die Stiftung ZEWO ist die schweizerische Zertifizierungsstelle für gemeinnützige, Spenden sammelnde Organisationen. Sie prüft gemeinnützige Organisationen in Hinblick auf bestimmte Kriterien und verleiht ein Gütesiegel, wenn ihre Anforderungen erfüllt sind. Das aktuelle Reglement über das ZEWO-Gütesiegel für gemeinnützige Organisationen[300] trat zum 1. Januar 2002 in Kraft und wurde zuletzt mit Wirkung zum 1. Januar 2009 aktualisiert. ZEWO-zertifiziert sind beispielsweise die Pestalozzi-Stiftung in Zürich sowie die Schweizerische Herzstiftung oder die Stiftung SOS-Kinderdorf Schweiz.

5.1.6.1 Geltungsbereich, Zielsetzungen und Verbindlichkeit

Das ZEWO-Gütesiegel zeichnet gemeinnützige Organisationen für den gewissenhaften Umgang mit den ihnen anvertrauten Geldern aus. Gemäß Art. 1 der ZEWO-Standards soll durch die Verleihung des Gütesiegels gegenüber der Öffentlichkeit gewährleistet werden, dass deren Spenden jenen Projekten zufließen, die sie sich auf Grund der Spendenaufrufe vorgestellt haben; zugleich soll die Ethik des Sammlungswesens gefördert werden. Art. 2 der ZEWO-Standards bestimmt, dass das Gütesiegel ausschließlich solchen Organisationen zur Verfügung gestellt wird, die ihre Spendengelder zweckbestimmt, wirksam und wirtschaftlich einsetzen, die die Lauterkeit in der Mittelbeschaffung und in der Kommunikation nach innen und außen wahren und die transparent hinsichtlich ihrer Tätigkeit sowie ihrer Rechnungslegung handeln.

---

299 Diakonischer Corporate Governance Kodex (Fn. 48), Vorbemerkung, S. 2.

300 Reglement ZEWO-Gütesiegel (Fn. 44).

Das Verfahren für die Verleihung des ZEWO-Gütesiegels ist in einem separaten Reglement verbindlich festgelegt.[301] Danach gliedert sich das Zertifizierungsverfahren erstens in eine Vorprüfung mit dem Ziel, die Gemeinnützigkeit der gesuchstellenden Institution sowie deren Konformität mit den ZEWO-Standards anhand einer umfassenden Dokumentation in einem Aktenverfahren zu prüfen sowie zweitens in eine Hauptprüfung mit dem Ziel, die ZEWO-Konformität einer gemeinnützigen Institution abschließend zu beurteilen. Bei positiver Prüfung wird das ZEWO-Gütesiegel durch die Geschäftsstelle verliehen. Es darf dann für 5 Jahre geführt werden, nach deren Ablauf eine Rezertifizierung eingeleitet werden muss, soll das Siegel für einen längeren Zeitraum geführt werden. Die betreffende Organisation ist verpflichtet, die ZEWO-Standards gemäß den geltenden Reglementen einzuhalten und periodisch beziehungsweise bei wesentlichen Veränderungen Informationen zur Verfügung zu stellen. Im Falle der Nichteinhaltung hat die Stiftung ZEWO das Recht Sanktionen zu erlassen, in Betracht kommt insoweit unter anderem der Entzug des Gütesiegels.

5.1.6.2 Inhaltliches

Hinsichtlich der inhaltlichen Anforderungen differenzieren die ZEWO-Standards zwischen vier Bereichen. Diese betreffen einerseits die gemeinnützige Zielsetzung der zu zertifizierenden Organisationen, andererseits organisatorische Kriterien, des Weiteren die Sammlungstätigkeit der jeweiligen Organisationen und schließlich Rechnungslegung und Revision.

In Bezug auf die gemeinnützige Zielsetzung verlangt Art. 5 der ZEWO-Standards, dass die Organisation Gewähr dafür bietet, das angegebene Ziel in zweckmäßiger, wirksamer und wirtschaftlicher Weise zu verfolgen. Gemeinnützige Projekte haben die Prinzipien von Qualität, Nachhaltigkeit, Umweltverträglichkeit und Gerechtigkeit zu beachten.

Die organisatorischen Vorgaben sind in Art. 6 der ZEWO-Standards geregelt. Sie beinhalten Regelungen zu der Zusammensetzung der Organe und ordnen eine personelle Trennung zwischen dem leitenden und dem ausführenden Organ an, welche durch die klare Definition von Kompetenzen in einem Geschäftsreglement zu gewährleisten sei. Durch eine angemessene interne Kontrolle sei ein ordnungsgemäßer Ablauf des betrieblichen Geschehens sicherzustellen. Des Weiteren werden Ausführungen zu der Honorierung von ehren- und hauptamtlichen Mitarbeitern gemacht. Spezielle

301 Stiftung ZEWO, Reglement über das Erst- und Rezertifizierungsverfahren, Februar 2008, verfügbar unter www.zewo.ch/label/standards.html.

Vorschriften gelten gemäß Art. 7 bis 9 der ZEWO-Standards jeweils für Unterorganisationen, Gönnervereine und Fundraiser.

Basierend auf Art. 10 der ZEWO-Standards wurde ein Reglement über die öffentliche Sammlungstätigkeit der Organisationen erlassen.[302] Dieses fordert neben der gegenseitigen Rücksichtnahme zwischen den Organisationen untereinander insbesondere Lauterkeit in der Mittelbeschaffung und in der Kommunikation nach innen und außen sowie schließlich Wirtschaftlichkeit, Professionalität und Ethik im Sammlungswesen.

Art. 11 und 12 der ZEWO-Standards verlangen schließlich von den Organisationen eine aussagekräftige, nach den Grundsätzen der kaufmännischen Buchführung eingerichtete Buchhaltung. Es sind ein Jahresbericht, eine nach den in Swiss GAAP FER festgelegten Grundlagen und Grundsätzen ordnungsgemäßer Rechnungslegung zu erstellende Jahresrechnung sowie einen Leistungsbericht vorzulegen. Die Buchführung und die Jahresrechnung sind dabei von einer Revisionsstelle prüfen zu lassen. Detaillierte Vorgaben sind in den entsprechenden Ausführungsbestimmungen zu finden.[303]

5.1.7 DZI Spendensiegel

Ähnlich dem Gütesiegel der Stiftung ZEWO konzipiert ist auch das Spendensiegel des Deutschen Zentralinstituts für Soziale Fragen (DZI). Überregional Spenden sammelnde, gemeinnützige Organisationen können sich im Wege der freiwilligen Selbstverpflichtung der neutralen Überprüfung durch das DZI unterziehen und ihre geprüfte Seriosität durch das DZI Spendensiegel nach außen hin dokumentieren. Das DZI-Spendensiegel wurde im Jahr 1992 eingeführt, die aktuellen Leitlinien sind zum Januar 2011 in Kraft getreten.[304] Das Spendensiegel wurde beispielsweise der Deutschen AIDS-Stiftung oder der Stiftung Menschen für Menschen in München zuerkannt.

5.1.7.1 Geltungsbereich, Zielsetzungen und Verbindlichkeit

Ziel des DZI Spenden-Siegels ist es, Bewusstsein zu schaffen, Vertrauen zu fördern und die Hilfsbereitschaft der Menschen zu erhalten. Es soll als Orientierungs- und Entscheidungshilfe für potentielle Spender dienen, die Ver-

---

302 Stiftung ZEWO, Reglement über die Sammlungstätigkeit für gemeinnützige Zwecke, Januar 2007, verfügbar unter www.zewo.ch/label/standards.html.

303 Stiftung ZEWO, Anforderungen an die Revision von Organisationen mit ZEWO-Gütesiegel, November 2008, verfügbar unter www.zewo.ch/label/standards.html.

304 Leitlinien DZI Spenden-Siegel (Fn. 49).

gleichbarkeit der Organisationen untereinander erhöhen, den Spendenmarkt übersichtlicher machen und auf diesem Wege für eine wirkungsvollere Hilfeleistung sorgen.[305] Zusammenfassend lauten die Zielsetzungen Spenderschutz durch Sicherheit bei der Spendenentscheidung, Spendenschutz durch Transparenz sowie Steuerschutz durch Gewährleistung einer sinnvollen Verwendung der durch Steuerbegünstigungen erlangten Mittel.[306]

Das DZI Spendensiegel wendet sich an alle als steuerbegünstigt im Sinne der §§ 51 ff. AO anerkannten Organisationen, welche ihre Arbeit durch überregionale Spendensammlungen finanzieren. Das Spendensiegel wird, jeweils auf Antrag, nur solchen Organisationen zuerkannt, welche die in den Spendensiegel-Leitlinien aufgeführten Anforderungen tatsächlich erfüllen und sich dem entsprechenden Prüfverfahren unterziehen. Dabei beruht die Zuerkennung des Spendensiegels grundsätzlich auf Daten der Vergangenheit und auf einer entsprechenden Selbstverpflichtung für die Zukunft. Das Spendensiegel wird durch das DZI zuerkannt, wenn die Auswertung der eingereichten Unterlagen mit positivem Ergebnis abgeschlossen wurde. Das Spendensiegel gilt ab dem Zeitpunkt der Erteilung und für die vier darauffolgenden Quartale, im Anschluss daran kann eine Erneuerungsprüfung beantragt werden. Sollten Umstände bekannt werden, die einer Zuerkennung des Siegels entgegenstanden oder entgegenstehen, ist das DZI berechtigt, das Spendensiegel auch vor Ablauf der Geltungsdauer zu entziehen.[307]

5.1.7.2 Inhaltliches

Die Spendensiegel-Standards gliedern sich in sieben Abschnitte.[308] Ein erster Abschnitt beinhaltet eine allgemeine Compliance-Regel sowie Vorgaben zu den Zielen der Organisation. Ein zweiter Abschnitt betrifft die Führungsstruktur und bestimmt, dass die Organisationen über angemessene Leitungs- und Aufsichtsstrukturen verfügen müssen, welche die Kompetenzen eindeutig regeln und eine Trennung von Leitung und Aufsicht gewährleisten. In einem nächsten Abschnitt werden detaillierte Vorgaben zur Werbung und Öffentlichkeitsarbeit gemacht. Danach haben die Organisation

305 Hinweise zum DZI Spenden-Siegel, verfügbar unter www.dzi.de/Hinweise.htm.

306 Spenderberatung und DZI Spenden-Siegel – Zahlen und Fakten, verfügbar unter www.dzi.de/downloads.htm.

307 Leitlinien DZI Spenden-Siegel (Fn. 49), Abschnitt III: Verfahrensregelungen, S. 11-14.

308 Leitlinien DZI Spenden-Siegel (Fn. 49), Abschnitt II: Spenden-Siegel-Standards, S. 4-10.

klar, wahr, sachlich und offen über ihr Anliegen, ihre Struktur und ihre Arbeit zu informieren und dabei die Würde der Betroffenen zu achten. Es folgen Abschnitte mit Vorgaben zu der Mittelverwendung sowie den Vergütungen der Mitarbeiter und Organmitglieder. Ein weiterer Abschnitt betrifft die Rechnungslegung und Prüfung. Danach müssen die Organisationen bis spätestens zwölf Monate nach Ablauf eines Geschäftsjahres eine vollständige, aussagekräftige und geprüfte Rechnungslegung über das Geschäftsjahr vorlegen. Art und Umfang der Rechnungslegung und deren Prüfung differieren dabei in Abhängigkeit von den jährlichen Gesamteinnahmen der zu prüfenden Organisation. Die Anforderungen reichen von der Erstellung einer einfachen Einnahmen- und Ausgabenrechnung unterzeichnet durch den Vorstand für Organisationen, deren jährliche Gesamteinnahmen in zwei Folgejahren 250.000 € nicht übersteigen, bis zu einem nach handelsrechtlichen Grundsätzen erstellten Jahresabschluss, geprüft durch einen Wirtschafts- beziehungsweise Buchprüfer, für Organisationen deren jährliche Gesamterträge mindestens zwei Jahre in Folge mehr als 10 Mio. EUR betragen. Ein letzter Abschnitt bestimmt Vorgaben zur Transparenz, insbesondere hat die Organisation offen und umfassend über ihre Arbeit, Strukturen und Finanzen zu berichten und einen Jahresbericht auf ihrer Website zu veröffentlichen.

5.1.8 Initiativen Privater Stiftungen

Teilweise haben gemeinsame Initiativen privater Stiftungen eigene Governance Regelwerke entwickelt, abgestimmt auf die speziellen Bedürfnisse der jeweiligen Organisationen. In diesem Zusammenhang soll insbesondere auf ein Projekt großer deutscher Stiftungen, unter anderem die Volkswagenstiftung in Hannover oder die Stiftung Mercator in Essen, eingegangen werden, welche die Grundsätze Guter Stiftungspraxis des Bundesverbandes Deutscher Stiftungen zum Anlass genommen haben, den Transparenzgedanken weiterzuentwickeln. Daraus entstanden sind 20 Prinzipien Guter Stiftungspraxis, die Standards unter den größeren deutschen Stiftungen definieren und zusätzlich über die gelebte Praxis verbindlich informieren sollen.[309]

Die Prinzipien gliedern sich in drei Hauptteile: Governance (Nr. 1 - 8), Zweckverwirklichung (Nr. 9 - 12) sowie Finanz- und Rechnungswesen (Nr. 13 - 20).

---

309 20 Prinzipien Guter Stiftungspraxis (Fn. 46).

Der Bereich Governance beschäftigt sich mit organisatorischen und strukturellen Fragen. Vorangestellt ist eine Compliance-Regelung, die von den Stiftungsorganen ein gesetzes- und satzungskonformes Handeln fordert. Des Weiteren wird festgelegt, dass die Rechte und Pflichten der Organmitglieder in einer Geschäftsordnung festgelegt werden, die auch Bestimmungen zur Beschlussfassung enthält. Von der Beschlussfassung ausgeschlossen sollen Organmitglieder sein, die aufgrund wesentlicher Beziehungen zu Destinatären die Besorgnis der Befangenheit begründen.

In Hinblick auf den Bereich der Zweckverwirklichung wird zunächst bestimmt, dass die Ressourcen der Stiftung ausschließlich zur Verwirklichung der satzungsgemäßen Zwecke genutzt werden, wobei Monitoring und Evaluation die bestmögliche Zweckverwirklichung gewährleisteten. Die Ziele und Tätigkeitsschwerpunkte der Stiftung seien für die Öffentlichkeit transparent darzustellen, über die Aktivitäten der Stiftung sei periodisch in einem Jahresbericht zu informieren.

In Bezug auf das Finanzwesen wird bestimmt, dass Ausgaben auf der Basis eines Wirtschaftsplans erfolgen sollen. Die Anlage des disponiblen Stiftungsvermögens solle den Grundsätzen der Risikodiversifizierung folgen, der Zahlungsverkehr sei transparent zu gestalten. Ein Finanzcontrolling sichere die Realisierung der angestrebten Finanzierungsziele, die zweckgemäße Verwendung der Mittel durch Dritte unterliege einer internen Prüfung. Die Stiftungsbehörde solle jährlich einen Bericht über die Erfüllung des Stiftungszwecks sowie eine Jahresrechnung erhalten. Die Rechnungslegung erfolge nach allgemein anerkannten Rechnungslegungsgrundsätzen und werde durch ein Wirtschaftsprüfungsunternehmen geprüft und testiert.

5.2 Internationale Beispiele

Im Folgenden sollen Foundation Governance Regelungen auf europäischer und internationaler Ebene dargestellt werden. Dabei soll zunächst auf die entsprechenden Initiativen der Europäischen Kommission (Abschnitt 5.2.1) sowie auf Bezüge der Foundation Governance im Rahmen der geplanten Rechtsform der Europäischen Stiftung (Abschnitt 5.2.2) eingegangen werden. Im Anschluss sollen die Principles of Good Practice des European Foundation Centres (Abschnitt 5.2.3) sowie die Principles of Accountability for International Philanthropy (Abschnitt 5.2.4) vorgestellt werden. Schließlich sind die Special Recommendation No. VIII sowie die entsprechenden Best Practices-Empfehlungen der Financial Action Task Force on

Money Laundering (Abschnitt 5.2.5) sowie die US-Amerikanischen Anti Terrorist Financing Guidelines, Voluntary Best Practices for US-based Charities (Abschnitt 5.2.6) Gegenstand der Darstellung.

5.2.1 Europäische Kommission

Die Europäische Kommission ist bereits in ihrer Mitteilung über die Prävention und Bekämpfung von Terrorismusfinanzierung vom 20. Oktober 2004 auf die diesbezügliche Situation in gemeinnützigen Organisationen eingegangen.[310] Dabei wurde einerseits festgehalten, dass Überlegungen über ein EU-weit geltendes Mindestmaß an Regeln zur Erhöhung der Transparenz des Sektors erforderlich seien und andererseits angedeutet, dass eine verbindliche Verordnung oder ein Verhaltenskodex für diesen Sektor in Frage kämen. Auch der Rat der Europäischen Union hat in seiner Erklärung vom 13. Juli 2005 in der Folge der Anschläge in London die Union aufgefordert, einen Verhaltenskodex zur Vermeidung des Missbrauchs von gemeinnützigen Einrichtungen durch Terroristen anzunehmen. Ein entsprechender Kodex solle die gemeinnützigen Einrichtungen vor jeglicher Form des kriminellen Missbrauchs schützen, ohne dabei jedoch Spender abzuschrecken.[311]

5.2.1.1 Mitteilung vom 29. November 2005

In Ihrer Mitteilung über die Prävention und Bekämpfung von Terrorismusfinanzierung vom 29. November 2005 geht die Kommission in einem ersten Abschnitt auf die Koordination der involvierten nationalen Strukturen ein. Ein zweiter Abschnitt beschäftigt sich mit dem Missbrauch von gemeinnützigen Organisationen zur Unterstützung der Terrorismusfinanzierung sowie anderer Straftaten und beinhaltet im Anhang an die Mitgliedstaaten gerichtete Empfehlungen samt dem Entwurf eines Verhaltenskodex. Erklärtes Ziel ist es dabei, das Vertrauen von Spendern zu stärken, die Spendenfreudigkeit zu erhöhen und gleichzeitig das Risiko eines Missbrauchs für kriminelle Zwecke auszuschließen oder zumindest zu mindern. Die Kommission weist darauf hin, dass bei der Umsetzung des Konzepts auf europäischer

310 Europäische Kommission, KOM (2004) 700 endgültig, (Fn. 92), S. 8f.

311 Rat der Europäischen Union, Mitteilung an die Presse, Außerordentliche Tagung des Rates Justiz und Inneres, Brüssel, den 13. Juli 2005, verfügbar unter http://register.consilium.europa.eu/pdf/de/05/st11/st11116. de05.pdf, S. 7.

Ebene ein ausgewogenes Verhältnis zwischen staatlicher Regulierung und Selbstregulierung des gemeinnützigen Sektors anzustreben sei.[312]

Ziel der Empfehlungen an die Mitgliedstaaten ist es die gemeinnützigen Organisationen zu mehr Transparenz und einer besseren Buchführung in ihrer täglichen Verwaltungspraxis zu ermutigen. Das Missbrauchsrisiko für den gemeinnützigen Sektor soll gemindert werden, ohne seine Belastungen zu vergrößern. Insbesondere dürfe nichts unternommen werden, was die Arbeit der überwiegenden Mehrheit der gemeinnützigen Organisationen, die auf nationaler, europäischer oder internationaler Ebene rechtmäßig tätig sind, gefährden oder ihren Ruf schädigen könnte. Ferner sei bei der Entwicklung gemeinsamer Grundsätze zu berücksichtigen, dass ein Gesamtkonzept für sämtliche gemeinnützige Organisationen aus Gründen der Diversität nicht sinnvoll wäre.[313]

Im Einzelnen wird zunächst die Überwachung des gemeinnützigen Sektors empfohlen. Zum anderen werden als Maßnahmen zur Gewährleistung der Einhaltung des vorgeschlagenen Verhaltenskodex beispielsweise die Einführung geeigneter Registrierungs-, Transparenz- und Buchführungsstandards oder die Anregung der privaten Überwachungsstellen sowie der entsprechenden Dachverbände zur Einführung von Gütesiegeln genannt. Des Weiteren werden Maßnahmen zur Sensibilisierung der für einen Missbrauch zur Terrorismusfinanzierung und zur Begehung anderer Straftaten anfälligen gemeinnützigen Organisationen empfohlen, wie beispielsweise Aufklärungsprogramme und Leitlinien. Schließlich werden Empfehlungen betreffend Untersuchungen über den Missbrauch des gemeinnützigen Sektors vorgelegt.[314]

Der Entwurf des Verhaltenskodex soll allgemeine, gemeinsame Mindeststandards für die Transparenz der gemeinnützigen Organisationen in der Europäischen Union festlegen und die Diskussion über dieses Thema ausweiten. Durch die Anwendung der Regeln zeigten die Organisationen das Verantwortungsbewusstsein, das sie der Öffentlichkeit für deren Spendenbereitschaft schuldig seien und schützten sich vor etwaigem Missbrauch. Gemäß dem Kodex sollen sich die gemeinnützigen Organisationen auf die Erfüllung ihrer Aufgaben beschränken und ihre Ressourcen für diese Zwecke einsetzen. Für die Einhaltung der gesetzlichen Vorschriften soll jeweils die höchste Führungsebene der Organisation verantwortlich sein.

312 Europäische Kommission, KOM (2005) 620 endgültig (Fn. 50), S. 11f.

313 Europäische Kommission, KOM (2005) 620 endgültig (Fn. 50), S. 14.

314 Zu den Empfehlungen an die Mitgliedstaaten: Europäische Kommission, KOM (2005) 620 endgültig (Fn. 50), S. 14-17.

Des Weiteren sollen gemeinnützige Organisationen ein Dokument mit den zur Identifizierung der Organisation nötigen Informationen ausstellen, das regelmäßig aktualisiert wird. Gemeinnützige Organisationen sollen eine ordnungsgemäße Buchführung einschließlich Jahresbilanzen und Haushaltsbericht durchführen, wobei für kleinere Organisationen vereinfachte Buchführungs- und Meldepflichten gelten sollen. Sofern eine zumutbare Möglichkeit zur Nutzung des offiziellen Finanzsystems besteht, sollen Finanztransaktionen stets über offizielle Kanäle abgewickelt werden. Für solche Geldmittel, die in Bereiche außerhalb der für die Organisation zuständigen Gerichtsbarkeit beziehungsweise ins Ausland überwiesen werden, sollen vollständige Prüfpfade erstellt werden. Schließlich sollen alle gemeinnützigen Organisationen die Identität und Glaubwürdigkeit ihrer Begünstigten sowie derjenigen gemeinnützigen Organisationen, mit denen sie direkte Verbindungen unterhalten, einer Prüfung unterziehen.[315]

5.2.1.2 Weitere Entwicklungen

Der Rat „Justiz und Inneres" der Europäischen Union hat in seiner Sitzung am 1. und 2. Dezember 2005 die Mitteilung der Kommission bekräftig und nochmals festgestellt, dass Transparenz, Rechenschaftspflicht und verantwortungsvolle Führung die zentralen Voraussetzungen für das Vertrauen der Geber und für Rechtschaffenheit im gemeinnützigen Sektor seien.[316]

Im Jahr 2008 gab die ehemalige Generaldirektion Justiz, Freiheit und Sicherheit der Europäischen Kommission eine Studie zur Beurteilung des Ausmaßes des Missbrauchs von Nonprofit Organisationen für finanzkriminelle Zwecke auf EU-Ebene in Auftrag[317], welche zu dem Ergebnis kam, dass die Ausdehnung des finanziellen Missbrauchs von Nonprofit Organisationen zwar begrenzt, ein gewisses Niveau kriminellen und terroristischen Missbrauchs aber dennoch festzustellen wäre. Im Jahr 2009 gab die Generaldirektion eine weitere Studie betreffend öffentlicher und selbstregulatorischer Initiativen zur Verbesserung der Transparenz und Rechnungsle-

315 Zu dem Entwurf des Verhaltenskodex: Europäische Kommission, KOM (2005) 620 endgültig (Fn. 50), S. 17-19.

316 Rat der Europäischen Union, Mitteilung an die Presse, Tagung des Rates Justiz und Inneres, Brüssel, den 1./2. Dezember 2005, verfügbar unter http://register. consilium. europa.eu/pdf/de/05/st14/st14390.de05.pdf, S. 32.

317 Europäische Kommission, Generaldirektion Justiz, Freiheit und Sicherheit, Study to Assess the Extent of Abuse of Non-Profit Organisations for Financial Criminal Purposes at EU Level, 3. April 2008, verfügbar unter http://ec.europa.eu/home-affairs/doc_centre/terrorism/terrorism_financing_en.htm.

gung von Nonprofit Organisationen in der Europäischen Union in Auftrag.[318] Die Studie konnte insgesamt 140 entsprechende Initiativen identifizieren und kam zu dem Schluss, dass sowohl die öffentliche Regulierung als auch die Selbstregulierung wichtige Rollen spielen und als sich ergänzende Mittel im Rahmen einer Ko-Regulierung bei der Erreichung eines optimalen Zustands hinsichtlich Rechnungslegung und Transparenz gesehen werden sollten.

In ihrem Aktionsplan zu Umsetzung des Stockholmer Programms zur Neuausrichtung der Sicherheitspolitik kündigt die Europäische Kommission eine Mitteilung über freiwillige Leitlinien für gemeinnützige Organisationen in der EU zur Bekämpfung der Terrorismusfinanzierung für das Jahr 2011 an.[319]

5.2.2 Geplante Rechtsform: Europäische Stiftung

In den vergangenen Jahren gab es verschiedene Initiativen hinsichtlich der Rechtsform der Europäischen Stiftung. Insofern ist einerseits der Entwurf eines Europäischen Stiftungsstatus des European Foundation Centre von Januar 2005 zu nennen (im Folgenden: EFC-Entwurf)[320], andererseits hat eine Arbeitsgruppe internationaler Wissenschaftler und Stiftungspraktiker eine Studie zur Möglichkeit einer europäischen Stiftung erarbeitet und im Jahr 2006 einen entsprechenden Gesetzesentwurf vorgestellt (im Folgenden: European Foundation Projekt).[321] Bei beiden Modellen handelt es sich jeweils um Vorschläge für eine supranationale, neben dem Recht der Einzelstaaten bestehende Rechtsform für grenzüberschreitende gemeinnützige Stiftungstätigkeit.[322] Im Jahr 2007 gab die Europäische Kommission eine „Durchführbarkeitsstudie über einen möglichen Status der Europäischen Stiftung“ bei einem Wissenschaftskonsortium in Auftrag, bestehend aus

318 Europäische Kommission, Generaldirektion Justiz, Freiheit und Sicherheit, Study on Recent Public and Self-Regulatory Initiatives Improving Transparency and Accountability of Non-Profit Organisations in the European Union, April 2009, verfügbar unter http://ec.europa.eu/home-affairs/doc_centre/terrorism/terrorism_financing_en.htm.

319 Europäische Kommission, KOM (2010) 171 endgültig (Fn. 51), S. 42.

320 EFC-Entwurf (Fn. 53).

321 European Foundation Projekt (Fn. 54).

322 Siehe hierzu und zum Folgenden Jakob/Studen, Die European Foundation – Phantom oder Zukunft des Europäischen Stiftungsrechts?, in: ZHR 174 (2010), S. 61-107.

dem Hamburger Max-Planck-Institut für Ausländisches und Internationales Privatrecht, dem Heidelberger Zentrum für Soziale Investitionen und Innovationen sowie der Rechtswissenschaftlichen Fakultät der Universität Heidelberg. Die Studie wurde im Februar 2009 veröffentlicht[323]; im Anschluss an die Auswertung eingegangener Stellungnahmen publizierte die Kommission im November 2009 eine Zusammenfassung der wichtigsten Erkenntnisse.[324]

Sowohl der EFC-Entwurf als auch das European Foundation Projekt weisen Bezüge zur Foundation Governance auf. So beinhaltet Art. 8.2 des EFC-Entwurfs eine Regelung, nach welcher die jeweiligen Stiftungsstatuten Vorschriften zur Vermeidung tatsächlicher und potentieller Konflikte zwischen den Interessen der Stiftungsbeteiligten auf der einen Seite und den Interessen der Stiftung auf der anderen Seite aufweisen sollen. In Bezug auf das Leitungsgremium regelt Art. 11 des EFC-Entwurfs, dass dieses aus mindestens drei Mitgliedern bestehen soll[325], welche die Einhaltung der Gesetze sowie der Stiftungsstatuten sicherstellen. Art. 14 des EFC-Entwurfs regelt die Einrichtung einer europäischen Aufsichtsbehörde, welcher verschiedene Befugnisse hinsichtlich der Umsetzung der Bestimmungen des Entwurfs zustehen sollen. Hinsichtlich des Bereichs Transparenz und Rechnungslegung sieht Art. 13 des EFC-Entwurfs vor, dass die Stiftungen Jahresberichte sowie jährliche Tätigkeitsberichte der nach dem Entwurf neu zu schaffenden europäischen Stiftungsaufsichtsbehörde zur Verfügung stellen; ab einem gewissen Jahreseinkommen soll eine professionelle Wirtschaftsprüfung erforderlich werden.

Anders als der EFC-Entwurf, der sich insbesondere auf die Funktion der neu zu schaffenden europäischen Aufsichtsbehörde stützt, stellt das European Foundation Projekt Prinzipien der Corporate Governance sowie interne Überwachungsmechanismen in den Vordergrund. So ist Art. 4 des Entwurfs explizit mit dem Titel Governance überschrieben. Art. 4.1 regelt die Verantwortlichkeiten, Rechte und Pflichten des Leitungsgremiums und gibt unter anderem vor, dass das Leitungsgremium aus unabhängigen, unver-

---

323 Universität Heidelberg/CSI Heidelberg/Max-Planck-Institut Hamburg, Feasibility Study on a European Foundation Statute, Februar 2009, verfügbar unter http://ec.europa.eu/internal_market/company/eufoundation/index_en.htm.

324 Europäische Kommission, Synthesis of the comments on the consultation document of the internal market and services directorate-general on a possible statute for a european foundation, November 2009, verfügbar unter http://ec.europa.eu/ internal_market/company/eufoundation/index_en.htm.

325 Ebenso Art. 4.1.2. des European Foundation Projekts; vgl. auch Universität Heidelberg/CSI Heidelberg/Max-Planck-Institut Hamburg (Fn. 323), S. 202.

bundenen natürlichen Personen bestehen soll.[326] Art. 4.2 regelt die Einrichtung eines fakultativen Aufsichtsgremiums, Art. 4.3 bis Art. 4.5 betreffen die Rechte des Stifters, der Begünstigten beziehungsweise dritter Parteien.[327] Insoweit sollen der Stifter und Zustifter beziehungsweise die Destinatäre bei der Stiftungsaufsicht intervenieren beziehungsweise dieser einen Bericht zukommen lassen können, woraufhin die Behörde jeweils innerhalb von 60 Tagen entsprechend Stellung nehmen muss. Dritte Parteien, deren Interessen durch die Stiftungsaktivitäten betroffen sind, können die Aufsichtsbehörde unterrichten, dieser bleibt es jedoch überlassen, in welcher Weise sie dem Anliegen Rechnung tragen will. Art. 5 des European Foundation Projekts befasst sich mit dem Bereich Berichterstattung, Transparenz und Offenlegung. Insbesondere sind ein Jahresbericht und eine Jahresrechnung bei der Stiftungsaufsicht einzureichen, bei einem bestimmen Jahreseinkommen soll eine unabhängige Wirtschaftsprüfung erfolgen. Art. 7.2 des European Foundation Projekts trägt schließlich der Betonung der Selbstregulierung im Rahmen des Projekts Rechnung: die staatliche Aufsicht soll in geringerem Umfang zum tragen kommen, wenn gleichwertige interne Aufsichtsmechanismen bestehen. So habe beispielsweise die Aufsichtsbehörde den Jahresbericht beziehungsweise die Jahresrechnung nur dann zu prüfen, wenn kein internes Aufsichtsgremium bestehe beziehungsweise kein unabhängiger Wirtschaftsprüfer eingesetzt wurde.

5.2.3 EFC Principles of Good Practice

Das European Foundation Centre (EFC) ist eine 1989 gegründete Nonprofit-Mitgliederorganisation, die sich der Förderung des Allgemeinwohls in Europa und darüber hinaus widmet. Sie veröffentlichte bereits 1994 einen knapp gehaltenen Code of Best Practice, der in vier Abschnitten das grund-

326 In der Kommentierung zu Art.4.1.2. heißt es, dass insbesondere Mitglieder anderer Organe nicht als unabhängig anzusehen seien, vgl. Hopt/von Hippel/Then (Fn. 54), S. 156.

327 Vgl. hierzu auch Universität Heidelberg/CSI Heidelberg/Max-Planck-Institut Hamburg (Fn. 323), S. 203: „Nevertheless, in order to achieve an adequate system of private supervisory control, it seems reasonable to give such persons [with a legitimate interest] at least a "limited" enforcement right, namely that they may submit a report to the State supervisory authority, complaining that the foundation's organs are not fulfilling their legal responsibility. The State supervisory authority should then be obliged to issue an adequate statement to the person within due time."

legende Verhalten für Stiftungsverantwortliche erstens gegenüber der Gesellschaft im Allgemeinen, zweitens gegenüber dem Destinatärkreis, drittens gegenüber den staatlichen Behörden sowie schließlich viertens im Rahmen der eigenen Tätigkeit und Verantwortung festlegte. Viele der Leitgedanken waren allgemein gehalten, um die Richtung für zeitgemäßes Stiftungshandeln nicht nur in den unterschiedlichsten Rechtssystemen, sondern auch für sämtliche Arten der Stiftungstätigkeit zu weisen. Insgesamt stellte der Code of Best Practice eine wichtige Grundlage für eine weitergehende Ausdifferenzierung von Verhaltensregeln für Stiftungen dar.[328] Das Regelwerk wurde im Jahre 2006 überarbeitet und im November 2006 in revidierter Form verabschiedet.[329]

Gemäß der Präambel repräsentieren die entstandenen Principles of Good Practice eine gemeinsame Vision vorbildlichen Verhaltens und stellen eine generelle Empfehlung dar, um optimale Vorgehensweisen, Offenheit und Transparenz in der europäischen Stiftungslandschaft zu unterstützen. Die Prinzipien sind dabei so formuliert, dass sie im Rahmen einer Vielzahl von Kulturen und Jurisdiktionen anwendbar sind sowie für eine große Vielzahl heterogener Organisationen mit unterschiedlichen Strukturen, Leitlinien und Belangen von Nutzen sein können.

Die EFC Principles of Good Practice basieren zunächst auf sechs Grundwerten, die jede Stiftung in Europa zu verfolgen suchen solle. Dazu zählten die Entwicklung und Förderung effektiver Antworten auf spezifische Herausforderungen der heutigen Gesellschaft sowie das Reagieren auf die Bedürfnisse der Gesellschaft und das Operieren mit gebührender Anerkennung und Respekt für gesellschaftliche Normen. Stiftungen sollen in Einklang mit den Absichten des Stifters handeln und sich zu Transparenz, Rechenschaftslegung und Selbstregulierung verpflichten. Des Weiteren sollen Stiftungen den Wert ihrer Unabhängigkeit und Autonomie bei der Schaffung einer gerechten, nachhaltigen und pluralistischen Zivilgesellschaft anerkennen sowie die Notwendigkeit einer effizienten Ressourcennutzung und anerkannter Verwaltungsabläufe respektieren. Schließlich hätten die Stiftungen in dem Wissen um ihre Verantwortlichkeiten und Pflichten gegenüber verschiedenen Stakeholdern, wie zum Beispiel Behörden, Spendern, Destinatären sowie der allgemeinen Öffentlichkeit zu agieren.

Der Formulierung der Werte folgen sieben Prinzipien, welche das Handeln in Übereinstimmung mit den geltenden Vorschriften (compliance) sowie die Bereiche Steuerung (Governance), fundierte Richtlinien, Abläufe

---

328 Sprecher (Fn. 23), Rdnr. 28.

329 EFC Principles of Good Practice (Fn. 52).

und Förderprogramme (informed policies, operations and support programmes), Verwaltung, das heißt Unternehmensführung und Finanzwesen (stewardship: management and finance), Offenlegung und Kommunikation („disclosure and communication), Kontrolle und Auswertung (monitoring and evaluation) sowie schließlich Zusammenarbeit (cooperation) betreffen.

Neben den Principles of Good Practice sind die Illustrative Practice Options for Foundations erschienen.[330] Deren formuliertes Ziel ist es, eine Reihe veranschaulichender Praxisoptionen zu skizzieren, welche die Stiftungen im Rahmen der verschiedenen nationalen Situationen und individuellen Ansätze eventuell nutzen mögen, um die Implementierung der EFC „Principles of Good Practice" zu vereinfachen und zu begleiten.

5.2.4 Principles of Accountability for International Philanthropy

Im April 2007 wurden die Principles of Accountability for International Philanthropy verabschiedet, entwickelt durch eine gemeinsame Arbeitsgruppe des European Foundation Centre sowie des Council on Foundations.[331] Ähnlich dem European Foundation Centre ist das Council on Foundations eine weltweite Mitgliederorganisation von Stiftungen und Förderprogrammen, die Expertise im Führungsverhalten sowie rechtliche und weitere Dienstleistungen für ihre Mitglieder und die allgemeine Öffentlichkeit zur Verfügung stellt. Bei den Principles handelt es sich um freiwillige Absichtserklärungen die darauf abzielen, den Mitgliedern des EFC und des Council dabei zu helfen, die Rechenschaftslegung und Effektivität ihrer Organisationen im Rahmen grenzüberschreitender Aktivitäten zu verbessern und ihre internationale Philanthropie in einer Weise zu organisieren, die den Auftrag der jeweiligen Organisation erfüllt und das Allgemeinwohl fördert. Zentraler Belang ist es, dass die Organisationen ihren Rechenschaftspflichten gegenüber dem eigenen Auftrag, Spendern, Partnern sowie schließlich den Destinatären gerecht werden. Dies erfordere erstens, dass die jeweilige Organisation ihren Kernauftrag mit den Wünschen von Stiftern, Spendern beziehungsweise gegebenenfalls eines assoziierten Unternehmens in Einklang bringe; dass sie zweitens der Allgemeinheit diene, wie dies in nationalen

330 European Foundation Centre, Illustrative Practice Options for Foundations, 2007, verfügbar unter www.efc.be/Legal/Documents/EFCPrinciples_Illustrative_Options.pdf.

331 Principles of Accountability for International Philanthropy (Fn. 55).

Gesetzen und internationalen Konventionen definiert sei; dass sie drittens die verschiedenen Stakeholder informiere und einbeziehe; sowie schließlich viertens, dass sie eine positive Wirkung ihrer fördernden und operativen Tätigkeiten auf die Menschen und Gemeinschaften, die von den Interventionen betroffen sind, sicherstelle.[332]

Die Principles of Accountability for International Philanthropy selbst betreffen die Bereiche Integrität (integrity), Verständnis (understanding), Respekt (respect), Reaktionsfreudigkeit (responsiveness), Fairness, Miteinander und Zusammenarbeit (cooperation and collaboration) sowie Effektivität (effectiveness). Flankierend zu den Principles wurden die Good Accountability Practices for International Philanthropy veröffentlicht. Diese Praxisoptionen zielen darauf ab, mögliche Schritte und Ansätze zu skizzieren, welche die Stifter bei der Implementierung der sieben Principles wählen und übernehmen können. Danach sollen die Stiftungsverantwortlichen ihre internationale Philanthropie mit der eigenen Vision und Mission abstimmen (Align your international philanthropy with your vision and mission.); sie sollen den Kontext, in dem sie operieren verstehen (Understand the context in which you operate.); sie sollen mit anderen zusammen, nicht isoliert arbeiten (Engage with others. Do not work in isolation.); sie sollen informieren, zuhören und reagieren (Inform, listen, and respond.); sie sollen Diversität, Autonomie und Wissen respektieren (Respect diversity, autonomy, and knowledge.); sie sollen Vertrauen aufbauen und auf lange Sicht investieren (Build trust. Invest for the long term.); sie sollen gute Governance (Ensure good governance.) sowie eine gute Verwaltung der Ressourcen sicherstellen (Ensure good stewardship of philanthropic resources.); schließlich sollen die Stiftungsverantwortlichen Wissen bewerten, lernen und teilen (Assess, learn and share knowledge.).

5.2.5 FATF Special Recommendation No. VIII und Best Practices

Die Financial Action Task Force on Money Laundering (FATF) wurde im Juni 1989 am Gipfeltreffen der G-7 Staaten in Paris gegründet und hat ihren Sitz bei der OECD in Paris. Ziel der Organisation ist die Entwicklung und Förderung internationaler Standards zur Bekämpfung der Geldwäscherei und der Terrorismusfinanzierung. Vor diesem Hintergrund verabschiedete die FATF im Oktober 2001 Empfehlungen betreffend der Bekämpfung des

332 Principles of Accountability for International Philanthropy (Fn. 55), S. 8.

Missbrauchs von Nonprofit Organisationen, die sogenannte Special Recommendation VIII, und eine entsprechende Kommentierung, die Interpretative Note to Special Recommendation VIII.[333] Die Empfehlungen richten sich an die nationalen Regierungen der FATF-Mitgliedstaaten und wurden im Oktober 2002 durch die Formulierung von Best Practices für Nonprofit Organisationen ergänzt.[334]

Hauptziel der Empfehlungen ist die Bekämpfung der Finanzierung des Terrorismus durch gemeinnützige Organisationen. Zu diesem Zweck werden verschiedene Ansätze empfohlen um Missbrauchstendenzen zu identifizieren, dem Missbrauch vorzubeugen beziehungsweise ihn zu bekämpfen und so den Nonprofit Sektor zu schützen. Der Fokus der Empfehlungen liegt dabei auf Fragen der finanziellen Transparenz, der Rechenschaftspflichten sowie der Überprüfung der Fördertätigkeiten.

Die empfohlenen Maßnahmen betreffen vier Bereiche. Hierzu zählt einerseits der Kontakt zum NPO Sektor in Hinblick auf Fragen der Terrorismusfinanzierung (Outreach to the NPO sector concerning terrorist financing issues). Die Länder sollen mittels klarer Leitlinien Transparenz, Integrität sowie das Vertrauen der Öffentlichkeit in Nonprofit Organisationen fördern. Darüber hinaus soll ein Bewusstsein des Nonprofit Sektors für die einschlägigen Gefahren sowie mögliche Gegenmaßnahmen entwickelt und verstärkt werden. Ein weiterer Bereich betrifft die Kontrolle und Überwachung des Nonprofit Sektors (Supervision or monitoring of the NPO sector). Dies erfordere einerseits, dass die Nonprofit Organisationen transparent handeln und Informationen über den Zweck und die Ziele ihrer Aktivitäten, über die involvierten Personen sowie jährliche Finanzberichte veröffentlichen. Des weiteren sollen die Organisationen über interne Kontrollsysteme hinsichtlich ihrer Finanzaktivitäten verfügen und im Sinne einer „know your beneficiary"-Politik über ihre Destinatäre sowie gegebenenfalls assoziierte Nonprofit Organisationen informiert sein. Schließlich soll das Handeln der Nonprofit Organisationen und dessen Übereinstimmung mit dem anwendbaren Recht durch geeignete Behörden überwacht werden, die in der Lage sind, im Falle von Verstößen entsprechende Sanktionen zu verhängen. Ein dritter Bereich der Empfehlungen beschäftigt sich mit der Zusammentragen und der Untersuchung von Informationen (Effective information gathering and investigation). Dabei werden eine effektive und koordinierte Zusammenarbeit und Informationsteilung zwischen den involvierten Behörden der verschiedenen Länder gefordert. Eng damit verbunden ist der

333 FATF, Interpretative Note to Special Recommendation VIII (Fn. 57).

334 FATF International Best Practices (Fn. 58).

vierte Bereich der Empfehlungen, der schließlich die Fähigkeit der Behörden, internationalen Anfragen über verdächtige Nonprofit Organisationen effektiv zu entsprechen, betrifft (Effective capacity to respond to international requests for information about an NPO of concern.).

5.2.6 Anti Terrorist Financing Guidelines

Eine inhaltlich ähnliche Stoßrichtung wie die FATF International Best Practices haben die in der Folge des 11. Septembers 2001 im November 2002 erlassenen Anti Terrorist Financing Guidelines, Voluntary Best Practices für US Based Charities, des U.S. Department of the Treasury. Die Richtlinien wurden im Dezember 2005 überarbeitet.[335]

Ziel der Anti Terrorist Financing Guidelines ist es, gemeinnützige Betätigungen zu vereinfachen und die Integrität des Gemeinnützigkeitssektors sowie gutgläubiger Spender zu schützen. Den betroffenen Organisationen sollen Wege aufgezeigt werden, wie terroristische Vereinigungen davon abgehalten werden können, gemeinnützige Betätigungen für ihre eigenen Zwecke zu missbrauchen. Die Richtlinien sollen das Bewusstsein bei gemeinnützigen Organisationen und Spendern für entsprechende Gefahren und mögliche Gegenmaßnahmen verbessern, um so das Risiko von Missbrauchstatbeständen zu reduzieren. Die Anti Terrorist Financing Guidelines sind Richtlinien freiwilliger Natur.[336]

Die Richtlinien gliedern sich in grundlegende Prinzipien guter Stiftungspraxis (Fundamental Principles of Good Charitable Practice), Abschnitte zu den Themen Rechenschaftspflichten und Transparenz - einerseits hinsichtlich der Governance (Governance Accountability and Transparency), andererseits in Bezug auf die Finanzpraxis (Financial Accountability and Transparency) - sowie schließlich Empfehlungen betreffend der Anti-Terror Finanzierung (Anti Terrorist Financing Best Practices). Inhaltlich werden die Ausrichtung der Ziele auf die gemeinnützige Zweckverfolgung, die Organisationsstruktur, Zusammensetzung, Auswahl, Wiederwahl und Verantwortung des obersten Leitungsorgans, die Anforderungen an die Rechnungslegung, die Offenlegung und die Mittelverwendung sowie Fragen der Einhaltung von Regelwerken verschiedener Art adressiert. Vor diesem Hintergrund wird schwerpunktmäßig einerseits auf die Regelungen zu dem obersten Leitungsorgan eingegangen, das für die Einhaltung von Compli-

335 Anti Terrorist Financing Guidelines (Fn. 56).

336 Anti Terrorist Financing Guidelines (Fn. 56), Einleitung, S. 2.

ance-Strukturen sowie die Implementierung von Governance-Strukturen verantwortlich zeichnen soll. Andererseits werden weitreichende Empfehlungen in den Bereichen der finanziellen Berichterstattung, der Buchführung sowie der Revision gegeben. Schließlich enthalten die Richtlinien ausführliche Bestimmungen zu der Fördertätigkeit und zu den finanziellen Aktivitäten der Organisationen in Zusammenhang mit der Ausschüttung von Förderbeiträgen.[337]

5.3 Zusammenfassung

Es besteht eine Fülle verschiedener Foundation Governance Kodizes beziehungsweise solcher Regelwerke, die entsprechende Vorschriften enthalten. Diese weisen eine überaus große Bandbreite auf. So unterscheiden sich sowohl die nationalen als auch die internationalen Regelwerke einerseits in Bezug auf ihre formelle Gestaltung, das heißt hinsichtlich des Regelungsgebers, der Regelungstiefe sowie insbesondere hinsichtlich der Verbindlichkeit und, damit verbunden, den Durchsetzungsmechanismen. Des Weiteren bestehen Unterschiede in der materiellen Ausrichtung der Regelungen in Abhängigkeit von ihrem jeweiligen Adressatenkreis sowie den von dem jeweiligen Regelungsgeber verfolgten Zielen.

Die Klassifizierung und nähere Analyse der dargestellten Regelungen wird Gegenstand der folgenden beiden Abschnitte sein. Gleichzeitig sollen die beschriebenen Ansätze herangezogen werden, um mögliche Gestaltungsoptionen der Foundation Governance zu illustrieren.

337 Vgl. hierzu Zurkinden-Erismann (Fn. 34), S. 1, 7.

6 Formelle Gestaltungsalternativen

Vor dem Hintergrund der bereits dargestellten rechtsformspezifischen Kontrollproblematik und der entsprechenden Lösungsansätze (Abschnitt 4) sowie unter Bezugnahme auf die soeben abgebildeten bestehenden Regelwerke (Abschnitt 5) sollen in den folgenden Abschnitten mögliche Gestaltungsalternativen der Foundation Governance analysiert werden. Dabei soll zunächst auf formelle Aspekte eingegangen werden, wobei verschiedene Optionen der Art der Einbindung von Foundation Governance in das Rechtssystem aufgezeigt und analysiert werden sollen. In einem ersten Schritt soll auf die Bereiche der Regelungsgeber und der Regelungstiefe eingegangen werden (Abschnitt 6.1), anschließend sind Fragen der Verbindlichkeit und insbesondere der Durchsetzbarkeit der jeweiligen Governance Regelungen Gegenstand der Darstellung (Abschnitt 6.2).

6.1 Regelungsgeber und Regelungstiefe

6.1.1 Regelungsgeber

In Hinblick auf den Regelungsgeber für Foundation Governance ist zwischen zwei grundsätzlich verschiedenen Ansätzen zu unterscheiden. Auf der einen Seite steht die interne Foundation Governance, das heißt stiftungseigene Regelungen, formuliert in der Stiftungssatzung, welche der Stifter zu einem großen Teil selbst gestalten kann (Abschnitt 6.1.1.1). Auf der anderen Seite steht die externe Foundation Governance, die begrifflich diejenigen Regewerke zusammenfasst, die von außen an die Stiftung herangetragen werden. Hinsichtlich der externen Governance kann weiter zwischen den Regelungen übergeordneter Verbände und Organisationen (Abschnitt 6.1.1.2) sowie gesetzlichen Vorschriften (Abschnitt 6.1.1.3) differenziert werden.

6.1.1.1 Stiftungseigene Regelungen

In Hinblick auf die Implementierung von Governance Regelungen über die interne Stiftungsorganisation unter Nutzung des Gestaltungsspielraums des materiellen Stiftungsrechts kommen der Stifter selbst beziehungsweise das Leitungsgremium der Stiftung als Regelungsgeber in Betracht. Governance Ansätze können bereits durch den Stifter im Zuge der Errichtung seiner

Stiftung festgelegt werden. Dieser kann im Rahmen der Satzungsgestaltung eine Organisationsstruktur wählen, die eine optimale Umsetzung des jeweiligen Stiftungszwecks gewährleistet. Beispielsweise kann ein Aufsichtsgremium, das weder nach schweizerischem noch nach deutschem Recht zwingend vorgesehen ist, eingesetzt und so eine Kontrollinstanz in der Stiftung geschaffen werden. Durch diese Regelung sowie durch weitere flankierende Vorgaben, insbesondere in den Bereichen der Steuerung und der inneren Organisation der Stiftung, kann der Stifter der bestehenden Kontrollproblematik vorbeugen. Er kann sich dabei an den Empfehlungen bestehender Governance Regelwerke orientieren und diese für seine Stiftung adaptieren, als Beispiel seien die Empfehlungen des Swiss Foundation Code genannt. Alternativ kann die Satzung auf bestimmte Regelwerke verweisen und diese als Bestandteil der Satzung ausweisen, beispielsweise die Grundsätze Guter Stiftungspraxis. Schließlich kann ein eigener Foundation Governance Kodex formuliert werden, wie dies beispielsweise im Rahmen der 20 Prinzipien Guter Stiftungspraxis der VW-Stiftung geschehen ist. Die aufgezählten Schritte können durch entsprechende Maßnahmen des Leitungsgremiums jeweils auch zu einem späteren Zeitpunkt erfolgen.

Die interne Foundation Governance verfügt über den Vorteil, dass jeweils diejenigen Vorgehensweisen gewählt werden können, die den individuellen Bedürfnissen der jeweiligen Stiftung in bester Weise Rechnung tragen. Wie bereits oben (Abschnitt 4.2) angeklungen ist, wird diese Gestaltungsalternative daher von einem großen Teil der Literatur favorisiert. So argumentiert *Wernicke*, eine wohlformulierte Stiftungsverfassung stelle ein Mittel dar, durch das der Stifter rechtsformspezifische Kontrolldefizite der Stiftung bewältigen könne zum Wohle der unbeeinträchtigten Vollstreckung seines Willens. Die Satzungsautonomie gebe dem informierten Stifter eine Chance, eigene, dem Stiftungszweck besser angepasste Strukturen zu installieren.[338] Auch *Kohl* appelliert an den Stifter, die gute Stiftungsorganisation schon bei Vornahme des Stiftungsgeschäfts ernster zu nehmen. Der Stifter habe es weitgehend in der Hand, in Feinabstimmung eine gerade seiner Stiftung angemessene Organisations- und Entscheidungsstruktur zu schaffen.[339] *Steuber* weist insbesondere auf die Möglichkeit einer Spezifizierung der Vorstandspflichten hin, um den Spielraum des Vorstandsermessens bei der Geschäftsführung im Sinne des Stifters zu lenken.[340]

338 Wernicke (Fn. 201), S. 301, 306.

339 Kohl (Fn. 41), S. 339, 350.

340 Steuber (Fn. 25), S. 1182, 1183.

6.1.1.2 Regelungen übergeordneter Organisationen und Verbände

Als weitere Regelungsgeber kommen übergeordnete Organisationen beziehungsweise Verbände in Betracht. Dies einerseits auf nationaler Ebene und andererseits auch auf internationaler Ebene.

6.1.1.2.1 Nationale Organisationen

Die nationalen Regelungsgeber können wiederum in zwei unterschiedliche Kategorien unterteilt werden. Auf der einen Seite stehen Foundation Governance Kodizes von Branchenverbänden, welche sich an in unterschiedlichem Masse spezifizierte Adressatenkreise richten. Sehr weit gefasst ist beispielsweise der Adressatenkreis der Grundsätze Guter Stiftungspraxis des Verbands Deutscher Stiftungen, die sich an alle gemeinwohlorientierten Stiftungen richten. Näher definiert ist der Kreis der angesprochenen Stiftungen im Rahmen des Swiss Foundation Code, der sich an Förderstiftungen richtet, sowie des Swiss NPO-Code, der Regelungen für die großen Spendensammelnden Hilfswerke und Sozialdienst leistende Organisationen aufstellt. Einen enger gefassten Adressatenkreis haben beispielsweise der Verhaltenskodex VENRO, der Nichtregierungsorganisationen adressiert oder, noch spezifischer, der Diakonische Corporate Governance Kodex für die Einrichtungen der Diakonie.

Eine andere Stoßrichtung verfolgen dagegen die Stiftung ZEWO sowie das Deutsche Zentralinstitut für soziale Fragen, die sich an gemeinnützige spendensammelnde Organisationen richten. Als Zertifizierungsstellen erstellen sie bestimmte Richtlinien, mittels deren Erfüllung die Stiftungen Zertifikate im Sinne von Gütesiegeln erlangen können. Auch die Europäische Kommission hat die Einführung von Gütesiegeln durch private Überwachungseinrichtungen oder die Dachverbände der gemeinnützigen Organisationen zur Kennzeichnung derjeniger Stiftungen, welche die Grundsätze des durch die Kommission entworfenen Verhaltenskodex erfüllen, angeregt.[341]

6.1.1.2.2 Internationale Organisationen

Auf internationaler Ebene sind ebenfalls unterschiedliche Regelungsgeber zu differenzieren. Zu nennen sind zum einen das European Foundation Centre sowie die Joint Working Group des European Foundation Centre und

341 Europäische Kommission, KOM (2005) 620 endgültig (Fn. 50), S. 16.

des US-Amerikanischen Council on Foundations, die sich unter dem Aspekt grenzüberschreitender Philanthropie an Stiftungen im Allgemeinen wenden.

Zum anderen ist auf diejenigen Foundation Governance Bestimmungen einzugehen, welche sich an die nationalen Gesetzgeber und somit nicht unmittelbar an Stiftungen richten. Hierzu zählen Regelwerke, deren Fokus vornehmlich auf dem Schutz des Stiftungssektors vor einem Missbrauch durch kriminelle Organisationen liegt. In diesem Zusammenhang sind einerseits die Regelungen der internationalen Financial Action Task Force zu nennen, welche die nationalen Gesetzgeber der Mitgliedsorganisationen adressieren. Auch die Europäische Union kann als internationale Organisation eingeordnet werden, deren Vorgaben sich an die Regierungen der Mitgliedstaaten richten, zumindest, soweit es sich um Mitteilungen und Richtlinien handelt. Auf der anderen Seite kann die Europäische Union jedoch in Form von Verordnungen auch unmittelbar in den Mitgliedstaaten geltendes Recht schaffen. Ein solches Vorgehen ist hinsichtlich des geplanten Europäischen Stiftungsstatus zu erwarten.[342]

6.1.1.3 Gesetzgeber

Schließlich kann Foundation Governance auch durch den Gesetzgeber geregelt werden, insoweit kann auf die Ausführungen zu den stiftungsrechtlichen Rahmenbedingungen in Abschnitt 3.2 Rekurs genommen werden. Einerseits sind in diesem Zusammenhang die Befugnisse der Stiftungsaufsicht zu nennen, auch wenn diese vergleichsweise wenig intensiv ausgestaltet sind.

Andererseits sind die Vorschriften zur Rechnungslegung von Stiftungen zu nennen wie sie in der Schweiz im Rahmen der Revision des Stiftungsrechts eingeführt wurden. Auch in Deutschland wird eine stärkere gesetzliche Reglementierung von Transparenzpflichten, abgestuft nach der Größe der jeweiligen Stiftungen, gefordert, um die Aufsicht durch die Stiftungsbehörde zu erleichtern.[343] Die Bundesregierung hat die Einführung eines Rechnungslegungs- und Publizitätsgesetzes für Vereine und Stiftungen jedoch abgelehnt und an die Organisationen und Verbände im Gemeinnützigkeitssektor appelliert, Standards weiterzuentwickeln und zu vereinheitli-

342 Vgl. zum Beispiel auch EG-Verordnung Nr. 2157/2001 des Rates vom 8. Oktober 2001 über das Statut der Europäischen Gesellschaft (ABl. L 294 vom 10. November 2001, S. 1).

343 Münchener Kommentar/Säcker/Rixecker (Fn. 106), § 86 Rdnr. 22.

chen.[344] Die Anfertigung handelsrechtlicher Jahresabschlüsse sei eine zu starke finanzielle Belastung vor allem für viele kleinere Stiftungen; zudem sei der Nutzen in vielen Fällen nicht erkennbar, da im Rahmen der Stiftungsaufsicht Jahresrechnungen angefertigt werden müssten.[345]

Regelungsgeber der Anti Terrorist Financing Guidelines ist das U.S. Department of the Treasury, das einen Teil der US-Amerikanischen Regierung bildet. Indessen handelt es sich insoweit nicht um bindende gesetzliche Vorgaben, sondern Richtlinien, deren Befolgung freiwillig ist.

6.1.2 Regelungstiefe

Der Begriff der Regelungstiefe meint in diesem Zusammenhang die Detailliertheit beziehungsweise den Grad der Differenzierung von Foundation Governance Vorschriften. In Bezug darauf besteht in verschiedener Hinsicht ein Zusammenhang zu der Unterscheidung verschiedener Regelungsgeber, so dass die folgenden Ausführungen an den obigen Abschnitt anknüpfen.

Die Regelungstiefe der bestehenden Governance Vorschriften zeigt eine große Spannbreite. Auf der einen Seite der Skala stehen allgemein gehaltene Grundsätze, die sich an verschiedene Stiftungsformen richten. Hierzu zählen beispielsweise die Empfehlungen des European Foundation Centre oder der Joint Working Group des European Foundation Centre und des Council on Foundations, die in einer Weise formuliert sind, die ihre Anwendbarkeit im Rahmen einer Vielzahl von Kulturen und Jurisdiktionen sicherstellen. Zwar werden beide Regelwerke durch Praxisoptionen zur Implementierung der jeweiligen Grundsätze ergänzt, die Ausführungen bewegen sich jedoch jeweils auf einem vergleichsweise abstrakten Niveau. Auf nationaler Ebene sind die Grundsätze Guter Stiftungspraxis des Bundesverbands Deutscher Stiftungen zu nennen, die ebenfalls lediglich einen Orientierungsrahmen vorgeben, den die Stiftungen entsprechend ihren jeweiligen Bedürfnissen ausfüllen können. Stärker differenzierende Vorgaben hinsichtlich verschiedener Regelungsbereiche enthalten dagegen der Swiss Foundation Code, der Swiss NPO-Code oder auch der Verhaltenskodex VENRO, die sich einerseits an übergreifenden Standards orientieren, andererseits jeweils näher definierte Stiftungstypen adressieren und auf deren Besonderheiten eingehen. Auch der Diakonische Corporate Governance

344 Antwort der Bundesregierung auf die Kleine Anfrage verschiedener Abgeordneter und der Fraktion der FDP, 29. Februar 2008, Bundestags-Drucksache 16/8325.

345 Bund-Länder-Arbeitsgruppe Stiftungsrecht, Bericht vom 19. Oktober 2001, verfügbar unter www.bmj.bund.de/media/archive/288.pdf, S. 61.

Kodex weist eine vergleichsweise hohe Regelungstiefe auf. Am anderen Ende der angesprochenen Skala der Regelungstiefe stehen schließlich die Standards des DZI-Spendensiegels sowie der Stiftung ZEWO, die jeweils differenzierte und konkrete Vorgaben zu den wesentlichen stiftungsrelevanten Bereichen beinhalten, teilweise ergänzt durch spezielle Reglemente (so die Stiftung ZEWO für die Bereiche Sammlungstätigkeit und Rechnungslegung).

6.2 Verbindlichkeit und Durchsetzbarkeit der Regelwerke

Eine zentrale Frage der Foundation Governance und ihrer Implementierung im Rahmen des Nonprofit Bereichs betrifft die Verbindlichkeit und insbesondere die Durchsetzbarkeit entsprechender Regelungen. Dabei wird die Problematik insbesondere bei den von außen an Stiftungen herangetragenen Kodizes virulent. Die sich in diesem Zusammenhang ergebenden Fragen stehen dann, wie bereits gesehen, auch im Mittelpunkt der Kritik an externen Governance Kodizes.

6.2.1 Verbindlichkeit

Ebenso wie für die verschiedenen Möglichkeiten zur Ausgestaltung der Regelungstiefe besteht auch für die Fragen der Verbindlichkeit von Foundation Governance Regelungen ein Zusammenhang zu der Unterscheidung verschiedener Regelungsgeber. Zeichnet man ein Spektrum möglicher Regelungsgeber von dem allgemeingültige Regelungen aufstellenden Gesetzgeber auf der einen Seite zu der individuell unter Ausschöpfung des materiellen Gestaltungsspielraums regulierten einzelnen Stiftung auf der anderen Seite, so kann festgestellt werden, dass in diesen beiden Fällen die Frage der Verbindlichkeit verhältnismäßig einfach zu beantworten ist. Für die dazwischen liegenden Fälle, das heißt Regelungen von Verbänden und Organisationen mit unterschiedlich großen Adressatenkreisen, stellt sich die Situation dagegen komplizierter dar.

6.2.1.1 Rechtliche Qualifizierung externer Foundation Governance Kodizes

Insoweit bildet den Ausgangspunkt der Überlegungen die rechtliche Qualifizierung externer Kodizes. Da sich eine Drittwirkung entsprechender Regelungen aufgrund des verfassungsrechtlichen Rechtsetzungsmonopols des Staates[346] sowie in Hinblick auf die grundlegenden Prinzipien des Vertragsrechts[347] verbietet, sind Foundation Governance Kodizes nicht als objektives Recht, sondern vielmehr als rechtsgeschäftliches Recht einzuordnen. Vor diesem Hintergrund weist *Riemer* darauf hin, dass insoweit auch die Einordnung von Foundation Governance als „soft law"[348] zur Ergänzung des objektiven Rechts, die teilweise in diesem Zusammenhang vorgenommen würde, irreführend sei. Governance Kodizes seien vielmehr „gar kein law" und selbst der Ausdruck „allgemeine Standards", wie er im Swiss NPO-Code verwendet werde, sei missverständlich. Governance Kodizes könnten lediglich bei Gesetzeslücken als Hilfsmittel der Lückenfüllung herangezogen werden, wobei zu berücksichtigen sei, dass die Weitmaschigkeit des Stiftungsrechts grundsätzlich nicht auf dessen Lückenhaftigkeit hindeute, sondern den Beteiligten möglichst viel rechtsgeschäftlichen Gestaltungsspielraum belassen wolle.[349] Auch *Jakob* plädiert in diesem Sinne dafür, zunächst die vorhandenen stiftungsrechtlichen Mittel nutzbar zu machen und aus den dabei auftretenden Lücken Konsequenzen zu ziehen, nur im Bereich solcher Lücken bestehe aus Stiftungssicht Handlungsbedarf.[350]

Qualifiziert man externe Foundation Governance Kodizes als rechtsgeschäftliches Recht, so ergibt sich, dass eine verbindliche Geltung der Vorschriften nur insoweit in Betracht kommt, als dass sie verfahrensmäßig und nach Maßgabe des Stiftungsrechts sowie der individuellen rechtsgeschäftlichen Grundlagen, das heißt der Stiftungsurkunde und der Stiftungsreglemente, in diese integriert werden. Innerhalb des so gesteckten Rahmens sind wiederum verschiedene Möglichkeiten zur Ausgestaltung der Verbindlichkeit von externen Foundation Governance Regelwerken denkbar.

---

346 Vgl. Art. 163-165 der Schweizer Bundesverfassung (Fn. 114) bzw. Art. 70ff. des Deutschen Grundgesetzes (Fn. 150).

347 Vgl. Art. 1ff. des Schweizer Obligationenrechts (Fn. 9) bzw. §§ 311ff. des Deutschen Bürgerlichen Gesetzbuches (Fn. 105).

348 So beispielsweise Veltmann (Fn. 20), Rdnr. 586.

349 Riemer (Fn. 41), S. 513, 515; ders., Aktuelle Rechtsentwicklungen im schweizerischen Vereins- und Stiftungsrecht, in: Arter/Jörg (Hrsg.): Entwicklungen im Gesellschaftsrecht II, Bern 2007, S. 123, 132.

350 Jakob (Fn. 35), S. 532.

6.2.1.2 Gestaltungsalternativen

Einen verhältnismäßig geringen Grad an Verbindlichkeit weisen die Regelwerke des Swiss Foundation Code sowie der Grundsätze Guter Stiftungspraxis auf. Insoweit handelt es sich um unverbindliche Vorschläge zur Selbstverpflichtung, die Stiftungen im Sinne der Selbstregulierung zur Überprüfung und gegebenenfalls zur Verbesserung ihrer Governance veranlassen sollen. Beide Regelwerke müssen, wie bereits gesehen, durch den Satzungsgeber gesondert implementiert werden, um für die jeweilige Stiftung verbindliche Wirkung entfalten zu können. Dies entweder durch eine selektive Adaptierung der Empfehlungen für die eigene Stiftung oder aber durch Gremienbeschluss, der das jeweilige Regelwerk unverändert Teil der Stiftungsregularien werden lässt. Auch die EFC Principles of Good Practice sowie die Principles of Accountability for International Philanthropy enthalten als gemeinsame Vision und generelle Empfehlung beziehungsweise freiwillige Absichtserklärungen für international agierende Stiftungen aufgrund ihrer in der Regel geringen Regelungstiefe lediglich Anhaltspunkte für ihren jeweiligen Adressatenkreis.

Anders konzipiert ist der Swiss NPO-Code, dieser ist für diejenigen Organisationen, die sich ihm unterstellen, verbindlich. Auch hinsichtlich der Spendensiegel der Stiftung ZEWO sowie des Deutschen Zentralinstituts für Soziale Fragen gehen die Stiftungen eine freiwillige Selbstverpflichtung ein, stiftungsintern die notwendigen Schritte einzuleiten, um die entsprechenden Vorgaben zu erfüllen und das jeweilige Spendensiegel führen zu dürfen. Sowohl im Rahmen des Swiss NPO-Code als auch der Spendensiegel wird die Einhaltung der jeweiligen Bestimmungen kontrolliert.

Der Verhaltenskodex VENRO knüpft die Verbindlichkeit der enthaltenen Regelungen an die Mitgliedschaft in der Organisation, er ist für alle derzeitigen und zukünftigen Mitglieder bindend. In ähnlicher Weise zielt auch der Diakonische Corporate Governance Kodex nach eigener Aussage auf ein hohes Maß an Verbindlichkeit in Hinblick auf die Einrichtungen der Diakonie ab, eine sinnvolle Beachtung setze zumindest den Grad einer Selbstverpflichtung der jeweiligen Einrichtung voraus.[351]

Einen Sonderfall hinsichtlich der Verbindlichkeit bilden die Mitteilungen der Europäischen Kommission sowie die Empfehlungen der FATF. Dabei handelt es sich jeweils nicht um unmittelbar verbindliche Vorgaben, die entsprechenden Inhalte sind jedoch aufgrund des Gewichts ihrer jeweiligen Regelungsgeber für ihre Adressaten von großer Relevanz.

---

351 Diakonischer Corporate Governance Kodex (Fn. 48), Vorbemerkung, S. 2.

6.2.2 Durchsetzbarkeit

Vieles spricht dafür, dass die Befolgung einer Pflicht grundsätzlich nur dann erwartet werden kann, wenn entsprechende Kontrollmöglichkeiten bestehen und entsprechende Durchsetzungsmechanismen vorhanden sind, das heißt wenn Pflichtverstöße gegebenenfalls angemessen geahndet werden können. Dementsprechend ist der Durchsetzbarkeit von Regelungen der Foundation Governance als einem der grundlegenden Probleme der Thematik besondere Aufmerksamkeit zu widmen. Dabei ist die Frage der Durchsetzbarkeit zwar grundsätzlich von der im vorhergehenden Abschnitt erläuterten Frage der Verbindlichkeit zu trennen, dennoch besteht insofern eine Verbindung zwischen den Bereichen, als dass grundsätzlich nur solche Regelungen überhaupt durchsetzbar sein können, die für den Regelungsadressaten verbindlich gelten und deren Einhaltung kontrollierbar ist.

In diesem Sinne soll in den folgenden Ausführungen zunächst auf die Rolle staatlicher Regulierung bei der Implementierung, Kontrolle und Durchsetzung von Regelungen der Foundation Governance eingegangen werden (Abschnitt 6.2.2.1). Anschließend folgt ein Überblick über stiftungsinterne Durchsetzungsmechanismen (Abschnitt 6.2.2.2). Schließlich und insbesondere ist auf die Optionen zur Durchsetzbarkeit externer Foundation Governance Kodizes einzugehen, die sich aufgrund deren rechtlicher Qualifizierung[352] als besonders kompliziert erweist (Abschnitt 6.2.2.3).

6.2.2.1 Staatlich initiierte Durchsetzungsmechanismen

Zentraler Anknüpfungspunkt hinsichtlich staatlicher Durchsetzungsmechanismen für Regelungen der Foundation Governance ist die Stiftungsaufsicht, deren Zweck die Durchsetzung des in Stiftungsgeschäft und Stiftungssatzung zum Ausdruck gekommenen Stifterwillens im Rahmen einer Rechtskontrolle ist.[353] Wie bereits erläutert wurde, sind die Befugnisse der Stiftungsaufsicht jedoch verhältnismäßig gering ausgeprägt, so dass sich die Frage nach zusätzlichen, flankierenden staatlich initiierten Durchsetzungsmechanismen stellt. Insoweit ist jedoch stets zu berücksichtigen, dass das Stiftungsrecht von liberalen Grundgedanken geprägt ist und regulative Vorgänge, dies berücksichtigend, einer genauen Prüfung ihrer Erforderlichkeit bedürfen.

352 Siehe oben Abschnitt 6.2.1.1.

353 Siehe oben Abschnitte 3.2.1.4 und 3.2.2.4.

Vor diesem Hintergrund sollen zunächst mögliche Modifikationen der bestehenden staatlichen Stiftungsaufsicht vorgestellt werden (Abschnitt 6.2.2.1.1). Anschließend soll auf mittelbare Regulierungen durch die Schaffung von rechtlichen Rahmenbedingungen, welche alternative Durchsetzungsmechanismen ermöglichen, eingegangen werden. Dies betrifft einerseits die Steigerung der gesetzlichen Anforderungen zu Transparenz, Rechnungslegung und Rechnungsprüfung (Abschnitt 6.2.2.1.2), Vorgaben hinsichtlich der internen Organisation (Abschnitt 6.2.2.1.3) sowie andererseits die Stärkung der Rechte solcher Personen, die ein Interesse an einer ordnungsgemäßen Stiftungsführung haben (Abschnitt 6.2.2.1.4).

6.2.2.1.1 Modifikationen der staatlichen Stiftungsaufsicht

Eine erste Möglichkeit der Ergänzung der staatlichen Stiftungsaufsicht besteht darin, diese durch eine Stärkung der Finanzaufsicht zu flankieren. In Betracht kommt insoweit insbesondere die Kopplung finanzieller Vorteile an die Erfüllung bestimmter Governance Standards. *Von Hippel*[354] argumentiert vor diesem Hintergrund, dem Steuerrecht komme eine gesellschaftsrechtliche Ersatzfunktion zu, insbesondere dort, wo das Finanzamt Kontrollen übernehme, die im Forprofit Sektor von den Gesellschaftern wahrgenommen würden. Diese Ersatzfunktion könne erweitert werden, indem Steuerprivilegien an die Erfüllung bestimmter Mindeststandards betreffend die interne Stiftungsorganisation geknüpft würden, wie beispielsweise Transparenz, Rechnungslegung sowie eine verlässliche Kontrollstruktur mit einem unabhängigen Kontrollgremium. Auf diesem Weg könnte das Steuerrecht in einem gewissen Masse die bei Stiftungen fehlende Eigentümerkontrolle kompensieren.

Einen alternativen Ansatz verfolgend schlagen einige Autoren vor, die Stiftungsaufsicht nach dem Vorbild der englischen Charity Commission als eine zentrale, spezialisierte Stelle auszugestalten, deren Aufgabe zum einen die Beratung von Nonprofit Organisationen sein würde und die anderseits durch entsprechende Prüfungsrechte die Einhaltung der Standards sicherstellen könne.[355] *Hopt*[356] weist in diesem Zusammenhang darauf hin, dass jedenfalls die Übertragung betriebswirtschaftlicher Überwachungsbefugnisse auf die Stiftungsaufsicht zu einer Wirtschaftlichkeitskontrolle führen würde, die mit deren derzeitiger Ausrichtung als reine Rechtsaufsicht nicht ver-

354 Von Hippel (Fn. 230), S. 60.

355 Koss (Fn. 191), S. 197, 219. Vgl. zu der Funktion der Charity Commission auch von Hippel (Fn. 230), S. 269-301.

356 Hopt (Fn. 34), S. 243, 251.

einbar wäre. Alternativ sei denkbar, Kontrollrechte von der staatlichen Aufsichtsbehörde auf die Gerichte zu übertragen oder diesen jedenfalls bei evidenten Missständen eine Befugnis zum Einschreiten oder zur verfahrensmäßigen Kontrolle zu geben.

Schließlich erscheint es denkbar, die Stiftungsaufsicht durch die Gründung und staatliche Zulassung von besonderen Prüfverbänden für Stiftungen und Nonprofit Organisationen zu ergänzen. Dies würde einen geringeren Eingriff in das Gefüge des Stiftungsrechts darstellen, wobei der dadurch angestrebte Gütesiegeleffekt zu freiwilligen Kontrollen, beispielsweise in Form von Wirtschaftsprüfungen, führen könnte.[357] Ein entsprechender Ansatz wurde auch von der Europäischen Kommission angeregt, welche die Einführung von Gütesiegeln durch private Überwachungseinrichtungen oder die Dachverbände der gemeinnützigen Organisationen empfohlen hat, um solche Organisationen zu kennzeichnen, welche die Grundsätze des Entwurfs des Verhaltenskodexes der Kommission erfüllen.[358]

6.2.2.1.2 *Vorgaben bezüglich Transparenz, Rechnungslegung und Rechnungsprüfung*

In der Schweiz wurden mit der Stiftungsrechtsrevision im Jahr 2006 Regelungen zur Rechnungsprüfung von Stiftungen eingeführt. Aufgabe der internen Revisionsstelle ist die jährliche Prüfung der Rechnungslegung der Stiftung; sie wird durch das oberste Stiftungsorgan, in der Regel den Stiftungsrat, bestimmt. Durch das revidierte Schweizer Stiftungsrecht sind die Stiftungen in die Revisionsbestimmungen des Gesellschaftsrechts eingebettet worden, so dass sich der Umfang der Revisionspflicht je nach Größe der jeweiligen Organisation unterschiedlich gestaltet.[359]

In Deutschland finden sich lediglich ansatzweise in den Landesstiftungsgesetzen Vorschriften zur Rechnungsprüfung.[360] In der Literatur werden jedoch sowohl Regelungen zur Rechnungslegung als auch zu entsprechenden Prüfungen gefordert. *Walz*[361] und *Hopt*[362] sprechen sich für Offenlegungspflichten sowohl ex ante in Form von Anzeigepflichten, als auch ex

357 Hopt (Fn. 34), S. 243, 255f.
358 Europäische Kommission, KOM (2005) 620 endgültig (Fn. 50), S. 16.
359 Siehe oben Abschnitt 3.2.1.5.
360 Siehe oben Abschnitt 3.2.2.5.
361 Walz, Rechnungslegung für Nonprofit-Organisationen, in: Hopt/von Hippel/Walz (Hrsg.), Nonprofit-Organisationen in Recht, Wirtschaft und Gesellschaft, Tübingen 2005, S. 259, 270ff.
362 Hopt (Fn. 34), S. 243, 252.

post in Form von Vorschriften zur Rechnungslegung aus. Die Publizität bei Stiftungen und allgemein Nonprofit Organisationen habe aus denselben Gründen wie bei Unternehmen des Forprofit-Bereichs einen hohen regulatorischen Stellenwert. Auch *von Hippel*[363] schlägt die gesetzliche Regulierung von Publizitätspflichten gegenüber der Öffentlichkeit sowie eine standardisierte Rechnungslegung auf Grundlage der Vorschriften des Handelsgesetzbuches vor und fordert Vorgaben über die Prüfung der Einhaltung dieser Vorschriften. *Kohl*[364] weist darauf hin, dass klare und verbindliche gesetzliche Transparenzregeln für die Rechnungslegung auch im Interesse der Stiftungen selbst lägen, die ihr Steuerprivileg vor dem Gesetzgeber und der politischen Öffentlichkeit rechtfertigen müssten, wenn sie es nicht aufs Spiel setzen wollten. Speziell in Bezug auf eine Wirtschaftsprüfung von Stiftungen weist *Hopt*[365] darauf hin, dass sich für kleinere und mittlere Stiftungen die Frage stelle, ob das Erfordernis nach einer entsprechenden Kontrolle nicht zu schwerfällig und teuer sei und damit dem besonderen Zweck der Organisation zuwiderlaufe. Aus diesem Grund sei eine Abstufung der Anforderungen nach der Größe der Organisation zu empfehlen, entsprechend der Vorgaben für Forprofit Unternehmen.

Schließlich verfolgen auch die beiden Entwürfe für das Statut einer Europäischen Stiftung diesen Ansatz: Sowohl der EFC-Entwurf (siehe dort Art. 13.3), als auch das European Foundation Projekt (siehe dort Art. 5.3) enthalten Regelungen zu einer Rechnungsprüfung in diesem Sinne.[366]

Gesetzliche Regelungen der Publizität und der Transparenz sind eine grundlegende Voraussetzung für die hinreichende Information (potentieller) Spender über die Verwendung von Spenden. Insofern ermöglichen sie einen Wettbewerb auf dem Spendenmarkt, der geeignet ist die fehlende Marktkontrolle als Teil der rechtsformspezifischen Kontrollproblematik des Stiftungssektors, zumindest teilweise, zu substituieren.[367] Das Risiko des Publikwerdens negativer Informationen mit der Folge, dass sich Spender und gegebenenfalls auch Destinatäre von der Organisation abwenden und statt dessen andere Spendenorganisationen unterstützen sowie die damit

---

363 Von Hippel (Fn. 230), S. 378.

364 Kohl (Fn. 41), S. 339, 350, unter Hinweis auf Walz, Rechnungslegung und Transparenz im Dritten Sektor, in: Walz, Rechnungslegung und Transparenz, Köln 2004, S. 1, 5ff.

365 Hopt (Fn. 34), S. 243, 255. Vgl. zu der Rolle von Wirtschaftsprüfern auch Werner, Die Verlagerung der Haftung einer Stiftung auf den Wirtschaftsprüfer, in: Festschrift für Lück, Düsseldorf 2003, S. 145ff.

366 Siehe oben Abschnitt 5.2.2.

367 Von Hippel (Fn. 230), S. 377.

verbundene Gefahr einer Schädigung der Reputation der jeweiligen Stiftung, erscheint geeignet, eine disziplinierende Wirkung auf das Management zu entfalten.

Vorgaben zur Revision beziehungsweise Wirtschaftsprüfung können diesen Effekt auf zweierlei Weise forcieren. Einerseits gewährleisten sie die Richtigkeit der angegebenen Werte und damit eine zuverlässige Information, andererseits können entsprechende Prüfungsmechanismen Fehler der Rechnungslegung aufdecken, sowohl solche, die unbewusst unterliefen als auch solche, die gegebenenfalls beabsichtigt waren.

6.2.2.1.3 Vorgaben bezüglich der internen Organisation

Teilweise wird vertreten, auch hinsichtlich der internen Organisation von Stiftungen, wenn auch zurückhaltend, gesetzliche Vorgaben zu machen. Insoweit werden beispielsweise gesetzliche Bestellungshindernisse in Hinblick auf das Leitungsorgan empfohlen. Zumindest solche Personen, die sich im Zusammenhang mit einer früheren Tätigkeit als Vorstand einer Nonprofit Organisation oder eines Forprofit Unternehmens wegen Insolvenz- oder Vermögensdelikten strafbar gemacht haben, sollten grundsätzlich nicht mehr Vorstand einer Stiftung werden dürfen.[368] Des Weiteren wird angedacht, für Spendenorganisationen ab einer bestimmten Vermögensgröße eine Mindestzahl von zwei Vorstandsmitgliedern vorzugeben.[369]

6.2.2.1.4 Änderung der Rechtsstellung der Destinatäre, des Stifters sowie Dritter

Des Weiteren kann auf Ebene der Staatsaufsicht daran gedacht werden, dem Stifter, den Destinatären oder anderen Stakeholdern unter bestimmten Umständen Rechte gegenüber den Aufsichtsbehörden einzuräumen. So könnten die Einblicke, die diese Parteien in die Abläufe der Stiftungen haben, genutzt werden, um Verhaltensweisen, welche für die Stiftung mit Risiken behaftetet sind, entgegenzuwirken.

Dabei können die entsprechend gelagerten Interessen fruchtbar gemacht werden: Während die Destinatäre materielle Anreize haben, um aktiv zu werden, wird dem Stifter, der einen Teil seines Vermögens einem bestimmten Zweck zugeführt hat, daran gelegen sein, dass dieses bestimmungsgemäß eingesetzt wird. Gemäß *Jakob* können die Destinatäre zudem

368 Von Hippel (Fn. 230), S. 267 unter Hinweis auf entsprechende Regelungen in § 76 Abs. 3 S. 3 und 4 AktG.

369 Von Hippel (Fn. 230), S. 267.

eine „Kontrolle der Kontrolleure“ wahrnehmen, wenn ein Stiftungsorgan nicht zweckkonform handelt und auch das Aufsichtsorgan nicht einschreitet oder wenn beide sogar absprachegemäß zusammenwirken.[370] *Von Hippel*[371] weist ergänzend darauf hin, dass die Einräumung von Rechten an die Destinatäre den Leitungsgremien der Stiftungen verdeutlichen könne, dass sie mit ihrer Tätigkeit in der Öffentlichkeit stehen, die Möglichkeit der Geltendmachung der Rechte würde demnach eine disziplinierende Wirkung entfalten. In der Folge könne durch entsprechende gesetzliche Rahmenbedingungen die in Stiftungen fehlende Eigentümerkontrolle zu einem gewissen Grad kompensiert werden. Die auf der anderen Seite bestehenden Gefahren der mutwilligen Erhebung von Klagen könnten durch das Erfordernis eines anerkennenswerten Interesses oder eines Klagezulassungsverfahrens eingeschränkt werden.[372]

Im Rahmen der derzeitig bestehenden rechtlichen Vorgaben gibt es lediglich in der Schweiz entsprechende Regelungsansätze. So haben die Begünstigten, wie oben bereits dargestellt[373], auch unabhängig von der Stiftungssatzung bestimmte Rechte. Aus Art. 84 Abs. 2 ZGB lässt sich ein allgemeines Recht auf eine Stiftungsaufsichtsbeschwerde ableiten, es kann gegen Handlungen und Unterlassungen der Stiftungsorgane Beschwerde bei der Aufsichtsbehörde erhoben und gegen den letztinstanzlichen Bescheid der Behörde gerichtlich vorgegangen werden. In Deutschland ist die Situation eine andere. Dort richtet sich die Möglichkeit, Destinatärrechte vor Gericht geltend zu machen allein nach der Stiftungssatzung. Das European Foundation Project schlägt vor diesem Hintergrund vor, sowohl dem Stifter als auch den Destinatären ein Recht einzuräumen, der staatlichen Aufsichtsbehörde über Fehlverhalten des Leitungsgremiums der Stiftung zu berichten und diese Behörde zu verpflichten, zu diesem Bericht innerhalb einer gewissen Zeit begründet Stellung zu nehmen. Auch das Recht Dritter zu entsprechenden Anregungen an die Aufsichtsbehörde wird in dem Entwurf adressiert, indessen soll es der jeweiligen Aufsichtsbehörde vorbehalten bleiben, wie sie reagieren möchte.

Weitere Vorschläge hinsichtlich der Schaffung gesetzlicher Rahmenbedingungen für die Einbindung der Stakeholder betreffen die normative Etablierung eines Ombudsmannes für Stiftungen, wie dies im Bereich der

370 Jakob (Fn. 30), S. 168.

371 Von Hippel (Fn. 230), S. 270.

372 Schwintek (Fn. 226), S. 319; von Hippel (Fn. 230), S. 374.

373 Siehe oben Abschnitt 3.4.1.2.

Banken vorgesehen ist, oder die Ermöglichung entsprechender Verbandsklagen.[374]

6.2.2.2 Stiftungsintern initiierte Durchsetzungsmechanismen

6.2.2.2.1 Mögliche Mechanismen

Neben gesetzlichen Vorgaben können auch stiftungsintern durch entsprechende Festlegungen in der Satzung Strukturen etabliert werden, die den rechtsformspezifischen Kontrolldefiziten von Stiftungen, welche diese in ihrer gesetzlichen Minimalstruktur aufweisen, entgegenwirken. Der folgende Überblick soll sich auf die Nennung der wesentlichen Optionen beschränken, detaillierte Ausführungen zu den Möglichkeiten der Implementierung von Kontroll- und Durchsetzungsmechanismen in der Stiftungssatzung folgen im Rahmen der Vorstellung materieller Gestaltungsvorschläge.

Dies vorausgeschickt ist einerseits die Möglichkeit der Bildung eines Zweitorgans zur Überwachung der Tätigkeit des Leitungsgremiums der Stiftung zu nennen, dem entsprechende Aufsichts- und Informationsrechte zugewiesen werden können. Ferner kann überlegt werden einen Beirat einzusetzen, dem beispielsweise die Aufgabe übertragen werden kann, aufgrund des Fachwissens seiner Mitglieder hinsichtlich des Tätigkeitsbereichs der Stiftung eine zweckgemäße Verwendung der Stiftungsmittel sicherzustellen. Eine weitere Möglichkeit bildet die satzungsmäßige Beauftragung von Wirtschaftsprüfern, welche die ordnungsgemäße Rechnungslegung der Stiftung bestätigen und gegebenenfalls zusätzlich auch die Konformität des Stiftungshandelns mit bestimmten Foundation Governance Vorschriften testieren können. Schließlich besteht, wie bereits im vorhergehenden Abschnitt angeklungen, die Möglichkeit der stiftungsinternen Einräumung von Rechten an die Zuwendenden oder Begünstigten zur Durchsetzung der Governance Vorschriften, dies in Form von Mitbestimmungs-, Kontroll- oder Klagerechten.

6.2.2.2.2 Wechselwirkungen zwischen staatlicher Aufsicht und privaten Kontrollorganen

Schließlich ist auf das Zusammenspiel von staatlicher Stiftungsaufsicht und privaten Kontrollorganen einzugehen. *Hopt*[375] spricht sich dafür aus, dass die Einschaltung eines privaten Kontrollorgans, beispielsweise die Bildung

374 Hopt (Fn. 34), S. 243, 256 m. w. N.
375 Hopt (Fn. 34), S. 243, 256f.

eines Aufsichtsorgans oder das Vorschreiben einer Wirtschaftsprüfung, zu Rückwirkungen auf das Verhältnis zur Stiftungsaufsicht dahingehend führen solle, dass diese reduziert werden kann. So könne ein Anreiz für eine effizientere Selbstkontrolle der Stiftungen geschaffen werden, einhergehend einerseits mit einer Entlastung der Staatsaufsicht, andererseits mit einer Steigerung der Professionalität, Motivation und Zielerreichung der Stiftungsorgane. Eine entsprechende Regelung sieht beispielsweise § 10 Abs. 2 NdsStiftG vor, jedoch beschränkt auf Stiftungen, die unmittelbar nur private Zwecke verfolgen. Auch nach Art. 7.2 des European Foundation Projekts soll die staatliche Aufsicht in geringerem Umfang zum tragen kommen, wenn gleichwertige interne Aufsichtsmechanismen bestehen. *Wernicke*[376] ergänzt, dass auf diesem Wege diejenigen Stifter, denen die staatliche Stiftungsaufsicht als Form der „Einmischung" in private Angelegenheiten, insbesondere im Rahmen von Familienstiftungen, unwillkommen sei beziehungsweise die nicht allein auf die Weisheit staatlicher Aufsicht vertrauen wollten, durch die Einrichtung verschiedener entsprechender Kontrollmechanismen die Notwendigkeit und Berechtigung staatlicher Aufsicht reduzieren könnten. Auch *von Hippel*[377] befürwortet die Betonung der Selbstregulierung gegenüber zwingendem Recht, schlägt jedoch im Rahmen der Etablierung eines freiwilligen Verhaltenskodex vor, die erfassten Organisationen ab einer gewissen Größe zu verpflichten, ihre interne Organisationsstruktur offenzulegen. Auf diesem Weg könne ein Wettbewerb um das sachgerechtestes interne Kontrollsystem erreicht werden.

Ein Ersatz der staatlichen Stiftungsaufsicht durch interne Kontrollmechanismen wird indessen überwiegend abgelehnt.[378]

6.2.2.3 Externe Governance Kodizes

Anders als gesetzliche Vorgaben oder Bestimmungen der Stiftungssatzung sind externe Foundation Governance Kodizes nicht unmittelbar verbindlich. Ihre Qualifizierung als rechtsgeschäftliches Recht erfordert besondere Maßnahmen, um ihre Verbindlichkeit und Durchsetzbarkeit zu erreichen.[379] Im Folgenden soll zunächst ein Überblick über das Meinungsspektrum in der Literatur gegeben werden (Abschnitt 6.2.2.3.1), anschließend sollen Op-

376 Wernicke (Fn. 201), S. 301, 304f.

377 Von Hippel (Fn. 230), S. 267.

378 Münchener Kommentar/Reuter (Fn. 106), Vorbemerkung zu §§ 80-88 Rdnr. 81; abweichend Muscheler, ZRP 2000, 390, 393.

379 Siehe oben Abschnitt 6.2.1.1.

tionen der Durchsetzung von externen Foundation Governance Kodizes dargestellt werden (Abschnitt 6.2.2.3.2).

6.2.2.3.1 Meinungsstand in der Literatur

Die Frage der Durchsetzbarkeit ist ein zentraler Ansatzpunkt für die Kritik an externen Foundation Governance Kodizes. So weist *Jakob*[380] darauf hin, dass den Vorteilen der Kodizes wie ihrer Flexibilität sowie dem schnellen Verfahren der Normsetzung und Anwendung der unübersehbare Nachteil der fehlenden Durchsetzbarkeit gegenüberstehe. *Kohl*[381] ist der Ansicht, dass angesichts der Vielfalt der Stiftungswelt die verschiedenen Kodizes Gefahr liefen Gemeinplätze zu enthalten, deren Regeln als Appell zur Selbstkontrolle zwar einen gewissen Nutzen hätten, jedoch gerade von denjenigen, die Anleitung am meisten benötigten, mangels unmittelbarer oder mittelbarer Rechtspflichten beziehungsweise Sanktionen missachtet würden. Konkret bezogen auf den Diakonischen Corporate Governance Kodex kritisiert *Kohl* weiter, dieser schreibe sich selbst ein hohes Maß an Verbindlichkeit zu, lasse jedoch im Ungewissen wodurch die Betroffenen zur Einhaltung der Bestimmungen veranlasst werden sollen, abgesehen von einem moralischen Appell zur Selbstverpflichtung. *Steuber*[382] sieht die Selbstverpflichtung auf Best Practice-Regelungen als eine interne und externe Gewähr für korrektes, moralisch richtiges und gerechtes Verhalten, das von Stiftungen erwartet wird, und ordnet Foundation Governance primär als eine Frage der Moral und sekundär als eine Frage der Kontrolle ein. *Zurkinden-Erismann*[383] weist zwar darauf hin, dass Selbstregulierungswerke mit den dafür vorgesehenen Vollzugs- und Anpassungsmechanismen stünden und fielen, eine effektive Gemeinnützigkeit lasse sich jedoch regulatorisch nicht erreichen, da gesetzliche Regelungsmechanismen zu kompliziert und aufwändig seien, so dass die Selbstregulierung die bessere Alternative darstelle. Auch *Saenger* und *Veltmann*[384] sind der Ansicht, dass die begrenzte rechtliche Durchsetzbarkeit von Foundation Governance Kodizes Vorteile biete. Verschärfungen in den Bereichen Publizität und Rechenschaftslegung für Stiftungen hätten sich im Rahmen der deutschen Stiftungsrechtsreform nicht durchsetzen lassen, weshalb gerade freiwillige und durch Kodizes institutionalisierte Regelungen große Chancen bieten würden. Wer Gutes tun,

380 Jakob (Fn. 35), S. 532, Fn. 464.
381 Kohl (Fn. 41), S. 339, 348, 350.
382 Steuber (Fn. 25), S. 1182, 1188.
383 Zurkinden-Erismann (Fn. 34), S. 15; dies. (Fn. 243), S. 26.
384 Saenger/Veltmann (Fn. 250), S. 67, 74.

aber nicht darüber reden wolle, könne dies weiterhin tun und würde nicht durch bindende gesetzliche Publizitäts- beziehungsweise Rechenschaftspflichten gezwungen, sein Engagement über das bisherige Maß offenzulegen; wer als Stifter eine effiziente Kontrolle des Stiftungshandelns für „seine" Stiftung implementieren möchte, erhielte mit entsprechenden Regelungen einen Katalog verschiedener Anregungen.

6.2.2.3.2 *Möglichkeiten der Durchsetzung*

Befürwortet man die Anwendung von Foundation Governance Kodizes im Allgemeinen, so kommen in Hinblick auf ihre Durchsetzbarkeit verschiedene Mechanismen in Betracht. In einem ersten Schritt ist dabei zu überlegen, welche Einrichtungen als mögliche Kontrollinstanzen fungieren könnten. Insoweit kommen insbesondere diejenigen Organisationen in Frage, die den jeweiligen Kodex formuliert haben. Der Vorschlag, dass die Stiftungsaufsicht über die Einhaltung der jeweiligen Regelungen der Kodizes wachen könnte, soweit die Stiftung sich diesen ganz oder teilweise unterwerfe, wird dagegen mit dem Argument abgelehnt, dass eine solche Regelung mit dem den externen Governance Kodizes immanenten Ansatz der Selbstregulierung nur schwer vereinbar sei.[385]

6.2.2.3.2.1 Bindung über eine Verbandsmitgliedschaft

Eine erste Möglichkeit, Foundation Governance Kodizes durchsetzen besteht für die auf Verbandsebene entwickelten Kodizes darin, diese für die Mitglieder des jeweiligen Verbands verbindlich zu erklären und die Mitgliedschaft in dem Verband von der Einhaltung des Kodex abhängig zu machen. Dem jeweiligen Verband wären dann entsprechende Prüfungskompetenzen einzuräumen.[386] Eine entsprechende Lösung hat beispielsweise die Organisation VENRO hinsichtlich des VENRO-Verhaltenskodex gewählt.[387] Auch der Diakonische Corporate Governance Kodex verfolgt eine ähnliche Stoßrichtung.[388] Dieser verlangt zusätzlich, dass die Aussagen der Einrichtungen hinsichtlich der Einhaltung einzelner Bestimmungen des Kodex von Wirtschaftsprüfern zu testieren sind.[389]

---

385 Saenger/Veltmann (Fn. 250), S. 67, 74.

386 So Bachert (Fn. 24), S. 48; van Veen (Fn. 36), S. 757, 763, Sanger/Veltmann (Fn. 250), S. 67, 74; Von Hippel (Fn. 230), S. 267.

387 VENRO-Verhaltenskodex (Fn. 47), Abschnitt 5.1, S. 10.

388 Bachert (Fn. 24), S. 48 Fn. 102.

389 Diakonischer Corporate Governance Kodex (Fn. 48), Vorbemerkung, S. 2.

6.2.2.3.2.2 Prinzip „comply or explain"

Als weitere Alternative wird ein Vorgehen nach dem Prinzip „comply or explain" vorgeschlagen, bei dem in einem Jahresbericht öffentlich Rechenschaft darüber abzulegen ist, inwieweit die einzelnen Empfehlungen angewendet wurden und damit dem Kodex entsprochen wurde. Eventuelle Abweichungen sind dabei jeweils zu begründen.[390] Eine solche Regelung enthält zum Beispiel § 161 des deutschen Aktiengesetzes in Bezug auf den deutschen Corporate Governance Kodex für Forprofit-Unternehmen.[391]

Entsprechende Erklärungspflichten könnten im Bereich der Foundation Governance auf Verbandsebene eingeführt werden.[392] So wurde beispielsweise im Falle des Swiss NPO-Code vorgegangen, mit dem Ziel einerseits eine Kontrolle der Durchsetzung der Vorschriften zu erreichen und andererseits den gewachsenen Strukturen und individuellen Bedürfnissen des schweizerischen Nonprofit Sektors Rechnung zu tragen.[393] Auch der Verhaltenskodex VENRO sieht eine ähnliche Vorgehensweise vor und verlangt von seinen Mitgliedern, Abweichungen von Grundgedanken des Kodex zu begründen und trotz begründeter Abweichungen von den Standards im Einzelfall den Geist der genannten Prinzipien zu erfüllen.[394]

6.2.2.3.2.3 Zertifizierungen und Gütesiegel

Einen anderen Ansatzpunkt stellt wiederum die Zertifizierung von Stiftungen und die Verleihung von Gütesiegeln dar. In der Schweiz ist insoweit die Stiftung ZEWO zu nennen, in Deutschland das Deutsche Zentralinstitut für Soziale Fragen. Beide Einrichtungen verleihen ein Gütesiegel an diejenigen Organisationen, die sich im Wege einer freiwilligen Selbstverpflichtung einem Prüfverfahren unterziehen und dessen Anforderungen positiv erfüllen.

---

390 So Saenger/Veltmann (Fn. 250), S. 67, 74; Kohl (Fn. 41), S. 339, 348; van Veen (Fn. 36), S. 757, 763f.

391 § 161 AktG: (1) Vorstand und Aufsichtsrat der börsennotierten Gesellschaft erklären jährlich, dass den vom Bundesministerium der Justiz im amtlichen Teil des elektronischen Bundesanzeigers bekannt gemachten Empfehlungen der "Regierungskommission Deutscher Corporate Governance Kodex" entsprochen wurde und wird oder welche Empfehlungen nicht angewendet wurden oder werden und warum nicht. [...] (2) Die Erklärung ist auf der Internetseite der Gesellschaft dauerhaft öffentlich zugänglich zu machen.

392 Kohl (Fn. 41), S. 339, 348.

393 Swiss NPO-Code (Fn. 32), Vorwort, S. 7.

394 VENRO-Verhaltenskodex, Präambel, S. 3.

Die Organisationen sind dann verpflichtet, die Standards gemäß den jeweils geltenden Reglementen einzuhalten und die erforderlichen Informationen der Zertifizierungsstelle zur Prüfung zur Verfügung zu stellen. Im Falle der Nichteinhaltung von Bestimmungen besteht das Recht der Zertifizierungsstelle, Sanktionen zu ergreifen und gegebenenfalls das Gütesiegel zu entziehen.

Der Swiss NPO-Code kann ebenfalls in gewisser Hinsicht dieser Kategorie zugeordnet werden. Auch hier wird ein formalisiertes Prüfungsverfahren vorgegeben – durchgeführt durch die Stiftung ZEWO – an dessen Ende bei Vorliegen der entsprechenden Voraussetzungen die Zertifizierung der jeweiligen Organisation durch den Verein Swiss NPO-Code steht.

Der Durchsetzungsmechanismus der Verleihung von Gütesiegeln zielt auf den Ausgleich fehlender Marktkontrolle im Bereich der Nonprofit Organisationen. Das Gütesiegel kann, insbesondere für spendensammelnde Organisationen, als Marketinginstrument genutzt werden und einen Vorteil gegenüber Wettbewerbern auf dem Spendenmarkt schaffen.

6.3 Zusammenfassung

Die obigen Ausführungen zeigen, dass verschiedene Optionen hinsichtlich der formellen Gestaltung von Foundation Governance bestehen. Neben Unterschieden bezüglich des Regelungsgebers und der Regelungstiefe der Vorschriften, ist insbesondere der Gestaltung ihrer Verbindlichkeit und Durchsetzbarkeit spezielle Aufmerksamkeit zu widmen.

Während gesetzliche Vorgaben beziehungsweise solche der Stiftungssatzung für die Allgemeinheit beziehungsweise für die Stiftung unmittelbar Geltung beanspruchen, sind die Vorgaben von Foundation Governance Kodizes aufgrund ihrer Qualifikation als rechtsgeschäftliches Recht nicht per se verbindlich. Hierzu bedarf es vielmehr einer gesonderten verfahrensmäßigen Integration in die rechtsgeschäftlichen Grundlagen der Stiftung.

Hinsichtlich der Durchsetzbarkeit von Regelungen der Foundation Governance kommen unterschiedliche Mechanismen in Betracht. Grundsätzlich kann zwischen einerseits direkten Kontroll- und Durchsetzungsmechanismen sowie andererseits der Schaffung von Rahmenbedingungen, welche Kontrollen und somit die Durchsetzung der Regelungen erleichtern, unterschieden werden. In erstere Kategorie fallen beispielsweise die Einräumung erweiterter Befugnisse an die Stiftungsaufsicht oder auch die Implementierung verschiedener Aufsichtsstrukturen in die interne Stiftungsorganisation, zum Beispiel durch ergänzende (Aufsichts-)Organe. Eine Verbesserung der Rahmenbedingungen kann dagegen zum Beispiel durch die Stärkung der Rechte derjenigen Parteien, die ein Interesse an dem Wohlergehen der Stiftung haben, entweder per Gesetz oder im Rahmen der Stiftungssatzung, erfolgen. In die gleiche Kategorie fallen Transparenzvorgaben, die unter anderem eine Visibilität und Vergleichbarkeit der Organisationen herbeiführen und auf diesem Weg Marktmechanismen forcieren können.

Eine besondere Situation ergibt sich in Bezug auf die externen Foundation Governance Kodizes unterschiedlicher Regelungsgeber, deren Sinnhaftigkeit gerade aufgrund der Problematik fehlender Verbindlichkeit und Durchsetzbarkeit kontrovers diskutiert wird. Für die Durchsetzung entsprechender Kodizes kommt beispielsweise in Betracht, die Mitgliedschaft in einem Verband von der Einhaltung eines bestimmten Kodex abhängig zu machen. Eine weitere Alternative ist die Anwendung des Prinzips „comply or explain", bei dem, beispielsweise in einem Jahresbericht, öffentlich Rechenschaft darüber abzulegen ist, inwieweit dem Kodex entsprochen beziehungsweise warum von dessen Vorgaben abgewichen wurde. Schließlich besteht die Möglichkeit der Nutzung von Gütesiegeln, die bei Nichteinhaltung der jeweiligen Bestimmungen entzogen werden können.

Von Hippel empfiehlt vor dem Hintergrund der Vielfalt und Komplexität der verschiedenen bestehenden Durchsetzungsmechanismen einen kombinierten Ansatz, der berücksichtigt, dass die einzelnen Durchsetzungsmechanismen bei bestimmten Typen von Nonprofit Organisationen erfolgversprechender sind als bei anderen, und der verbleibende Defizite ausgleicht, so dass im Ergebnis bei jedem Typ ein möglichst gelungenes Zusammenspiel der einzelnen Durchsetzungsmechanismen besteht.[395]

395 Von Hippel (Fn. 230), S. 371.

7 Materielle Gestaltungsalternativen

Nachdem soeben formelle Organisationsalternativen dargestellt wurden, sind Gegenstand der folgenden Ausführungen Fragen der inhaltlichen, das heißt der materiellen Gestaltung von Foundation Governance Regelungen. Vor dem Hintergrund der zentralen Zielsetzung von Foundation Governance, dem Anbieten von Lösungsansätzen für die rechtsformspezifischen Kontrollprobleme von Stiftungen und die Abwehr der hieraus resultierenden Risiken für den Stiftungszweck, sollen im Folgenden mögliche Regelungsbereiche dargestellt werden. Insoweit kann auf die in Abschnitt 4.4.2 dargestellte Einteilung rekurriert werden, so dass zwischen den Bereichen Steuerung und Organisationsstruktur (Abschnitt 7.1), Verwaltung und Handlungsabläufe (Abschnitt 7.2) sowie Informationspolitik (Abschnitt 7.3) zu differenzieren ist.

7.1 Steuerung und Organisationsstruktur

Ein erster Regelungsbereich betrifft die Steuerung und Organisationsstruktur von Stiftungen. Insoweit ist zunächst auf die Führungsstruktur der Stiftung einzugehen mit der Trennung zwischen Geschäftsleitung und Aufsichtsinstanz (Abschnitt 7.1.1). Im Anschluss daran sollen Gestaltungsoptionen hinsichtlich weiterer, zusätzlicher Stiftungsorgane dargestellt werden (Abschnitt 7.1.2). Schließlich soll auf Details der Arbeitsweise der Organe sowie einzelne Problemstellungen, die sich im Rahmen der Steuerung und Organisationsstruktur ergeben können, eingegangen werden (Abschnitt 7.1.3).

7.1.1 Führungsstruktur von Stiftungen

Wie bereits dargestellt, ist sowohl in der Schweiz als auch in Deutschland gesetzlich lediglich der Stiftungsrat beziehungsweise Stiftungsvorstand als Stiftungsorgan festgelegt, der die Stiftung rechtlich vertritt und dessen Aufgabe es ist, dem Stifterwillen Geltung zu verschaffen. Der Stifter kann jedoch in der Stiftungssatzung weitere Stiftungsorgane vorsehen. Des Weiteren wurde bereits gezeigt, dass dem Stiftungsrat beziehungsweise dem Stiftungsvorstand jeweils die Rolle des Agenten im Sinne der Prinzipal-Agenten-Theorie zukommt, während die Rolle des Prinzipals nach einer

Ansicht der Stifter und nach anderer Ansicht die Stiftung selbst einnimmt. Unabhängig davon, wer konkret als Prinzipal angesehen wird, so wird jedenfalls einhellig angenommen, dass zwischen dem Leitungsgremium der Stiftung und der Stiftung selbst Interessenkonflikte entstehen können und dass in einer Reaktion darauf, das heißt um die Stiftung (nach einer Ansicht indirekt über den Schutzrechtsträger Stifter) zu schützen, das Leitungsgremium einer Überwachung bedarf. Auf diesem Wege soll der weite Handlungsspielraum des Stiftungsrats beziehungsweise des Stiftungsvorstands korrigiert und eingeschränkt werden.

Im Folgenden sollen zunächst die grundlegenden Prinzipien der Führungsstruktur von Stiftungen dargestellt werden (Abschnitt 7.1.1.1). Sodann soll auf grundsätzliche Unterschiede hinsichtlich der Organisationsstruktur von Stiftungen in der Schweiz und in Deutschland eingegangen werden (Abschnitt 7.1.1.2). Basierend auf diesen Erkenntnissen soll anschließend die Bandbreite verschiedener möglicher Gestaltungsoptionen hinsichtlich Aufgabenverteilung und Zusammenarbeit zwischen beiden Führungsorganen aufgezeigt werden (Abschnitt 7.1.1.3).

7.1.1.1 Grundprinzipien der Führungsstruktur von Stiftungen

Vor dem Hintergrund der soeben dargestellten Kontrollproblematik wird in der Literatur sowie im Rahmen der bestehenden Foundation Governance Regelwerke in beiden Jurisdiktionen jeweils ganz weitgehend eine Gewaltenteilung durch die Einrichtung eines zweiten Leitungsorgans empfohlen. Dabei wird zwischen einer operativen Ebene, das heißt einer Geschäftsleitung, und einer strategischen Instanz unterschieden; zirkuläre Strukturen mit wechselseitiger Aufsicht beziehungsweise Abhängigkeiten von Gremien untereinander sind zu vermeiden.[396] So verlangt beispielsweise das Grundprinzip Nr. 2 des Swiss Foundation Code, dass die Stiftung zugunsten einer Gewaltentrennung selbst dafür sorgen müsse, dass sie einerseits geführt und dass andererseits diese Führung kontrolliert werde.[397] Auch § 4 Abs. 1 Swiss NPO-Code bestimmt, dass die leitenden Organe eine klare Trennung der Verantwortlichkeiten bei Aufsicht, Leitung und Vollzug zu gewährleisten haben. Die deutschen Grundsätze Guter Stiftungspraxis legen fest, dass die Mitglieder von Kontroll- und Beratungsgremien grundsätzlich unab-

396 Vgl. zum Beispiel Saenger/Veltmann (Fn. 250), S. 67, 73; Koch/von Holt (Fn. 41), S. 4f.; Hofstetter (Fn. 41), S. 43, 49.

397 Swiss Foundation Code (Fn. 43), Grundsätze, S. 19.

hängig von den für die operative Tätigkeit verantwortlichen Organen sein sollen.[398]

Als weiteres zentrales Prinzip der Führungsstruktur in Stiftungen wird die Implementierung von Checks and Balances gefordert, wodurch mittels eines Systems gegenseitiger Kontrollen und der Herstellung eines Gleichgewichts zwischen den Organen das Prinzip der Gewaltenteilung zusätzlich gestützt werden soll.[399] In diesem Zusammenhang bestimmt der Swiss Foundation Code, dass die Stiftung durch geeignete organisatorische Maßnahmen dafür Sorge zu tragen habe, dass für alle wichtigen Abläufe und Entscheidungen ein ausgewogenes Verhältnis von Führung und Kontrolle besteht.[400]

Ziel der Gestaltung der Führungsstruktur ist die Etablierung eines der jeweiligen Stiftung angepassten Organisationsgefüges, das eine optimale Umsetzung des durch den Stifterwillen vorgegebenen Stiftungszwecks gewährleistet. Durch die Implementierung eines effizienten Kontrollsystems auf Führungsebene kann die bei Stiftungen fehlende Eigentümerkontrolle zumindest in Teilen substituiert werden. Die Ausgestaltung der Zusammenarbeit zwischen den Organen sowie ihrer Kontroll-, Entscheidungs- oder Beratungskompetenzen im Einzelnen kann aufgrund der Satzungsautonomie des Stifters von Organisation zu Organisation hinsichtlich verschiedener Aspekte differieren. In jedem Fall erforderlich ist eine klare Zuweisung der Aufgaben an die jeweiligen Führungsgremien sowie eine Abgrenzung ihrer Tätigkeitsbereiche. Neben abstrakten Kontroll- und Überwachungspflichten sollten Regelungen zur Zusammenarbeit der Organe im Einzelnen festgelegt werden, die ein um so effizienteres Zusammenwirken gewährleisten, je detaillierter sie ausgestaltet sind. In der Regel werden sich die Organe zu diesem Zweck Geschäftsordnungen geben.[401]

7.1.1.2 Grundsätzliche Unterschiede hinsichtlich der Führungsstruktur zwischen der Schweiz und Deutschland

Auch wenn im Ergebnis sowohl in der Schweiz als auch in Deutschland ganz weitgehend empfohlen wird, zwischen einer operativen Ebene und einer Aufsichtsinstanz zu trennen, so sind dennoch Unterschiede beziehungswei-

398 Grundsätze Guter Stiftungspraxis (Fn. 45), S. 10.

399 Vgl. zum Beispiel Koch/von Holt (Fn. 41), S. 5; Hofstetter (Fn. 41), S. 43, 51.

400 Swiss Foundation Code (Fn. 43), Grundsätze, S. 19. Ähnlich auch § 4 Abs. 1 Swiss NPO-Code (Fn. 32).

401 Saenger/Veltmann (Fn. 250), S. 67, 73.

se unterschiedliche Ausgangspunkte in beiden Ländern in Hinblick auf die Organisationsstruktur von Stiftungen festzustellen. Zwar nimmt in beiden Jurisdiktionen das gesetzlich vorgesehene Organ die zentrale Rolle bei der Führung der Stiftung ein. Allerdings ist der Schweizer Stiftungsrat grundsätzlich der strategischen, beaufsichtigenden Leitungsebene zuzuordnen, während der deutsche Stiftungsvorstand in aller Regel der operativen Leitungsebene zugewiesen ist. In der Schweiz kann der Stiftungsrat sodann ein geschäftsleitendes, operatives Organ einsetzen, welches die Vorgaben des Stiftungsrates umsetzt. In Deutschland wird der Stiftungsvorstand oftmals durch ein Aufsichtsorgan, häufig bezeichnet als Kuratorium, ergänzt, welches in unterschiedlichem Umfang die strategische Ausrichtung für die Stiftung vorgibt. Diese verschiedenen Ansatzpunkte sind jedoch nicht als stiftungsrechtsspezifisch anzusehen, sondern finden sich auch im Rahmen der Organstruktur der Aktiengesellschaften in beiden Jurisdiktionen wieder: während in der Schweiz der Verwaltungsrat auf der strategischen Ebene kein reines Kontrollorgan, sondern auch Exekutivorgan ist, ist die Rolle des deutschen Aufsichtsrats auf gleicher Ebene zurückhaltender konzipiert und beschränkt sich weitgehend auf die Aufsicht des Vorstands.[402]

7.1.1.3 Optionen der Aufgabenverteilung und des Zusammenwirkens der Organe

Zwischen den beiden dargestellten Ansätzen sind vielfältige Zwischenlösungen denkbar. Da der Stifter aufgrund der Satzungsautonomie grundsätzlich frei in der Fassung der Stiftungsorganisation ist, bestehen verschiedene Gestaltungsoptionen hinsichtlich des Verhältnisses zwischen den beiden Führungsgremien, der Verteilung der Aufgaben zwischen ihnen sowie der Organisation ihres Zusammenwirkens. Diese Optionen sollen im Folgenden anhand einer Skala dargestellt werden, anknüpfend an die obigen Ausführungen. Das eine Ende der Skala soll dem schweizerischen Ansatz entsprechen, das heißt die zentrale Rolle bei der Stiftungsführung nimmt die beaufsichtigende Ebene ein, und das andere Ende soll das deutsche Konzept darstellen, bei dem der Fokus auf der operativen Ebene liegt. Diese Skala soll

402 Gem. § 111 Abs. 1 AktG hat der Aufsichtsrat die Geschäftsführung zu überwachen; gem. § 111 Abs. 4 S. 1 AktG können Maßnahmen der Geschäftsführung dem Aufsichtsrat grundsätzlich nicht übertragen werden. Gem. Art. 716 Abs. 2 OR führt dagegen der Verwaltungsrat die Geschäfte der Gesellschaft, soweit er die Geschäftsführung nicht übertragen hat. Art. 716a OR weist dem Verwaltungsrat weitgehende unübertragbare Aufgaben zu, insbesondere die Oberleitung der Gesellschaft (Art. 716a Nr. 1 OR).

auch als Basis dienen, um die Vorgaben bestehender Regelwerke einordnen zu können.

7.1.1.3.1 Aufsichtsinstanz als zentrales Führungsgremium

Im Rahmen des schweizerischen Ansatzes lässt sich zunächst exemplarisch der auf Förderstiftungen Bezug nehmende Swiss Foundation Code nennen, der den Schwerpunkt der Führungsstruktur beim Stiftungsrat setzt und diesem die Verantwortung für die Stiftung zuordnet. Danach soll der Stiftungsrat auf Basis der Stiftungsurkunde die Stiftungspolitik, die Stiftungsstrategie sowie die Organisation der Stiftung festlegen und sie periodisch überprüfen. Des Weiteren soll der Stiftungsrat die Tätigkeiten der Stiftung überwachen, eine Aufgabe, die eine Beurteilung sowohl der Geschäftsführung als auch des eigenen Gremiums einschließe. Schließlich zeichne der Stiftungsrat für die Politik und Strategie der Vermögensanlage verantwortlich und habe die Aufgabe Wirkungsfelder zu suchen, in denen der Stiftungszweck erfüllt werden könne. Der Stiftungsrat soll eine Geschäftsführung einsetzen, die einerseits ausführendes Organ sei, das heißt die vorgegebene Strategie operativ umsetzte. Andererseits solle die Geschäftsführung als Stabsorgan des strategisch orientierten Stiftungsrates agieren und dessen Beschlüsse oder auch die Grundlagen für die Entwicklung von Stiftungspolitik, Stiftungsstrategie und Fördertätigkeit inhaltlich vorbereiten.[403]

Ähnlich formuliert der Swiss NPO-Code. Gemäß den Empfehlungen führt der Stiftungsrat die Stiftung nach dem Willen des Stifters und nimmt in der Regel als das strategische Führungsgremium die mittel- und langfristigen Kontrollfunktionen wahr. Ihm obliege die Gesamtverantwortung für die Stiftung, insbesondere bezüglich der Geschäftstätigkeit, der Verwaltung und der Verwendung der Stiftungsmittel, des Risikomanagements sowie des Controllings. Hinsichtlich des Zusammenwirkens zwischen der strategischen und der operativen Ebene wird empfohlen, dass die Geschäftsleitung die Entscheidungen des Stiftungsrats einerseits umsetze, andererseits die Geschäfte des Stiftungsrats vorbereite und schließlich, in Abweichung zu der Formulierung im Swiss Foundation Code, den Stiftungsrat in seiner Entscheidungsfindung unterstütze.[404] Als weiterer Unterschied zum Swiss Foundation Code heißt es im Swiss NPO-Code explizit, dass die Geschäftsführung vorausschauend denken und insbesondere eigene Impulse und Vorschläge einbringen solle. Zu diesem Zweck solle die Geschäftsleitung

403 Swiss Foundation Code (Fn. 43), Empfehlungen 4 und 13.

404 § 12 Abs. 1, Abs. 2 lit. a, § 23 Abs. 1 und Abs. 2 Swiss NPO-Code (Fn. 32).

oder ihr Vorsitzender in der Regel an den Sitzungen des Stiftungsrats mit beratender Stimme teilnehmen.[405] Schließlich solle die Geschäftsführung – ebenso wie im Swiss Foundation Code vorgesehen – die Prioritäten zur Erreichung der Ziele im Rahmen der Vorgaben des obersten Leitungsorgans festlegen und diese umsetzen.[406]

Es ist anzunehmen, dass die größeren Handlungsspielräume für die operative Ebene im Rahmen des Swiss NPO-Code zumindest teilweise auf den Umstand zurückzuführen sind, dass dieser sich, anders als der Swiss Foundation Code, an operative Stiftungen richtet. Bei operativen Stiftungen gestaltet sich der Geschäftsbetrieb häufig sehr umfangreich und erfordert eine stärkere Einbindung der Geschäftsleitung, als dies bei reinen Förderstiftungen der Fall ist. Spiegelbildlich und ebenfalls basierend auf den unterschiedlichen Anforderungen in Förderstiftungen und operativen Stiftungen, nähern sich die Satzungen mancher deutscher Förderstiftungen im Ergebnis dem Schweizer System an, auch wenn es in der Regel bei den beschriebenen grundsätzlichen Systemunterschieden bleibt. Bei Förderstiftungen ist es sinnvoll, wenn die Aufsichtsebene über ihre Kontrollfunktion hinaus auch die ideell geprägte strategische Führung wahrnimmt und Vorgaben zur Verwendung der Fördermittel gibt.[407] Als Beispiel sei die deutsche Max Planck-Förderstiftung genannt, nach deren Satzung zwar der Vorstand die Geschäfte der Stiftung operativ im Rahmen der Satzung, der Richtlinien und der Beschlüsse des Stiftungsrats führt, der Stiftungsrat als Aufsichtsebene jedoch über den Erlass und die Änderung von Richtlinien bezüglich der Annahme und Verwendung von Zuwendungen entscheiden soll.[408]

7.1.1.3.2 Operative Ebene als zentrales Führungsgremium

Im deutschen Stiftungsrecht liegt, wie oben gezeigt, der Schwerpunkt der Stiftungsführung grundsätzlich bei dem operativ tätigen Stiftungsvorstand. Es bestehen jedoch, abhängig von der Konzipierung der jeweiligen Stiftung, Unterschiede hinsichtlich der Einbindung beziehungsweise hinsichtlich des Einflusses der Aufsichtsebene. Verhältnismäßig gering ist die Rolle des Aufsichtsgremiums im Falle einer reinen Ergebniskontrolle, bei welcher dem Kuratorium lediglich Ergebnis- und Jahresberichte vorgelegt werden. Stär-

---

405 § 23 Abs. 2 und Abs. 6 Swiss NPO-Code (Fn. 32).

406 § 24 Abs. 2 Swiss NPO-Code (Fn. 32).

407 Koch/von Holt (Fn. 41), S. 1, 4.

408 Vgl. § 8 Abs. 2 lit. a i.V.m. § 4 Abs. 4 der Satzung, verfügbar unter www.maxplanck foerderstiftung.org.

kere Einwirkungen erlaubt dagegen eine laufende Kontrolle, bei welcher das Aufsichtsgremium beispielsweise Einsicht in die Geschäftsunterlagen nehmen oder Haushaltspläne genehmigen kann oder aber das Recht erhält, regelmäßig Berichte über die Erfüllung des Stiftungszwecks zu bekommen. Die meisten Befugnisse sind schließlich mit einer vorsteuernden Kontrolle durch das Aufsichtsgremium verbunden, bei welcher die Vornahme bestimmter Handlungen unter einen Kuratoriumsvorbehalt gestellt werden kann[409] und das Kuratorium gegebenenfalls zusätzlich Bestell- beziehungsweise Abbestellungsbefugnisse hinsichtlich des Vorstands erhält.[410]

Ein extensives Verständnis der Rolle der Aufsichtsebene liegt beispielsweise den Statuten der operativ tätigen Bertelsmann-Stiftung zugrunde. Danach entwickelt der Vorstand zwar die strategische Ausrichtung der Stiftung, er hat diese jedoch mit dem Kuratorium der Stiftung abzustimmen und darf auch nur mit dessen Zustimmung über die Festlegung der strategischen Grundsätze und Schwerpunkte der Stiftungsarbeit sowie über die Festsetzung der Finanzpläne entscheiden. Der Vorstand setzt die strategische Ausrichtung der Stiftung dann operativ um, wobei er bei der Geschäftsführung durch das Kuratorium beraten und überwacht wird.[411]

Im Rahmen der Empfehlungen des Diakonischen Corporate Governance Kodex sind die Kompetenzen der Aufsichtsebene weniger stark ausgeprägt, wobei im Sinne eines grundlegenden Richtsatzes vorab bestimmt wird, dass der Vorstand und das Aufsichtsgremium zum Wohle der Einrichtung eng zusammenarbeiten. Danach leitet der Vorstand die Stiftung in eigener Verantwortung und bestimmt die strategische Ausrichtung der Einrichtung, stimmt sie mit Aufsichtsgremium ab und sorgt für ihre Umsetzung. Das Aufsichtsgremium ist für die Bestellung der Vorstandsmitglieder verantwortlich und berät, begleitet sowie überwacht den Vorstand. Es ist in Entscheidungen von grundlegender Bedeutung einzubeziehen.[412]

---

409 Seifart/von Campenhausen (Fn. 153), § 8 Rdnr. 51f. und 80f. Vgl. auch § 111 Abs. 4 S. 2 AktG: „Die Satzung oder der Aufsichtsrat hat jedoch zu bestimmen, dass bestimmte Arten von Geschäften nur mit seiner Zustimmung vorgenommen werden dürfen."

410 Walz, Lücken der Foundation Governance und ihre Ausfüllung, in: Arkan/Yongalik (Hrsg.), Festschrift Tugrul Ansay zum 75. Geburtstag, Alphen aan de Rijn, 2006, S. 497, 510f.

411 § 8 Abs. 2, § 13 Abs. 1, § 16 lit. a, lit. c der Satzung, verfügbar unter www.bertelsmann-stiftung.de.

412 Diakonischer Corporate Governance Kodex (Fn. 48), Abschnitte 2.2, 2.3.1 und 2.4.2, S. 4, 5, 6f.

Schließlich besteht die Möglichkeit, den Schwerpunkt der Leitung gänzlich bei der operativen Ebene zu setzen und das zweite Gremium als reines Kontroll- und Aufsichtsgremium auszugestalten. Dem Stiftungsvorstand wird die Federführung hinsichtlich der strategischen Planung überlassen, während das Aufsichtsgremium auch in diesem Bereich lediglich eine Kontrollfunktion ausübt. Als Beispiel für eine solche Konzeption kann die deutsche Stiftung Bildung und Jugend genannt werden, die bestimmt, dass der Vorstand die Stiftung in eigener Verantwortung im Rahmen der geltenden Gesetze leitet und über die Verwendung der Stiftungsmittel beschließt, während der Stiftungsrat den Vorstand bestellt und dessen Tätigkeit überwacht.[413] Ähnlich lauten auch die Empfehlungen des VENRO-Verhaltenskodex. Danach ist die operative Geschäftsführung als Leitungsorgan für die Erarbeitung und Umsetzung der strategischen Ausrichtung der Organisation zuständig und das Kuratorium fungiert als oberstes Aufsichts- und Kontrollorgan. In Abhängigkeit von der Größe der Organisation kann das Kuratorium ein weiteres, zwischengeschaltetes Aufsichtsorgan wählen, das die Geschäftsführung unmittelbar beaufsichtigt und an das Kuratorium berichtet.[414]

7.1.1.3.3 Weitere Regelwerke

Die Reglemente derjenigen Organisationen welche Gütesiegel an Stiftungen verleihen – in der Schweiz die Stiftung ZEWO und in Deutschland das DZI – sind hinsichtlich detaillierter Angaben in Bezug auf die Führungsstruktur von Stiftungen zurückhaltend. Beide Regelwerke verlangen jedoch, dass die personelle Trennung zwischen leitendem und ausführendem Organ nach den Grundsätzen der internen Kontrolle und durch die klare Definition von Kompetenzen in einem Geschäftsreglement zu gewährleisten sei[415] beziehungsweise dass die Organisation über angemessene Leitungs- und Aufsichtsstrukturen verfüge, in denen eindeutig zu regeln sei, wer zu Entscheidungen und Vertretungen befugt ist.[416] Das DZI fordert darüber hinaus, dass das Aufsichtsorgan das Leitungsorgan überwache, ohne jedoch festzulegen,

413 § 8 und § 10 der Satzung, verfügbar unter www.jugend-und-bildung.de.

414 VENRO-Verhaltenskodex (Fn. 47), Abschnitt 1.2, S. 4f. Der Kodex bezeichnet wörtlich die Mitgliederversammlung als das oberste Aufsichtsorgan, stellt jedoch klar, dass dieses Grundmodell auch auf andere Rechtsformen übertragbar sei, dann würden die Aufgaben beispielsweise durch Stiftungsrat oder Kuratorium wahrgenommen.

415 Art. 6 Nr. 7 Reglement ZEWO-Gütesiegel (Fn. 44).

416 Nr. 2 S. 1 Leitlinien DZI Spenden-Siegel (Fn. 49).

ob dem Aufsichtsorgan weitere Kompetenzen zustehen sollen.[417] Die zurückhaltende Positionierung der Stiftung ZEWO und des DZI könnte dadurch zu erklären sein, dass die durch diese Institutionen verliehenen Spendensiegel einer großen Bandbreite heterogener Nonprofit Organisationen offen stehen sollen.

Letztere Annahme trifft um so mehr auf internationale Regelwerke zu, die ebenfalls keine ausführlichen Regelungen zur Führungsstruktur von Stiftungen bereithalten, um für eine Vielzahl verschiedenartiger Stiftungen in unterschiedlichen Jurisdiktionen anwendbar zu bleiben. Das European Foundation Centre verlangt beispielsweise in seinen Principles of Good Practice lediglich ein identifizierbares Entscheidungsgremium (identifiable decision-making body).[418] Die Anti-Terrorist Financing Guidelines der USA gehen – spiegelbildlich zu dem angloamerikanischen Aktienrecht – von einem monistischen System mit lediglich einem Führungsgremium, dem Board of Directors, aus.[419]

7.1.2 Einrichtung weiterer Stiftungsorgane und Stiftungsgremien

Die unmittelbare Führungsebene der Stiftung kann durch weitere Organe beziehungsweise Gremien ergänzt werden. Hierzu zählen einerseits Ausschüsse und Beiräte verschiedener Gestaltungsart (a) sowie eine Vertretung spezifischer Anspruchsgruppen, beispielsweise der Destinatäre einer Stiftung (b). Darüber hinaus kommt die Einrichtung einer internen Revisionsstelle als weiteres Stiftungsorgan in Betracht, die in der Schweiz für Stiftungen ab einer bestimmten Größe bereits gesetzlich vorgeschrieben ist (c).

7.1.2.1 Expertengremien: Ausschüsse und Beiräte

Die Arbeit der Stiftung kann durch die Bildung von Expertengremien effizienter gestaltet und Kontrollmechanismen können verbessert werden. Es ist zwischen stiftungsinternen Ausschüssen auf der einen Seite und stiftungsexternen Beiräten auf der anderen Seite zu unterscheiden. Des Weiteren können Expertengremien sowohl als ständige oder aber als Ad-hoc-Einrichtungen konzipiert werden.

417 Nr. 2 lit. b Abs. 1 S. 1 Leitlinien DZI Spenden-Siegel (Fn. 49).

418 EFC Principles of Good Practice (Fn. 52), Principle No. 2.

419 Anti Terrorist Financing Guidelines (Fn. 56), Abschnitt I. B, S. 2.

Stiftungsinterne Ausschüsse werden jeweils mit gewissen Aufgaben und Projekten betraut oder befassen sich mit der Überwachung spezifischer Risiken. Ab einer bestimmten Größe der Leitungsgremien ist eine Arbeitsteilung mit sachgebietsspezifisch gegliederten Fachausschüssen sinnvoll, da dies die Gremien einerseits entlastet und andererseits die qualifizierte Bearbeitung komplexer Sachverhalte gewährleistet.[420] Entsprechende Anregungen zur Bildung von Ausschüssen finden sich sowohl im Swiss Foundation Code[421], im Swiss NPO-Code[422], im VENRO-Verhaltenskodex[423] sowie im Diakonischen Corporate Governance Kodex[424]. Konkret wird beispielsweise die Bildung eines Finanzausschusses angeregt, der mit der Vorbereitung von Entscheidungen von erheblicher finanzieller Tragweite, wie der Erstellung des Jahresabschlusses oder des Wirtschaftsplans, beauftragt werden kann.[425] *Hofstetter* schlägt unter anderem die Einrichtung eines Prüfungsausschusses vor, der die Einhaltung von Gesetzen und internen Reglementen im Bereich der Anlagen und Ausschüttungen prüft und auf diesem Wege mögliche Risiken der Stiftung, wie beispielsweise Missmanagement, überwacht.[426] Der Swiss Foundation Code nennt einen Förderausschuss, der für die Vorbereitung wichtiger Beschlüsse im Förderbereich oder die Evaluation von Fördertätigkeiten zuständig sein soll, als weitere Alternative. Die Stiftung Mercator Schweiz hat beispielsweise sowohl einen Anlageausschuss als auch einen Vergabeausschuss in ihre Organisationsstruktur integriert.[427]

Des Weiteren kommt die Einrichtung eines Personalausschusses in Betracht. Einen entsprechenden Ausschuss sehen beispielsweise die Statuten der Bertelsmann Stiftung vor, nach denen ein Personalausschuss die Mitglieder sowohl der Geschäftsleitung als auch der Aufsichtsinstanz nominiert.[428] *Hofstetter* empfiehlt neben einem Nominationsausschuss auch die Einrichtung eines Entschädigungsausschusses, der die Honorare hauptamtlicher Organmitglieder festlegt.[429]

---

420 Hofstetter (Fn. 41), S. 43, 50, unter Verweis auf die Jacobs Foundation.

421 Swiss Foundation Code (Fn. 43), Empfehlung 10.

422 § 19 Swiss NPO-Code (Fn. 32).

423 VENRO-Verhaltenskodex (Fn. 47), Abschnitt 1.2.2 S. 4.

424 Diakonischer Corporate Governance Kodex (Fn. 48), Abschnitt 2.4.4, S. 8.

425 So der Diakonische Corporate Governance Kodex (Fn. 48), Abschnitt 2.4.4, S. 8 Fn. 18.

426 Hofstetter (Fn. 41), S. 43, 50.

427 Einsehbar auf der Website der Stiftung unter www.stiftung-mercator.ch.

428 § 17 Nr. 3 der Satzung der Stiftung Bertelsmann (Fn. 411).

429 Hofstetter (Fn. 41), S. 43, 50.

Neben stiftungsinternen Ausschüssen kann durch die Einrichtung externer Gremien zusätzlich Fachkompetenz in das Stiftungsgeschehen eingebunden werden.[430] Insbesondere für Stiftungen mit fachorientiertem Förderfokus können Beiräte in Form von Fachgremien, die aus externen unabhängigen Experten zusammengesetzt sind und das Leitungsgremium unterstützen, eine sinnvolle Ergänzung sein. So arbeitet zum Beispiel die Schweizer Stiftung Denkmalpflege im Sinne der Qualitätssicherung mit einem wissenschaftlichen Beirat zusammen.[431] Eine ähnliche Funktion hat der Stiftungsbeirat der deutschen Kulturstiftung des Bundes, der die Geschäftsleitung berät und unterstützt.[432] Der Swiss Foundation Code weist darauf hin, dass an die Unabhängigkeit externer Mitglieder hohe Anforderungen zu stellen seien. Sie dürften insbesondere nicht in einem engeren Verhältnis zu den überwachten Funktionsträgern, gegebenenfalls beauftragten Dienstleistern oder den Destinatären stehen.[433]

7.1.2.2 Interessenvertretung von Anspruchsgruppen

Eine weitere Möglichkeit, um der Kontrollproblematik in Stiftungen zu begegnen, bietet die Einbindung von Anspruchsgruppen in die Überwachung des Organhandelns.

7.1.2.2.1 Stiftungsversammlung

Insoweit besteht einerseits die Möglichkeit der Einrichtung einer Stiftungsversammlung. Diese Option wird insbesondere im Swiss NPO-Code angesprochen, der die Stiftungsversammlung, so sie in den Statuten einer Stiftung vorgesehen ist, als das oberste Organ der Stiftung definiert, ähnlich der Mitgliederversammlung des Vereins.[434] Der Stiftungsversammlung obliegen dann unter anderem die Bestimmung des Leitbildes, die Wahl der Mitglieder des Stiftungsrates sowie die Regelung von Aufsicht und Kontrolle über die Geschäftstätigkeit. Für den Fall, dass ein entsprechendes oberstes Organ in der jeweiligen Einrichtung nicht existiert, soll der Stiftungsrat sowohl die Funktion als oberstes Leitungsorgan wie auch die des obersten Organs wahrnehmen und für einen transparenten Umgang mit dieser Doppelfunk-

430 Koch/von Holt (Fn. 41), S. 1, 6.
431 Siehe die Informationen auf der Website der Stiftung, verfügbar unter www.stiftung-denkmalpflege.ch.
432 §§ 11, 12 der Satzung, verfügbar unter www.kulturstiftung-des-bundes.de.
433 Swiss Foundation Code (Fn. 43), Empfehlung 10, Kommentierung S. 68f.
434 § 11 Abs. 2 Swiss NPO-Code (Fn. 32).

tion sorgen. Eine Stiftungsversammlung ist beispielsweise in den Statuten der Schweizer Stiftung Pro Senectute vorgesehen, nach denen die Stiftungsversammlung für die Festlegung der Grundzüge der Stiftungspolitik, die Wahl und Beaufsichtigung der Tätigkeit des Stiftungsrats, die Genehmigung des Leistungsberichts und der Jahresrechnung sowie die Beaufsichtigung der Tätigkeit der Pro Senectute-Organisationen zuständig ist.[435] In Deutschland sind Stiftungsversammlungen insbesondere in die Satzungen von Bürgerstiftungen integriert. So bestimmt beispielsweise die Satzung der Bürgerstiftung Hamburg, dass eine Stiftungsversammlung als Vertretung derjenigen, die für die Bürgerstiftung Hamburg gestiftet oder gespendet haben, eingerichtet werden solle. Den Zeitpunkt der Konstituierung und die Berechtigung an der Versammlung teilzunehmen sei durch den Vorstand mit Zustimmung des Stiftungsrates zu bestimmen. Die Stiftungsversammlung wähle die Mitglieder des Stiftungsrates und entlaste sie. Sie habe das Recht, mindestens einmal jährlich vom Vorstand über die Angelegenheiten der Stiftung informiert zu werden, könne durch Beauftragte Einsicht in die Unterlagen der Stiftung nehmen und Rechenschaft verlangen.[436]

7.1.2.2.2 Einbindung der Destinatäre und weiterer Anspruchsgruppen

Eine weitere Option bietet die Einbindung der Destinatäre. Der Stifter kann mittels der Einräumung von Begünstigtenrechten in der Satzung die Stiftungsorganisation mit weiteren Kontrollinstanzen abrunden, die aufgrund des genuinen Interesses der Destinatäre an der Verwirklichung des Stiftungszwecks besonders effektiv sein können. In Hinblick auf die konkrete Ausgestaltung entsprechender Rechte bestehen verschiedene praktische Möglichkeiten. In Betracht kommen beispielsweise Informationsrechte und Beteiligungsrechte der Destinatäre an den Stiftungsentscheidungen, Mitwirkungsrechte bei der Bestellung der Geschäftsleitung oder des Aufsichtsorgans, die Repräsentation von Destinatären in Stiftungsorganen durch einen Vertreter oder aber ein aus Destinatären gebildetes Stiftungsgremium im Sinne einer Destinatärsversammlung.[437] Die bestehenden Foundation Governance Kodizes enthalten indessen, soweit ersichtlich, keine entsprechenden Regelungen; der Swiss Foundation Code fordert lediglich, dass die Stiftung den Austausch mit den Begünstigten fördern solle.[438]

---

435 Siehe die Informationen auf der Website der Stiftung, verfügbar unter www.prosenectute.ch.

436 § 6 der Satzung, verfügbar unter www.buergerstiftung-hamburg.de.

437 Siehe hierzu Wernicke (Fn. 201), S. 301, 304.

438 Swiss Foundation Code (Fn. 43), Empfehlung 12, Kommentierung S. 73.

Flankierend zu den genannten Informations-, Mitwirkungs- und Kontrollrechten kann die Stiftungssatzung ein Klagerecht der Destinatäre festlegen. Werden insoweit keine eindeutigen Aussagen getroffen, ist durch Auslegung zu ermitteln, ob ein entsprechender Stifterwille besteht. Sind den Begünstigten jedoch Aufsichts- und Beanstandungsrechte durch die Stiftungssatzung gewährt, werden entsprechende Klagerechte in der Regel zu bejahen sein, da in diesen Fällen davon auszugehen ist, dass die Destinatäre ihre Rechte auch im Gerichtswege durchsetzen können sollen.[439]

Schließlich kommt auch die Einrichtung eines Verfahrens zur internen Beschwerdeführung in Betracht, zum Beispiel durch eine Ombudsperson. Einen entsprechenden Vorschlag enthalten die Empfehlungen des DZI, zumindest hinsichtlich solcher Organisationen die bestimmte Gesamterträge überschreiten. Auf diesem Weg könnten insbesondere Mitarbeiter, Projektpartner und andere mit der Organisation verbundene Personen begründete Hinweise und Beschwerden vortragen, ohne dass sie dadurch Nachteile befürchten müssten.[440]

7.1.2.3 Revisionsstelle

Wie bereits erläutert wurde, ist in der Schweiz die Einrichtung einer Revisionsstelle für Stiftungen ab einer bestimmten Größe gesetzlich vorgeschrieben. Die Schweizer Foundation Governance-Regelwerke greifen die bestehenden Regelungen auf. Während § 27 Swiss NPO-Code die gesetzlichen Anforderungen wiederholt, enthält die Kommentierung des Swiss Foundation Code einige zusätzliche Anregungen. So wird darauf hingewiesen, dass zwar lediglich im Rahmen der ordentlichen Revision gem. Art. 728a Nr. 3 OR die Revisionsstelle zu prüfen habe, ob ein internes Kontrollsystem bestehe, aus Sicht des Grundsatzes der Checks and Balances sei jedoch allen Stiftungen zu empfehlen, ein internes Kontrollsystem zu errichten und sein mängelfreies Funktionieren zu überwachen. Des Weiteren solle der Stiftungsrat der Revisionsstelle keine Aufgaben erteilen, die über deren gesetzliche Aufgaben hinausgingen, insbesondere dürfe die Revisionsstelle in Hinblick auf die Gewaltenteilung nicht mit eben jener Buchhaltung betraut sein, die sie zu prüfen habe.[441] Das Reglement zum ZEWO-Gütesiegel schließlich verlangt, dass die Revisionsstelle über die gesetzlichen Anforde-

439 Wernicke (Fn. 201), S. 301, 305.

440 Nr. 2 lit. b Abs. 8 Leitlinien DZI Spenden-Siegel (Fn. 49). Vgl. auch Seifart/von Campenhausen (Fn. 153), § 8 Rdnr. 54, die die Einrichtung eines stiftungseigenen Schiedsgerichts zur Lösung interner Konflikte vorschlagen.

441 Swiss Foundation Code (Fn. 43), Empfehlung 14, Kommentierung S. 80-82.

rungen hinaus auch die Einhaltung der Fachempfehlungen zur Rechnungslegung, Swiss GAAP FER, prüfen sowie positiv bestätigen müsse, dass die Bestimmungen des Reglements eingehalten wurden.[442]

Auch in den bestehenden deutschen Regelwerken wird auf die Rechnungsprüfung eingegangen. So bestimmt der VENRO-Verhaltenskodex, dass das Kuratorium einen vereidigten Buchprüfer oder eine Wirtschaftsprüfungsgesellschaft beauftragt, die nach Möglichkeit alle sieben Jahre gewechselt werden soll. Organisationen mit jährlichen Gesamteinnahmen ab drei Millionen Euro sollen in ihren Jahresberichten Angaben darüber machen, welche vereidigten Buchprüfer beziehungsweise Wirtschaftsprüfer mit welchem Ergebnis beziehungsweise Testat die Jahresrechnung durchgeführt haben.[443] Ähnlich formuliert der Diakonische Corporate Governance Kodex, nach dem das Aufsichtsgremium die Beauftragung eines unabhängigen Abschlussprüfers beschließt, der an den Beratungen des Aufsichtsgremiums über den Jahresabschluss teilnehmen und über die wesentlichen Ergebnisse der Prüfung berichten soll. Des Weiteren soll ein Wirtschaftsprüfer die Konformität des Stiftungshandelns mit dem Diakonischen Corporate Governance Kodex testieren.[444] Die Prinzipien guter Stiftungspraxis der VW-Stiftung bestimmen ebenfalls, dass die Rechnungslegung durch ein durch das Aufsichtsorgan ausgewähltes und beauftragtes Wirtschaftsprüfungsunternehmen geprüft und testiert wird. Es sei dabei zu empfehlen, alle fünf bis acht Jahre über einen Wechsel des Wirtschaftsprüfungsunternehmens nachzudenken. Die Vertreter des Aufsichtsorgans sollen gemeinsam mit der verantwortlichen Geschäftsführung den Bericht der Wirtschaftsprüfer entgegennehmen.[445] Schließlich nehmen auch die Leitlinien des DZI-Spendensiegels auf die Rechnungsprüfung Bezug, wobei die Anforderungen dabei in Abhängigkeit von der Größe der jeweiligen Organisation variieren. Die Skala reicht von einer Prüfung der Jahresrechnung und der ihr zugrunde liegenden Buchführung durch zwei fachlich geeignete, unabhängige Rechnungsprüfer bei kleineren Organisationen bis hin zur Prüfung des Jahresabschlusses durch einen unabhängigen Wirtschaftsprüfer oder vereidigten Buchprüfer mit Bestätigungsvermerk sowie der Prüfung des Lagebe-

442 Art. 12 Nr. 5 lit. b und d Reglement ZEWO-Gütesiegel (Fn. 44).

443 VENRO-Verhaltenskodex (Fn. 47), Abschnitte 1.2.1 und 2.2.2, S. 4 und 6.

444 Diakonischer Corporate Governance Kodex (Fn. 48), Abschnitt 1, S. 2 und Abschnitt 4, S. 9.

445 VW-Stiftung (Fn. 46), Prinzipien 17 und 18.

richts und einer Prüfung gemäß § 53 Haushaltsgrundsätzegesetz[446] oder vergleichbarer Regelwerke bei größeren Organisationen.[447]

7.1.3 Arbeitsweise der Organe und einzelne Problemstellungen

Im Folgenden sollen Einzelheiten der Organisationsstruktur in Stiftungen dargestellt werden. Dabei soll nach einem kurzen Abschnitt zur Arbeitsweise der Gremien (Abschnitt 7.1.3.1) zunächst auf Fragen der Inkompatibilität sowie mögliche Interessenskonflikte zwischen der Stiftung und den Organmitgliedern eingegangen werden (Abschnitt 7.1.3.2). Im Anschluss sollen einzelne Regelungsbereiche betreffend der Organmitglieder abgebildet werden, wobei im Einzelnen die Frage nach ihrer Nominierung und Ernennung (Abschnitt 7.1.3.3), die Frage nach den Anforderungen an die Qualifikation der Organmitglieder (Abschnitt 7.1.3.4) sowie schließlich die Frage nach ihrer Honorierung (Abschnitt 7.1.3.5) Gegenstand der Darstellung sein werden.

7.1.3.1 Arbeitsweise der Gremien

Die Empfehlungen bestehender Kodizes sowie der Literatur hinsichtlich der Arbeitsweise der Organe betreffen insbesondere die Aufsichtsebene der Stiftung. In Bezug auf die Besetzung des Aufsichtsgremiums differieren die Angaben zwischen mindestens drei bis mindestens fünf Mitgliedern.[448] Der Swiss Foundation Code führt insoweit aus, dass der Stiftungsrat einerseits nicht zu klein sein dürfe, damit alle erforderlichen Kompetenzen ausgewogen vorhanden seien, die Mitglieder Erfahrungen und Wissen aus verschiedenen Bereichen einbringen könnten und die Funktion von Führung und Kontrolle sinnvoll verteilt werden könne; andererseits dürfe das Gremium nicht zu groß sein, damit eine effiziente Willensbildung möglich und der Stiftungsrat handlungsfähig bleibe.[449] Gemäß den Empfehlungen des Diako-

446 Gesetz über die Grundsätze des Haushaltsrechts des Bundes und der Länder in der Fassung der Bekanntmachung vom 19. August 1969 (BGBl. I S. 1273), zuletzt geändert durch Gesetz vom 27. Mai 2010 (BGBl. I S. 671).

447 Nr. 6 lit. a Abs. 7 und 8 sowie Nr. 6 lit. b Leitlinien DZI Spenden-Siegel (Fn. 49).

448 Für mindestens drei Mitglieder vgl. Swiss Foundation Code (Fn. 43), Empfehlung 6; für mindestens fünf Mitglieder vgl. beispielsweise Art. 6 Nr. 3 des Reglements ZEWO-Gütesiegel (Fn. 44) oder § 13 Swiss NPO-Code (Fn. 32).

449 Swiss Foundation Code (Fn. 43), Empfehlung 6, Kommentierung S. 56.

nischen Corporate Governance Kodex soll sich die Zahl der Mitglieder des Aufsichtsgremiums an der Größe und Bedeutung der jeweiligen Einrichtung orientieren.[450]

Des Weiteren wird empfohlen, dass sich die Organe Geschäftsordnungen geben, in denen die weiteren Arbeitsformen und Vorgehensweisen geregelt werden, so zum Beispiel Modalitäten der Beschlussfassung oder Regelungen über die Dokumentation der gefassten Beschlüsse.[451] Die Anzahl der empfohlenen persönlichen Beratungen des Aufsichtsgremiums im Jahr variiert zwischen drei bis fünf Tagungen, wobei im Rahmen einer umfassenden Vorbereitung der jeweiligen Tagungen insbesondere auch eine ausreichende Informationsversorgung der Mitglieder des Gremiums gewährleistet werden müsse.[452]

7.1.3.2 Inkompatibilität und Interessenskonflikte

Nahezu alle bestehenden Foundation Governance Regelwerke sehen eine Gewaltentrennung zwischen der Ebene der Geschäftsführung und derjenigen der Aufsicht vor.[453] Um die Unabhängigkeit der Organe voneinander sicherzustellen, werden verschiedene Regelungen hinsichtlich der personellen Trennung beider Ebenen diskutiert. So wird in der Literatur beispielsweise ein Wechsel aus der Geschäftsführung in das Aufsichtsgremium als kritisch gesehen, da so verhindert werden könne, dass eine neuer Vorstand Fehler und Schwachstellen ausreichend deutlich gegenüber dem Aufsichtsgremium kommuniziere; zu empfehlen sei ein genereller Ausschluss solcher Wechsel oder aber eine Karenzzeit von ein bis zwei Jahren.[454] Weitere Überlegungen betreffen die Frage, inwiefern die Mitglieder der verschiedenen Organe untereinander verbunden sein dürfen, um dennoch objektive Gremienentscheidungen gewährleisten zu können. Vor diesem Hintergrund bestimmt beispielsweise § 17 Swiss NPO-Code, dass Mitglieder des obersten Leitungsorgans untereinander oder mit Mitgliedern der Geschäftsleitung weder verheiratet, nahe verwandt oder verschwägert sein, noch in einer dauerhaften Partnerschaft leben dürfen. § 24 Abs. 3 Swiss NPO-Code enthält eine entsprechende Regelung für die Mitglieder der Geschäftsführung. Art. 6 Abs. 4 des ZEWO Reglements enthält ebensolche Bestimmun-

450 Diakonischer Corporate Governance Kodex (Fn. 48), Abschnitt 2.4.1, S. 6.

451 Vgl. Swiss Foundation Code (Fn. 43), Empfehlung 8, sowie § 15 Swiss NPO-Code (Fn. 43).

452 Hofstetter (Fn. 41), S. 43, 51.

453 Siehe oben Abschnitt 7.1.1.1.

454 Koch/von Holt (Fn. 41), S. 1, 7.

gen, jedoch mit einer Ausnahme für den Fall, dass die Tätigkeit des Geschäftsführers ehrenamtlich erfolge; Geschäftsführer, die für ihre Tätigkeit einen Lohn beziehen, dürfen im leitenden Organ dagegen nur mit beratender Stimme mitwirken. Weniger weitgehend erscheint die Regelung des DZI-Spendensiegels. Danach dürfen bei den Versammlungen des Aufsichtsorgans die Mitglieder des Leitungsorgans, ihnen persönlich verbundene Personen und Personen, die in einem Abhängigkeitsverhältnis zur Organisation oder den Mitgliedern des Leitungsorgans stehen, lediglich keine Stimmenmehrheit haben und nicht die Mehrzahl der persönlich Anwesenden stellen. Die Mehrzahl der Mitglieder des Leitungsorgans dürfe nicht persönlich miteinander verbunden sein oder in einem Abhängigkeitsverhältnis zueinander stehen.[455] Der Swiss Foundation Code stellt zwar fest, dass ein Stiftungsrat, der zugleich Geschäftsführer ist, sich nicht selbst überwachen könne; sei jedoch eine solche Personalunion aufgrund einer bescheidenen Größe der Stiftung oder anderer zwingender Umstände sinnvoll, so bestehe die Möglichkeit der Einrichtung eines Kontrollmechanismus, der dafür sorgt, dass andere Mitglieder die Geschäftsführung überprüfen.[456]

Neben Fragen der Inkompatibilität werden in Foundation Governance Regelwerken insbesondere Festlegungen zu Interessenskonflikten zwischen den Zielen der Stiftung und denjenigen von Gremienmitgliedern getroffen. Diese Regelungen können dabei Bestimmungen zur Vermeidung von Interessenskonflikten, zu deren Definition, Identifizierung und gegebenenfalls Veröffentlichung sowie zu Vorgehensweisen bei dem Auftreten konkret konfligierender Interessen beinhalten. Der Swiss Foundation Code empfiehlt in diesem Zusammenhang, dass diejenigen Personen, die von permanenten personellen oder institutionellen Interessenskonflikten betroffen sind, weder dem Stiftungsrat noch der Geschäftsleitung angehören dürften. Darüber hinaus hätten Stiftungsräte und andere für die Stiftung tätige Personen ihre Verhältnisse so zu ordnen, dass Interessenskonflikte möglichst vermieden werden. Allfällige Interessenskonflikte seien gegenüber dem Stiftungsrat und gegebenenfalls in einem Jahresbericht offen zu legen und die im Einzelfall von dem Interessenskonflikt betroffene Person habe in den Ausstand zu treten. Des Weiteren seien wesentliche Geschäfte der Stiftung mit Mitgliedern von Stiftungsorganen oder diesen nahstehenden Personen zu gleichen Bedingungen wie für einen Dritten abzuschließen

455 Nr. 2 lit. b Abs. 4 Leitlinien DZI-Spendensiegel (Fn. 49).
456 Swiss Foundation Code (Fn. 43), Empfehlung 13, Kommentierung S. 78.

und im Jahresbericht auszuweisen.[457] § 18 Swiss NPO-Code bestimmt in ähnlicher Weise, dass für den Fall, dass die Interessen der Organisation mit den Interessen von Mitgliedern des obersten Leitungsorgans beziehungsweise ihnen nahe stehenden Personen kollidieren, diese gegenüber dem obersten Leitungsorgan offen zu legen seien und das betreffende Mitglied in den Ausstand treten müsse. Art. 2 Nr. 2 und Nr. 5 der ZEWO Standards legen fest, dass Mitglieder des leitenden Organs grundsätzlich in keinem entgeltlichen arbeitsrechtlichen Verhältnis zur Organisation stehen dürfen und in den Ausstand treten müssen, wenn sie oder ein mit ihnen verbundenes Mitglied bei einem Geschäft persönlich beteiligt sind.

Auch die deutschen Regelwerke enthalten vergleichbare Bestimmungen zur Regelung von Interessenskonflikten. Die Grundsätze guter Stiftungspraxis bestimmen unter anderem, dass jedes Organmitglied Anhaltspunkte für einen Interessenkonflikt im Einzelfall unaufgefordert offenlegen und von sich aus auf eine Beteiligung am Entscheidungsprozess verzichten müsse, wenn dieser ihm oder einer nahe stehenden Person einen unmittelbaren Vorteil oder Nachteil bringen könnte.[458] Die Leitlinien des DZI-Spendensiegels fordern ebenfalls, dass jedes Mitglied des Leitungsorgans Interessenskonflikte gegenüber den (anderen) Mitgliedern des Leitungsorgans sowie gegenüber dem Aufsichtsorgan offenlegt. Verträge zwischen Organmitgliedern und Unternehmen, an denen das Mitglied oder eine verbundene Person beteiligt sind, würden der – in der Regel vorherigen – Zustimmung des Aufsichtsorgans bedürfen.[459] Der Diakonische Corporate Governance Kodex schließlich bestimmt in Hinblick auf die Mitglieder des Aufsichtsgremiums, dass jedenfalls permanente Interessenskonflikte zur Beendigung des jeweiligen Mandats führen sollen.[460]

7.1.3.3 Nominierung und Ernennung der Mitglieder der Führungsorgane

In Bezug auf Einzelheiten zu den Mitgliedern der Leitungsorgane von Stiftungen ergeben sich im Rahmen der Foundation Governance verschiedene Regelungsbereiche. Ein erster Regelungsbereich betrifft die Auswahl, die Amtsdauer und gegebenenfalls die Abberufung von Gremienmitgliedern. In Hinblick auf die Auswahl kommen verschiedene Alternativen in Betracht.

457 Swiss Foundation Code (Fn. 43), Empfehlung 11.

458 Grundsätze Guter Stiftungspraxis (Fn. 45), S. 11.

459 Nr. 2 lit. a Abs. 3 Leitlinien DZI-Spendensiegel (Fn. 49).

460 Diakonischer Corporate Governance Kodex (Fn. 48), Abschnitt 2.4.6, S. 8f.

Ein mögliches Wahlgremium kann das jeweilige Organ selbst sein, wobei im Falle dieser sogenannten Kooptation die Gefahr mangelhafter Erneuerung und der Perpetuierung bestehender Missstände besteht.[461] Eine Variante zur Vermeidung dieses Risikos kann die Einsetzung eines Nominationsausschusses sein, der auf der Basis vorgegebener Auswahlkriterien dem Führungsgremium Vorschläge erteilt beziehungsweise verbindlich vorgibt.[462] Alternativ kann ein außenstehendes Gremium als Wahlgremium fungieren, beispielsweise der Stifter oder die öffentliche Hand, wobei dieses Gremium dann mittelbar großen Einfluss auf die Stiftung erhält.[463] Denkbar sind auch Mischformen, so dass ein Teil der Mitglieder auf die eine Art und ein Teil der Mitglieder auf die andere Weise gewählt werden.

Um eine gewisse Entwicklungsfähigkeit zu gewährleisten, sollte sich die Stiftungsführung periodisch erneuern. Amtsperioden, eine festgelegte Amtszeit sowie Altersbeschränkungen erleichtern eine systematische und gestaffelte Erneuerung und ermöglichen, dass die Führungsgremien altersmäßig durchmischt bleiben beziehungsweise können helfen, eine Überalterung zu vermeiden.[464] Der Swiss NPO-Code bestimmt vor diesem Hintergrund, dass das oberste Leitungsorgan die Erneuerung seiner Mitglieder langfristig planen und eine Durchmischung der verschiedenen Altersstufen und der Geschlechter anstreben solle. Eine ordentliche Amtsperiode dürfe maximal vier Jahre betragen und ein Mitglied solle dem obersten Leitungsorgan nicht länger als 12 Jahre angehören.[465] Ein Beispiel für eine Altersbeschränkung enthält der Diakonische Corporate Governance Kodex, nach dem Mitglieder des Aufsichtsgremiums bei ihrer Wahl das 65. Lebensjahr noch nicht vollendet haben sollten.[466]

Eine Sonderproblematik stellen sogenannte geborene Mitgliedschaften dar, die aufgrund der damit verbundenen Gefahr von Abhängigkeiten, welche eine Verfolgung der originären Stiftungsinteressen erschweren können, vermieden beziehungsweise regelmäßig kontrolliert werden sollten.[467] Der

461 Hofstetter (Fn. 41), S. 43, 47, spricht von „Personenfilz".

462 So Hofstetter (Fn. 41), S. 43, 48.

463 Swiss Foundation Code (Fn. 43), Empfehlung 5, Kommentierung S. 53. Für die Wahl durch eine externe Stelle auch Wernicke (Fn. 201), S. 301, 303.

464 Hofstetter (Fn. 41), S. 43, 50; Swiss Foundation Code (Fn. 43), Empfehlung 5, Kommentierung S. 53.

465 § 14 Swiss NPO-Code (Fn. 32). Ähnlich Nr. 2 lit. c Abs. 6 Leitlinien DZI-Spendensiegel (Fn. 49), die Amtsperioden von 5 Jahren empfehlen, wobei ein Mitglied dem Organ nicht länger als 10 Jahre angehören soll.

466 Diakonischer Corporate Governance Kodex (Fn. 48), Abschnitt 2.4.1, S. 6.

467 Koch/von Holt (Fn. 41), S. 1, 6f.

Diakonische Corporate Governance Kodex legt in diesem Zusammenhang fest, dass der Anteil an geborenen Mitgliedern ein Drittel nicht übersteigen und bei jeder Neuwahl überprüft werden sollte.[468]

7.1.3.4 Qualifikation der Mitglieder der Führungsorgane

Ein weiterer Regelungsbereich betrifft die Qualifikation der Mitglieder der Leitungsorgane. Mit zunehmender Größe und dementsprechend zunehmender Professionalität der operativen Geschäftsführung kann ein Spannungsfeld zu dem in der Regel ehrenamtlich tätigen Aufsichtsgremium entstehen. Für die Herstellung eines Gegengewichts zu einem professionell arbeitenden Management sind hohe fachliche und persönliche Qualifikationen erforderlich, so dass eine eigenständige Willensbildung der Aufsichtsebene gewährleistet bleibt. In der Literatur wird empfohlen, das Anforderungsprofil an die Mitglieder der Führungsgremien klar zu definieren und Aufgabenbeschreibungen zu entwickeln, um auf diesem Wege ideelle, fachspezifische sowie wirtschaftliche Kompetenzen sicherzustellen. Hinsichtlich des Grades der Professionalisierung seien dabei Abstufungen nach der Größe der jeweiligen Organisation vorzunehmen.[469] *Koss* empfiehlt darüber hinaus die Einführung einer eigenen Berufsqualifikation auch in der Verwaltung von Nonprofit Organisationen.[470]

Den Empfehlungen der Literatur entsprechend fordert der Swiss NPO-Code, dass die Mitglieder des obersten Leitungsorgans die erforderlichen Branchen-, Fach-, Management- und Sozialkompetenzen aufweisen. Darüber hinaus hätten die Mitglieder des obersten Leitungsorgans sowie der Geschäftsleitung für eine angemessene Weiterentwicklung ihrer Führungs- und Fachkompetenz zu sorgen.[471] Der Swiss Foundation Code gibt dem Stiftungsrat auf, eine ausgewogene Zusammensetzung anzustreben und für eine permanente, aufgabenbezogene Weiterbildung aller Mitglieder zu sorgen.[472]

468 Diakonischer Corporate Governance Kodex (Fn. 48), Abschnitt 2.4.1, S. 6.

469 Zurkinden-Erismann (Fn. 34), S. 1m 15; Hopt (Fn. 34), S. 243, 254f.; Saenger/Veltmann (Fn. 250), S. 67, 69.

470 Koss (Fn. 191), S. 197, 217.

471 § 16 und § 24 Swiss NPO Code (Fn. 32).

472 Swiss Foundation Code (Fn. 43), Empfehlung 6, Kommentierung S. 56.

7.1.3.5 Honorierung der Mitglieder der Führungsorgane

Eine weitere Frage der Foundation Governance betrifft die Honorierung der Organmitglieder. Insoweit stellt sich einerseits die Frage nach der Höhe eventueller Vergütungen beziehungsweise Aufwandsentschädigungen, andererseits ist auf das Verfahren der Festlegung dieser Zahlungen sowie ihrer eventuellen Veröffentlichung einzugehen.

Hinsichtlich ersteren Aspekts steht die Ausbalancierung einerseits des Interesses an ehrenamtlicher Tätigkeit, die dem Status der Gemeinnützigkeit von Stiftungen Rechnung trägt, und andererseits des Bedürfnisses nach einer professionellen Führung der Stiftung und entsprechenden Kompetenzen der Organmitglieder im Mittelpunkt. Der Swiss Foundation Code formuliert dazu, dass die Ehrenamtlichkeit der Mitglieder des Stiftungsrates zwar wünschenswert sei, aber nicht auf Kosten der Professionalität gehen dürfe.[473] In ähnlicher Weise fordert der VENRO-Verhaltenskodex, dass eine Balance erreicht werden solle zwischen der öffentlichen Erwartung an die Vergütung in gemeinnützigen Organisationen und der Notwendigkeit, die Vergütung so zu gestalten, dass die für die Erfüllung der Aufgaben benötigten Mitarbeiter angesprochen und gehalten werden können.[474] Art. 6 Nr. 1 und Nr. 8 der ZEWO Standards geben vor, dass Mitglieder des leitenden Organs bis zu 100 Stunden jährlich arbeiten und für darüber hinausgehende zeitliche Belastungen Entschädigungen ausgerichtet werden können. Die Vergütungen dürften dabei die orts- und marktüblichen Ansätze für Personal mit ähnlicher Verantwortung und Arbeitsleistung nicht übersteigen. Die Leitlinien des DZI Spendensiegels gehen zusätzlich auf die gesonderte Problematik der erfolgsabhängigen Vergütungen ein – insbesondere relevant im Rahmen der Mittelbeschaffung – und formulieren dazu, dass ausschließlich erfolgsabhängige Vergütungen jedenfalls dann nicht gewährt werden dürfen, wenn Mitarbeiter, Auftragnehmer oder Spender aufgrund dieser Vergütungsform unter Druck gesetzt werden könnten. In diesen Fällen dürfe der erfolgsabhängige Anteil höchstens 50 Prozent der jeweiligen Vergütung betragen.[475]

In Bezug auf die Frage nach dem Verfahren hinsichtlich der Festlegung der Bezüge und die Veröffentlichung entsprechender Daten legt § 21 Abs. 2 Swiss NPO-Code fest, dass Dauer und Umfang von Entschädigungsleistun-

---

473 Swiss Foundation Code (Fn. 43), Empfehlung 7.

474 VENRO-Verhaltenskodex (Fn. 47), Abschnitt 3.2.1, S. 8.

475 Nr. 5 lit. b Leitlinien zum DZI-Spendensiegel (Fn. 49). Siehe hierzu auch Art. 11 Nr. 3 des Reglements über die Sammlungstätigkeit für gemeinnützige Zwecke der Stiftung ZEWO.

gen an die Mitglieder des obersten Leitungsorgans durch Beschluss des obersten Leitungsorgans festzulegen und offen zu legen seien. Die Bemessung habe aufgrund sachlich nachvollziehbarer, willkürfreier und transparenter Bemessungskriterien zu erfolgen, welche das oberste Organ genehmigen müsse. Gemäß Art. 6 Nr. 1 S. 4 des ZEWO Reglements ist die Gesamtsumme der Bezüge in der Erfolgsrechnung der Stiftung auszuweisen. Die Leitlinien des DZI-Spendensiegels verlangen, dass die drei bis fünf höchsten Jahresgesamtbezüge dem DZI unter Angabe der jeweiligen Funktion und des Stellenumfangs mitgeteilt werden.[476] Auch der Diakonische Corporate Governance Kodex fordert die Offenlegung der Bezüge des Vorstands.[477]

7.2 Verwaltung und Handlungsabläufe

In einem zweiten Teil der Darstellung materieller Gestaltungsalternativen und im Anschluss an die Vorstellung möglicher Organisationsstrukturen, stehen im Folgenden die Verwaltung der Stiftung sowie interne Handlungsabläufe im Mittelpunkt der Darstellung. Dabei soll in einem ersten Abschnitt auf das allgemeine Führungssystem von Stiftungen eingegangen werden (Abschnitt 7.2.1). Im Anschluss daran folgen Optionen zur Ausgestaltung des Projektmanagements (Abschnitt 7.2.2) sowie des Risikomanagements in Stiftungen (Abschnitt 7.2.3). In einem weiteren Abschnitt ist auf Fragen der Finanzen und der Verwaltung des Stiftungsvermögens einzugehen (Abschnitt 7.2.4). Schließlich sollen in einem letzten Abschnitt mögliche Governance Bestimmungen in Hinblick auf das Agieren von Stiftungen im internationalen Kontext dargestellt werden (Abschnitt 7.2.5).

7.2.1 Allgemeines Führungssystem

Im Rahmen des Führungssystems von Stiftungen sind zunächst die verschiedenen Ebenen des Stiftungsmanagements vorzustellen (Abschnitt 7.2.1.1.1). Zudem soll auf eine besondere Problematik von Nonprofit Organisationen im Allgemeinen, die Frage nach dem Erreichen einer Balance zwischen wirtschaftlich und ideell orientierten Steuerungsprinzipien, eingegangen werden (Abschnitt 7.2.1.1.2).

---

476 Nr. 5 lit. a Leitlinien zum DZI-Spendensiegel (Fn. 49).

477 Diakonischer Corporate Governance Kodex (Fn. 48), Abschnitt 2.3.2, S. 5.

7.2.1.1.1 Ebenen des Stiftungsmanagements

Hinsichtlich der Führung von Stiftungen steht die Orientierung des Stiftungshandelns an dem in der Stiftungsurkunde perpetuierten Stiftungszweck im Mittelpunkt. Der Swiss NPO-Code beschreibt als Grundsätze der Nonprofit Governance eine verantwortungsbewusste, nachhaltige und effiziente Führung der Organisation unter Berücksichtigung der ihr zugrunde liegenden Werte sowie unter Wahrung der Belange der involvierten Interessengruppen.[478] Um eine Steuerung der Stiftung zu erreichen, die den Stiftungszweck optimal umsetzt, schlägt der Swiss Foundation Code ein integriertes Managementsystem vor, basierend auf einem Forschungsprogramm der Universität St. Gallen.[479] Danach könnten die mit einer Stiftung verbundenen Tätigkeiten drei Wirkungsebenen mit unterschiedlichen Aufgabenfeldern zugeordnet werden. Auf einer ersten, normativen Ebene sei der mit dem Stiftungszweck formulierte Stifterwille in eine langfristige Stiftungspolitik einzubetten. Die Stiftungspolitik umfasse dabei alle diejenigen Entscheidungen, welche die zentralen Aufgaben sowie die Ausrichtung der Stiftung betreffen. Sie stelle den grundlegenden Orientierungsrahmen für die Stiftungstätigkeit dar und beinhalte Festlegungen zu Organisation, Führung, Aufsicht und Fördertätigkeit sowie zu den Finanzen der Stiftung.[480]

Eine zweite Ebene soll die Stiftungsstrategie betreffen, welche sich mit all denjenigen Entscheidungen und Initiativen befasse, die sich auf den Aufbau der Voraussetzungen für eine möglichst wirkungsvolle und effiziente Umsetzung des Stiftungszwecks beziehen. Ausgehend von der Stiftungspolitik seien Handlungs- und Wirkungsfelder für die Fördertätigkeit zu definieren und Förderschwerpunkte festzulegen.

Auf einer dritten Ebene schließlich stehe die operative, praxisorientierte Fördertätigkeit, die sich mit denjenigen Entscheidungen und Tätigkeiten befasse, welche sich im Stiftungsalltag auf die unmittelbare Umsetzung der auf normativer und strategischer Ebene getroffenen Festlegungen beziehen. Insoweit könne unterschieden werden zwischen einerseits Wertschöpfungsprozessen, das heißt Tätigkeiten, die unmittelbar auf die Realisierung des Stiftungszwecks gerichtet seien, sowie andererseits Unterstützungspro-

---

478 § 4 Swiss NPO-Code (Fn. 32).

479 Forschungsprogramm Foundation Excellence, Rüegg-Sturm/Lang/Schnieper, Institut für Betriebswirtschaft, Universität St. Gallen, 2002-2005. Vgl. zum folgenden Swiss Foundation Code (Fn. 43), Empfehlung 16, sowie Kommentierung S. 123ff.

480 Das Leitbild beinhaltet in Abgrenzung hierzu nur diejenigen Festlegungen der Stiftungspolitik, die auch gegenüber einer breiteren Öffentlichkeit kommuniziert werden sollen, Swiss Foundation Code (Fn. 43), S. 124.

zessen, das heißt Tätigkeiten, welche die Voraussetzungen für die Umsetzung der Wertschöpfungsprozesse schaffen würden, wie zum Beispiel die Bereiche Personalmanagement oder IT.

Die Festlegungen auf allen drei Ebenen des Stiftungsmanagements – Politik, Strategie und Organisation – sind nach den Empfehlungen des Swiss Foundation Codes durch das Führungsgremium periodisch zu prüfen. Im Idealfall sollen die verschiedenen Ebenen in einem kohärenten Zusammenspiel stehen und ein durchgängiges, kommunizierendes System darstellen. Zentral sei dabei die Etablierung fortwährender Feedbackprozesse, auf deren Basis sich die Stiftung zu einer lernenden Organisation entwickeln könne.[481] Erfahrungen und enttäuschte Erwartungen in allen drei Managementdimensionen seien systematisch zu reflektieren und für Entwicklungsprozesse zu nutzen, um auf diesem Wege Verbesserungen zu erreichen und die Wissensbasis sowie die Handlungsspielräume an die neuen Erfordernisse anzupassen.[482] In diesem Sinne betonen auch die Grundsätze Guter Stiftungspraxis die Pflicht der Stiftungsorgane, für eine regelmäßige Überprüfung der Wirksamkeit der Stiftungsprogramme – insbesondere in Hinblick auf die Verwirklichung des Satzungszwecks, die Effizienz des Mitteleinsatzes sowie das Verhalten gegenüber Fördersuchenden und Öffentlichkeit – zu sorgen.[483] Die Principles of Good Practice des European Foundation Centre fordern ebenfalls, dass Stiftungen grundlegende Strategien und Verfahrensweisen definieren, welche ihre Mission und Zielsetzungen sowie zugehörige Programme spezifizieren; diese seien regelmäßig zu überprüfen.[484]

7.2.1.2 Balance zwischen wirtschaftlich und ideell orientierten Steuerungsprinzipen

Das leitende Stiftungsgremium muss insbesondere dem vielen Nonprofit Organisationen immanenten Konflikt zwischen einerseits einer professionellen Führung der Organisation unter Anwendung betriebswirtschaftlicher Standards sowie andererseits der Berücksichtigung ideeller Werte

---

481 Der Begriff der „lernenden Organisation" wurde – im Kontext der Forprofit-Organisationen – durch Senge geprägt, vgl. Senge, Die fünfte Disziplin, Kunst und Praxis der lernenden Organisation, 10. A., Stuttgart 2008.

482 Swiss Foundation Code (Fn. 43), S. 127.

483 Grundsätze Guter Stiftungspraxis (Fn. 45), S. 10.

484 European Foundation Centre (Fn. 52), Principle No. 3: „Foundations define a clear set of basic policies and procedures specifying their mission, objectives, goals and related programmes and review these on a regular basis."

Rechnung tragen. Anders als in Forprofit Unternehmen ist die Steuerung der Stiftung nicht an dem singulären Ziel einer Rendite ausgerichtet, sondern an einem Bündel von Zielen, zu dem insbesondere auch ideelle Anliegen zählen. Es ist die Aufgabe der Stiftungsleitung, diese verschiedenen Ziele im Blick zu behalten und eine Balance zwischen ihnen anzustreben. *Koch/von Holt* weisen auf die Gefahr hin, dass Erfolge in Hinblick auf eines der Ziele über kritische Entwicklungen in anderen Bereichen hinwegtäuschen könnten. So könne zum Beispiel das hohe Ansehen der Stiftungsarbeit in der Öffentlichkeit eventuelle wirtschaftliche Probleme in den Hintergrund treten lassen.[485]

Korrespondierend mit den sowohl wirtschaftlichen als auch ideellen Zielen, können auch die Steuerungsprinzipien von Stiftungen wirtschaftlich oder ideell orientiert sein. Es sollte ein Steuerungssystem angestrebt werden, das ideelle, fachliche und wirtschaftliche Ziele sowohl auf strategischer als auch auf operativer Ebene integriert.[486] *Schuhen* beschreibt unter Hinweis auf das Nonprofit-Governance-Modell der freien Wohlfahrtspflege die Notwendigkeit einer Synthese von wert- und kontraktorientierten Steuerungsprinzipien. Dabei zeichne sich die wertorientierte, „philanthropic" Governance unter anderen durch eine Führung durch Leitbilder, die Rekrutierung eines überwiegend ehrenamtlichen Führungspersonals primär nach seiner Wertorientierung sowie eine vertrauensbasierten Steuerung aus, während für die kontraktorientierte „corporate" Governance die Führung durch Zielvereinbarungen, die Rekrutierung eines überwiegend hauptamtlichen Führungspersonals primär nach fachlichen Aspekten sowie eine informationsbasierte Steuerung charakteristisch sei. Die Forderung nach einer Kombination beider Steuerungsansätze in einer hybriden Steuerung trage der Tatsache Rechnung, dass weder ein singulär kontraktorientiertes oder rein wertorientiertes Modell den aktuellen Herausforderungen an Stiftungen gerecht würde.[487]

Zur Erreichung der beschriebenen integrierten Steuerung werden verschiedene Ansätze diskutiert. Eine Möglichkeit stellt dabei die Aufteilung der beiden Steuerungsansätze auf die beiden zentralen Organisationsebenen der Stiftungen – die operative Leitungsebene sowie die Kontrollebene – dar, so dass bei Einsatz einer hauptamtlichen Geschäftsführung eine ehrenamtliche Aufsicht eingesetzt wird, welche über die Mission und die Ansprü-

485 Koch/von Holt (Fn. 41), S. 1, 4.
486 Koch/von Holt (Fn. 41), S. 1, 6.
487 Schuhen (Fn. 192), S. 221, 234f.

che der Stakeholder wacht.[488] Kumulativ wird als eine weitere Möglichkeit des Kombinierens beider Steuerungsansätze eine mehrdimensionale Steuerung der Stiftung mittels spezifischer betriebswirtschaftlicher Instrumente, wie beispielsweise einer sogenannten Balanced Scorecard empfohlen.[489] Dabei handelt es sich um ein Managementinstrument, das als Verbindungsglied zwischen Strategiefindung und -umsetzung fungiert und bei dem die traditionellen finanziellen Kennzahlen durch verschiedene weitere Perspektiven ergänzt werden, in Stiftungen also insbesondere um eine ideelle Perspektive.[490]

7.2.2 Projektmanagement

In den folgenden Abschnitten ist auf Gestaltungsoptionen hinsichtlich des Projektmanagements von Stiftungen einzugehen. Dabei sollen zunächst Empfehlungen zu dem Einsatz der Stiftungsmittel (Abschnitt 7.2.2.1) sowie zu der Auswahl von konkreten Stiftungsprojekten (Abschnitt 7.2.2.2) dargestellt werden. Im Anschluss folgt ein Abschnitt zu der Erfolgsmessung und der Evaluation von Projekten (Abschnitt 7.2.2.3).

7.2.2.1 Einsatz der Stiftungsmittel

Gem. § 12 Abs. 2 lit. d Swiss NPO-Code soll der Stiftungsrat die für die Zielerreichung notwendige Mittelverwendung steuern und überwachen. Entsprechend Nr. 4 der Leitlinien zum DZI-Spendensiegel muss die Organisation über Strukturen und Prozesse verfügen, welche eine angemessene Planung, Durchführung und Kontrolle der Mittelverwendung gewährleisten.

In Hinblick auf den Einsatz der Stiftungsmittel stehen dabei Prinzipien im Mittelpunkt, einerseits dasjenige der Zweckmäßigkeit, andererseits dasjenige der Wirtschaftlichkeit und der Effizienz. Bezüglich der Zweckmäßigkeit gilt, dass die Stiftungen ihre Mittel ausschließlich für die in der Satzung festgelegten Zwecke einsetzen.[491] Der Mittelfluss und die zweckentsprechende Verwendung sollen dabei überwacht werden, auch um der Verschwendung oder dem Missbrauch von Geldern vorzubeugen und diese aufzudecken.[492] Neben der Zweckmäßigkeit steht die wirtschaftliche und

---

488 Schuhen ((Fn. 192), S. 221, 235.

489 Koch/von Holt (Fn. 41), S. 1, 4.

490 Siehe oben 2.1.2.1.

491 So beispielweise Nr. 4 lit. a Leitlinien des DZI-Spendensiegels (Fn. 49).

492 VENRO-Verhaltenskodex (Fn. 47), Abschnitt 3.1, S. 7.

sparsame Mittelverwendung. Der VENRO-Verhaltenskodex formuliert in diesem Zusammenhang, es seien wirkungsvolle Planungs-, Steuerungs- und Kontrollmechanismen zu implementieren, um die wirtschaftliche Mittelverwendung sicherzustellen.[493] Der Swiss Foundation Code betont, dass die für die Fördertätigkeit verfügbaren Mittel effizient, wirksam und zeitnah einzusetzen seien. Der Stiftungsrat müsse dafür Sorge tragen, dass die administrativen Kosten in einem möglichst günstigen Verhältnis zu der erreichten Wirkung stehen. Insoweit müsse jedoch zwischen dem Verwaltungsaufwand und dem direktem Projektaufwand, der in direktem Zusammenhang zu den Förderaktivitäten besteht, differenziert werden.[494] Das DZI empfiehlt vor diesem Hintergrund, dass die Werbe- und Verwaltungsausgaben höchstens 30 Prozent der jährlichen Gesamtausgaben betragen.[495]

7.2.2.2 Auswahl von Stiftungsprojekten

Die Auswahl der Stiftungsprojekte obliegt, basierend auf den Vorgaben des Stifters, grundsätzlich dem Leitungsgremium, das diese Aufgabe gegebenenfalls an ein entsprechend beauftragtes Auswahlgremium delegieren kann. Der Swiss Foundation Code formuliert als Ziel der Zusprachepraxis, jeweils aus mehreren, ähnlich gelagerten Projekten das nach Maßgabe der Stiftungsziele beste auszuwählen. Der durch ein wettbewerblich ausgewähltes Projekt erzielte Mehrwert würde dabei auch etwaige Selektionskosten rechtfertigen.[496]

In formaler Hinsicht betonen die bestehenden Regelwerke insbesondere das Erfordernis transparenter Auswahlkriterien. Entsprechend den Empfehlungen des Swiss Foundation Code soll die Selektion von Projekten durch transparente und klare Prozeduren abgesichert sein. In Hinblick auf die Außenkommunikation stünden insofern Berechenbarkeit und Verlässlichkeit im Vordergrund, stiftungsintern ginge es insbesondere um die Nachvollziehbarkeit von Entscheidungen, Orientierungssicherheit sowie Entwicklungsfähigkeit.[497] Der VENRO-Verhaltenskodex fordert in ähnlicher Weise stringente Verfahren bei der Genehmigung und Verausgabung von Budgetmitteln, dies beinhalte auch Kriterien für die Bereitstellung von Projektmitteln.[498] Die Grundsätze guter Stiftungspraxis empfehlen ebenfalls,

493 VENRO-Verhaltenskodex (Fn. 47), Abschnitt 3.1, S. 7.

494 Swiss Foundation Code (Fn. 43), Empfehlung 17, Kommentierung S. 90f.

495 Nr. 4 lit. b Leitlinien des DZI-Spendensiegels (Fn. 49).

496 Swiss Foundation Code (Fn. 43), Empfehlung 18, Kommentierung S. 93.

497 Swiss Foundation Code (Fn. 43), Empfehlung 18, Kommentierung S. 93.

498 VENRO-Verhaltenskodex (Fn. 47), Abschnitt 3.1, S. 7.

dass die Stiftungen über ihre Förderkriterien informieren und ihre Bewilligungsbedingungen veröffentlichen.[499] Auch die 20 Prinzipien Guter Stiftungspraxis der Volkswagenstiftung betonen, dass interne Regelungen zur Vertragsgestaltung und Zuwendungspraxis die Gleichbehandlung potentieller Projektpartner gewährleisten würden und differenzieren im Folgenden nach dem Stiftungstyp: die Zuwendungspraxis fördernd tätiger Stiftungen sei in allgemeingültigen Richtlinien oder Bewilligungsgrundsätzen zu regeln, die beispielsweise auf der jeweiligen Homepage der Stiftungen einsehbar sein sollten; operativ tätige Stiftungen sollen die Ziele ihres Engagements benennen und aus diesen heraus Projekte formulieren, über die sie die Öffentlichkeit durch eine entsprechende Außendarstellung informieren.[500] Schließlich wird die Thematik auch auf internationaler Ebene adressiert. Die Principles of Accountability for International Philanthropy empfehlen, dass die Organisationen deutlich und rechtzeitig über die von ihnen unterstützen Tätigkeiten, über die Möglichkeiten der Beantragung von Mitteln sowie über den Selektionsprozess informieren.[501]

7.2.2.3 Erfolgsmessung und Evaluation von Projekten

Eingebettet in das oben beschriebene System der lernenden Organisation spielt die Erfolgsmessung hinsichtlich der Stiftungsprojekte eine zentrale Rolle. Um den Erfolg von Projekten messen zu können, muss die Organisation zunächst Zielvorstellungen formulieren und dementsprechende Maßstäbe definieren. Während in Unternehmen des Forprofit Bereichs die Rendite als Messgröße herangezogen werden kann, fehlt in Nonprofit Organisationen ein vergleichbarer Indikator für den Erfolg. Die Erreichung ideeller Ziele ist typischerweise nicht direkt messbar und wird zudem auch von externen Faktoren beeinflusst, die außerhalb des Verantwortungsbereichs der Geschäftsführung liegen.[502]

Im Bewusstsein dieser Problematik stellt sich die Frage nach den Möglichkeiten einer aussagekräftigen Erfolgsmessung für die Arbeit von Stiftungen beziehungsweise der Ermittlung der Effizienz und Effektivität des Mitteleinsatzes. Insofern bietet sich insbesondere eine regelmäßige Evalua-

---

499 Grundsätze Guter Stiftungspraxis (Fn. 45), S. 10.

500 Volkswagenstiftung (Fn. 46), Prinzip Nr. 10 und entsprechende Praxisempfehlungen.

501 Principles of Accountability for International Philanthropy: Principle No. 4: „Provide clear and timely information about what kinds of activities you support, how to apply for funding, and the selection process."

502 Koch/von Holt (Fn. 41), S. 1, 3.

tion der Stiftungsarbeit an. Bei einer Evaluation wird nach den mit dem jeweiligen Projekt verfolgten Absichten gefragt und dem erreichten Grad ihrer Umsetzung. Ziel ist es dabei, die Schwachstellen des Stiftungshandelns auszumachen, um eine Neuausrichtung oder eine Optimierung vornehmen zu können beziehungsweise im Rückblick aus der Erfahrung zu lernen, um künftig eine optimale Ausgestaltung zu gewährleisten. Die über die Leistungsmessung ermittelten Ergebnisse können einen Vergleich verschiedener Projekte innerhalb der Stiftung und im Idealfall einen Vergleich der Arbeit verschiedener Stiftungen ermöglichen.[503] Zu den Evaluationsprozessen ist auch das sogenannte Monitoring zu zählen, das die Projektbegleitung in denjenigen Fällen betrifft, in denen die Stiftung die Projektdurchführung an Dritte übertragen hat. Ziel des Monitoring ist es, den aktuellen Projektverlauf zu unterstützen und zu optimieren.

Die bestehenden Foundation Governance Kodizes enthalten zu einem großen Teil Empfehlungen zu den Bereichen Erfolgsmessung und Evaluation. So sollen beispielsweise nach dem Swiss Foundation Code Projekte der Stiftung begleitet werden, die Stiftung solle die Wirksamkeit ihrer Förderaktivitäten anhand bestimmter Kriterien planen, messen und überprüfen. Aus den Planungs- und Evaluationsprozessen ließen sich dann Rückschlüsse für die Förderpolitik und Förderstrategie, die Wirksamkeit der eingesetzten Mittel sowie auf die Förderkriterien ziehen.[504] Die Richtlinien des DZI-Spendensiegels bestimmen ebenfalls, dass die Organisationen die Wirkungen ihrer Aktivitäten überprüfen und die gewonnenen Erkenntnisse zur Steuerung des künftigen Mitteleinsatzes heranziehen sollen. Zur Wirkungsbeobachtung seien geeignete Verfahren zu entwickeln, wobei sich Methodik, Umfang und Häufigkeit der Wirkungsbeobachtung am Fördervolumen, der Dauer sowie der Komplexität der jeweiligen Aktivitäten orientieren sollten.[505] Der VENRO-Verhaltenskodex nennt als Kriterien für die Wirkungsbeobachtung durch Evaluation Nützlichkeit, Durchführbarkeit, Fairness sowie Genauigkeit. Besonderer Wert sei auf die Partizipation der Zielgruppen am Evaluationsprozess sowie auf die Unabhängigkeit der Gutachter zu legen.[506] Gemäß den 20 Prinzipien Guter Stiftungspraxis der Volkswagenstiftung kommen als projektbegleitende Maßnahmen im Rahmen des Monitoring beispielsweise der Besuch des Projektteams vor Ort, eine telefonische Beratung oder die Lektüre von Berichten zum Stand des Projekts

503 Saenger/Veltmann (Fn. 250), S. 67, 71.
504 Swiss Foundation Code (Fn. 43), Empfehlung 17, Kommentierung S. 90.
505 Nr. 4 lit. c Abs. 1 Leitlinien zum DZI-Spendensiegel (Fn. 49).
506 VENRO-Verhaltenskodex (Fn. 47), Abschnitt 4.2.3, S. 9.

in Betracht. Bei der Evaluation bedürfe eine objektive Bewertung grundsätzlich der Beteiligung eines externen Expertengremiums.[507]

Auf internationaler Ebene schließlich empfehlen die Principles of Good Practise des European Foundation Centre ein angemessenes Monitoring und die regelmäßige Evaluation des Stiftungshandelns sowie der Stiftungsprogramme.[508]

7.2.3 Risikomanagement

Ein dritter Regelungsbereich materieller Foundation Governance betrifft das Risikomanagement. Während ein großer Teil der Risiken bereits über den Aufbau der Stiftungsorganisation abgesichert werden kann, insbesondere über die Etablierung eines von der Geschäftsführung unabhängigen Aufsichtsgremiums, so stellt die Implementierung eines Risikomanagementsystems eine weitere Möglichkeit dar, um der Stiftungen immanenten Kontrollproblematik zu begegnen. Die Optionen zur Ausgestaltung des Risikomanagements einer Stiftung sind dabei facettenreich und müssen den individuellen Bedürfnissen der jeweiligen Stiftung angepasst werden.

Das Verfahren zur Einrichtung eines Risikomanagements kann in drei Schritte unterteilt werden: die Identifizierung der Risiken (Abschnitt 7.2.3.1), die Implementierung entsprechender Kontrollsysteme (Abschnitt 7.2.3.2) sowie die Sicherstellung des mängelfreien Funktionierens der etablierten Prozesse (Abschnitt 7.2.3.3).

7.2.3.1 Identifizierung der Risiken

In einem ersten Schritt müssen die für die jeweilige Stiftung spezifischen Risiken identifiziert beziehungsweise ein Risikoprofil erstellt werden.[509] Die entsprechenden Erkenntnisse können im Rahmen von Evaluationsprozessen gewonnen werden, wie sie soeben in Hinblick auf die Stiftungsprojekte, das heißt das operative Stiftungshandeln, dargestellt wurden. Neben den Stiftungsprojekten sind sodann weitere Teilbereiche zu analysieren, wie beispielsweise die Organisationsstrukturen oder die Handlungsprozesse der Stiftung.

---

507 Volkswagenstiftung (Fn. 46), Prinzip Nr. 11 und entsprechende Praxisempfehlungen.

508 European Foundation Centre (Fn. 52), Principle No. 6: „Foundations organise appropriate monitoring and regular evaluation of their action and programmes."

509 Hofstetter (Fn. 41), S. 43, 51.

7.2.3.2 Implementierung von Kontrollsystemen

In einem zweiten Schritt müssen ausgehend von dieser Basis Kontrollmechanismen implementiert werden, das heißt Systeme und Prozesse, welche die analysierten Risiken überwachen. Auf die Notwendigkeit eines funktionierenden Risikomanagements wird in der Literatur zur Foundation Governance von verschiedener Seite hingewiesen.[510]

Auch die bestehenden Schweizer Governance Regelwerke greifen die Problematik auf. So fordert der Swiss Foundation Code die Festlegung eines internen Kontrollsystems, das diejenigen Überwachungsregeln und -abläufe vorsehe, die für eine ordnungsgemäße Geschäftsführung und den angemessenen Umgang mit den spezifischen Risiken erforderlich sind. Das interne Kontrollsystem greife über das Rechnungswesen hinaus und umfasse sämtliche Stiftungsbereiche, wobei es darauf abziele, potentielle Risiken und Schwachstellen frühzeitig zu entdecken und dadurch Schaden zu vermeiden.[511] In ähnlicher Weise bestimmt § 26 Swiss NPO-Code, dass das oberste Leitungsorgan der Stiftung für ein adäquates internes Kontrollsystem und Risikomanagement Sorge tragen solle. Das interne Kontrollsystem regle das Steuerungssystem, die Führungsprozesse sowie die Berichterstattung unter Berücksichtigung der Besonderheiten der jeweiligen Organisation. Das Management von Risiken beziehe sich insbesondere auf den Zweck und die Ziele der Organisation, ihre Eigentumsrechte, die Infra- und Führungsstruktur, das Anlagevermögen, die Finanzen und die Reputation der Organisation sowie auf das Personal, auf Freiwillige und Spendende sowie auf die Zusammenarbeit mit Dritten.[512]

In deutschen Regelwerken der Foundation Governance finden sich nur vereinzelt Vorgaben zum Risikomanagement. Der Diakonische Corporate Governance Kodex bestimmt beispielsweise, dass der Vorstand das Aufsichtsgremium regelmäßig, zeitnah und umfassend über alle relevanten Fragen des Risikomanagements informieren solle. Der Vorsitzende des Aufsichtsgremiums wiederum solle mit dem Vorstand regelmäßig das Risikomanagement der Einrichtung beraten.[513] Die geringere Aufmerksamkeit, die dem Aspekt des Risikomanagements in deutschen Foundation Governance Kodizes gewidmet wird, könnte dadurch bedingt sein, dass es in Deutsch-

510 Siehe zum Beispiel Hofstetter (Fn. 41), S. 43, 49; Ruter/Häfele (Fn. 27), S. 5, 7; Zurkinden-Erismann (Fn. 34), S. 1, 15.

511 Swiss Foundation Code (Fn. 43), Empfehlung 4, Kommentierung S. 50f.

512 § 26 Swiss NPO-Code (Fn. 32).

513 Diakonischer Corporate Governance Kodex (Fn. 48), Abschnitte 2.2 und 2.4.3, S. 4 und S. 7f.

land - anders als in der Schweiz - an entsprechenden gesetzlichen Vorgaben für Stiftungen fehlt, welche einen Ansatzpunkt für ein Aufgreifen der Thematik in Kodizes schaffen könnten. In der Schweiz sind die Stiftungen durch das revidierte Stiftungsrecht in die gesellschaftsrechtlichen Revisionsbestimmungen eingebettet worden, die wiederum für Organisationen einer gewissen Größe vorsehen, dass die Revisionsstelle das Vorliegen eines internen Kontrollsystems prüft. In Deutschland wurde zwar mit dem Gesetz zur Kontrolle und Transparenz im Unternehmensbereich[514] unter anderem durch die Änderung des § 91 AktG eine Verpflichtung des Vorstands von Aktiengesellschaften, „geeignete Maßnahmen zu treffen und insbesondere ein Überwachungssystem einzurichten, damit den Fortbestand der Gesellschaft gefährdende Entwicklungen früh erkannt werden", konkretisiert, für Stiftungen gelten diese Regelungen jedoch nicht.

Ein spezieller Aspekt des Risikomanagements, der insbesondere im internationalen Kontext virulent wird, betrifft die sogenannte „Know Your Beneficiary"-Problematik.[515] Die Europäische Kommission hat hierzu vorgeschlagen, dass alle gemeinnützigen Organisationen so gut wie möglich die Identität, die Referenzen und die gute Absicht ihrer Begünstigten und verbundenen gemeinnützigen Organisationen überprüfen. Dies schließe insbesondere die Prüfung ein, ob der potentielle Empfänger in der Lage ist, den bestimmungsgemäßen wohltätigen Zweck zu erfüllen und ob ein Missbrauch der Gelder für nicht wohltätige Zwecke ausgeschlossen werden kann.[516] Die Bestimmungen der FATF empfehlen, dass Nonprofit Organisationen bestmöglich versuchen sollen, Identität, Empfehlungen und das Ansehen ihrer Destinatäre und verbundenen Nonprofit Organisationen zu bestätigen.[517] Nach den US-Amerikanischen Anti Terrorist Financing Guidelines sollen Stiftungen nachweisen können, dass eine Recherche bezüglich ausländischer Empfängerorganisationen durchgeführt und geprüft wurde,

514 Siehe oben Fn. 16.

515 In Anlehnung an das „Know Your Customer"-Prinzip, das die insbesondere für Banken und Versicherungen vorgeschriebene Legitimationsprüfung von wichtigen Neukunden zur Verhinderung von Geldwäsche sowie zur Bekämpfung des Terrorismus bezeichnet. Danach muss vor Eröffnung eines Kontos für Neukunden geprüft werden, wer der Kunde ist, wie das Geschäftsmodell aussieht und woher die Finanzströme stammen.

516 Europäische Kommission, KOM (2005) 620 endgültig (Fn. 50), S. 19.

517 FATF, Interpretative Note to Special Recommendation VIII (Fn. 90), Nr. 6 lit. b (v): „NPOs should follow a "know your beneficiaries and associate NPOs" rule, which means that the NPO should make best efforts to confirm the identity, credentials and good standing of their beneficiaries and associate NPOs."

ob diese in fragwürdige Aktivitäten involviert sind beziehungsweise waren oder auf einer Liste der US-Regierung, der Vereinten Nationen oder der Europäischen Union als Organisationen, die Verbindungen zur Geldwäsche oder zum Terrorismus aufweisen, identifiziert werden.[518]

7.2.3.3 Sicherstellen des mängelfreien Funktionierens der etablierten Prozesse

In einem dritten Schritt ist schließlich eine regelmäßige Überprüfung im Sinne eines Controllings zu etablieren, um sicherzustellen, dass die implementierten Kontrollmechanismen tatsächlich ihren Zweck erfüllen.[519] So bestimmt der Swiss Foundation Code explizit, dass das mängelfreie Funktionieren des internen Kontrollsystems zu überwachen ist.[520] In einem weiteren Kontext, das heißt nicht konkret auf das Risikomanagement bezogen, empfiehlt *Zurkinden-Erismann* externe Governance Audits, bei denen geprüft werden solle, ob sich die Stiftung an die eigenen Governance-Kriterien halte.[521] Eine entsprechende Regelung weist auch § 29 Abs. 2 lit. f Swiss NPO-Code auf, wonach der Jahresbericht der Stiftung über die Einhaltung und Umsetzung von Governance Grundsätzen informieren soll. Der Diakonische Corporate Governance Kodex bestimmt ebenfalls, dass Wirtschaftsprüfer die Übereinstimmung der Vorgaben des Kodex mit der tatsächlichen Aufgabenwahrnehmung und dem tatsächlichen Zusammenwirken der Organe testieren sollen.[522]

7.2.4 Finanzen und Verwaltung des Stiftungsvermögens

Ein weiterer Regelungsbereich der Foundation Governance betrifft finanzielle Aspekte. Insoweit kann zwischen Empfehlungen zur Akquise von För-

518 Anti Terrorist Financing Guidelines (Fn. 56), Abschnitt IV.B.1: „The charity should be able to demonstrate that it conducted a reasonable search of public information, including information available via the internet, to determine whether the foreign recipient organization is or has been implicated in any questionable activity" und IV.B.2.: „The charity should be able to demonstrate that it verified that the foreign recipient organization does not appear on any list of the U.S. Government, the United Nations, or the European Union identifying it as having links to terrorism or money laundering."

519 Hofstetter (Fn. 41), S. 43, 51.

520 Swiss Foundation Code (Fn. 43), Empfehlung 4, Kommentierung S. 50.

521 Zurkinden-Erismann, (Fn. 34), S. 1, 15.

522 Diakonischer Corporate Governance Kodex (Fn. 48), S. 2 Fn. 4.

dermitteln (Abschnitt 7.2.4.1), zum Zahlungsverkehr (Abschnitt 7.2.4.2) sowie Fragen der Anlage des Stiftungsvermögens (Abschnitt 7.2.4.3) differenziert werden.

7.2.4.1 Akquise von Fördermitteln

Governance Bestimmungen zur Akquise von Fördermitteln betreffen naturgemäß lediglich diejenigen Stiftungen, die Spenden sammeln. Demnach finden sich entsprechende Vorschriften insbesondere in den Reglementen der Organisationen, die Spendensiegel verleihen. So hat die Stiftung ZEWO, basierend auf Art. 10 des ZEWO Reglements ein eigenes Reglement über die Sammlungstätigkeit für gemeinnützige Zwecke erlassen, in deren Mittelpunkt die Wahrung der Lauterkeit in der Mittelbeschaffung und in der Kommunikation nach innen und außen sowie die Förderung von Ethik und Professionalität im Sammlungswesen stehen.[523] Gemäß Art. 3 des Reglements müssen die Angaben in den Sammlungsaufrufen der Stiftung wahrheitsgetreu, klar und sachgemäß sein. Das Agieren der Stiftung muss eine unabhängige und sachbezogene Entscheidung der Spender gewährleisten, die nicht durch emotionale, realitätsfremde Übertreibungen oder inhaltliche Verzerrungen beeinträchtigt werden darf. Insbesondere darf die Würde der Menschen, denen die Hilfe zugute kommen soll, nicht herabgesetzt werden. Weitere Vorschriften betreffen den Schutz der Spender, den Schutz ihrer Privatsphäre sowie den Datenschutz.

Ähnliche Regelungen finden sich in detaillierter Form auch in den Leitlinien zum DZI Spendensiegel. Im Rahmen eines Abschnitts betreffend die Werbung und Öffentlichkeitsarbeit wird gefordert, dass die Organisationen klar, wahr, sachlich und offen über ihre Anliegen, ihre Struktur sowie ihre Arbeit informieren. Sie haben die Würde der Betroffenen zu achten, dürfen die Umworbenen nicht unter Druck setzen und müssen sich fair gegenüber anderen Organisationen verhalten. In weiteren Bestimmungen wird auf Widerrufs- und Kündigungsrechte der Spender sowie die sorgsame Datenverwendung eingegangen.[524] Der VENRO-Verhaltenskodex schließlich gibt vor, dass das Fundraising professionell, qualifiziert und ethisch fundiert zu betreiben sei. Es solle glaubwürdig und redlich sein, sowohl in Bezug auf

523 Art. 1 Abs. 1 S. 1 ZEWO Reglement über die Sammlungstätigkeit für gemeinnützige Zwecke (Fn. 302).

524 Nr. 3 Leitlinien zum DZI-Spendensiegel (Fn. 49).

die Instrumente der Mittelbeschaffung als auch hinsichtlich der kommunizierten Inhalte.[525]

7.2.4.2 Zahlungsverkehr

Vorgaben in Hinblick auf den Zahlungsverkehr von Stiftungen finden sich insbesondere in internationalen Reglementen und zielen auf die Sicherstellung einer zweckbestimmten Verwendung der Fördermittel, indem diese nicht über zweifelhafte Geldkanäle fließen und der Transport von Bargeld vermieden wird. Durch mehr Transparenz soll der mögliche Missbrauch des Dritten Sektors zur Geldwäsche oder durch terroristische Vereinigungen unterbunden werden.

Die EU-Kommission sowie die International Best Practices der FATF fordern in diesem Zusammenhang, dass wenn immer die Möglichkeit eines Rückgriffs auf das formelle Finanzsystem bestehe, gemeinnützige Organisationen Geldüberweisungen über diese formellen Kanäle vornehmen sollen. Zudem werden Stiftungen angehalten, alle eingehenden Gelder nach Möglichkeit auf stiftungseigene Bankkonten einzuzahlen, von denen auch die Förderausgaben abzubuchen seien. Schließlich sollen gemeinnützige Organisationen vollständige und genaue Unterlagen über die Prüfpfade der Gelder aufbewahren, die von ihnen in eine andere Gerichtsbarkeit, ins Ausland oder an in ihrem Namen Dienstleistungen erbringende Personen überwiesen werden.[526] Die Anti Terrorist Financing Guidelines fordern ebenfalls, neben einer Buchführung, die Namen der Empfänger sowie die Höhe der jeweiligen Beträge ausweist, dass die Stiftungen empfangene Gelder und insbesondere Barspenden umgehend auf ein eigenes Bankkonto einzahlen. Auszahlungen von Fördermitteln sollen entweder per Scheck oder per Überweisung, nicht jedoch in bar geleistet werden.[527]

---

525 VENRO-Verhaltenskodex (Fn. 47), Abschnitt 2.1, S. 5.

526 Europäische Kommission, KOM (2005) 620 endgültig (Fn. 50), S. 19; FATF International Best Practices (Fn. 58), Nr. 4 lit. b.: "It is considered a best practice for nonprofit organisations that handle funds to maintain registered bank accounts, keep its funds in them, and utilise formal or registered financial channels for transferring funds, especially overseas. Where feasible, therefore, non-profit organisations that handle large amounts of money should use formal financial systems to conduct their financial transactions."

527 Anti Terrorist Financing Guidelines (Fn. 56), Abschnitt IV.D: 2. „The charity should include in its accounting of all charitable disbursements the name of each recipient and the amount disbursed. 3. The charity, after recording, should promptly deposit all received money into the bank account maintained by the charity. In particular,

Schließlich bestimmt auch der Swiss Foundation Code als nationales Foundation Governance Regelwerk, der Stiftungsrat habe sicherzustellen, dass die der Stiftung im Rahmen der Projektförderung oder der Anlageaktivitäten zufließenden Mittel oder Sachwerte in keinem Zusammenhang zu Terrorismus, Geldwäscherei, Korruption oder anderen Delikten stehen. Bei begründeten Verdachtsmomenten habe sich der Stiftungsrat an die Meldestelle für Geldwäscherei des Bundesamts für Polizei zu wenden.[528]

7.2.4.3 Anlage des Stiftungsvermögens

Ein weiterer Regelungsbereich der finanzbezogenen Foundation Governance betrifft die Anlage des Stiftungsvermögens. Dabei steht der Konflikt zwischen der Pflicht zur Vermögenserhaltung auf der einen Seite und dem Admassierungsverbot auf der anderen Seite im Mittelpunkt. Während das Stiftungsvermögen in seiner nachhaltigen Ertragsfähigkeit zu bewahren ist, kann ein zu passives Vorgehen, bei dem Vermögenserträge ungenügend ausgeschüttet beziehungsweise thesauriert werden, der Umsetzung des Stiftungszwecks entgegenstehen.[529]

Der Swiss Foundation Code empfiehlt einen dreiteiligen Anlageprozess. Dabei sei in einem ersten Schritt eine Anlagestrategie zu entwickeln, die eine optimale Umsetzung des Stiftungszwecks ermögliche. In einem zweiten Schritt sei die Anlagestrategie unter Einhaltung der Liquiditätserfordernisse mit minimalen Kosten bei maximaler Leistung umzusetzen. Für den Fall, dass die Stiftung die Stiftungsanlage selbst vornehme, solle sie durch einen Vermögensbeirat oder ein ähnliches Gremium beraten werden. Schließlich sei in einem dritten Schritt das Anlageresultat im Sinne eines Investmentcontrollings periodisch zu überprüfen.[530] Es wird empfohlen, die Anlageresultate zwei bis vier Mal im Jahr zu kontrollieren, die Anlagestrategie alle zwei bis drei Jahre.[531] Die 20 Prinzipien Guter Stiftungspraxis der Volkswagenstiftung bestimmen, dass die Vergabe der Mittel und die Tätigung der Verwaltungsausgaben auf der Basis eines jährlichen Wirtschaftsplans erfolgen sollen. Ähnlich dem Swiss Foundation Code wird empfohlen, die Realisierung der angestrebten Finanzierungsziele durch ein Finanzcontrolling zu

---

all cash donations should be promptly deposited into the charity's bank account. 4.The charity should make disbursements by check or wire transfer, but not in cash."

528 Swiss Foundation Code (Fn. 43), Empfehlung 20, Kommentierung S. 102.

529 Vgl. Hofstetter (Fn. 41), S. 43, 50.

530 Swiss Foundation Code (Fn. 43), Empfehlung 21, Kommentierung S. 104.

531 Swiss Foundation Code (Fn. 43), Empfehlung 24.

sichern, insbesondere im Bereich der Vermögensanlage. Auf diesem Weg sollen die Gremien periodisch mit Informationen zur aktuellen Liquiditätslage, zu Abweichungen von der Finanzplanung sowie zum Stand der aktuellen Kapitalbindung informiert werden.[532]

7.2.5 Agieren der Stiftung auf internationaler Ebene

Abschließend soll auf das Agieren von Stiftungen im internationalen Kontext eingegangen werden, das die Berücksichtigung verschiedener zusätzlicher Aspekte erfordert. Auf die Know-Your-Beneficiary-Problematik sowie auf Vorgaben zum transparenten Mittelfluss wurde in den vorgehenden Abschnitten bereits eingegangen. Im Folgenden sollen weitere Best Practices der internationalen Philanthropie aufgriffen werden.

Insoweit ist einerseits der Bereich der Compliance zu nennen, das heißt die Konformität des Stiftungshandelns mit den Gesetzen und Regelungen des Landes, in dem die Organisation jeweils operiert sowie das Verständnis und der Respekt für die landesspezifischen Rahmenbedingungen. Die Principles of Accountability for International Philanthropy der Joint Working Group des Council on Foundations sowie des European Foundation Centre bestimmen beispielsweise, dass die Stiftungen sich über den politischen, wirtschaftlichen, sozialen, kulturellen sowie technologischen Kontext in ihrem Gastland informieren und diesen verstehen. Unterschiede zu den gewohnten Bedingungen seien zu berücksichtigen, lokales Wissen sowie lokale Erfahrungen und Leistungen seien zu respektieren, während kulturelle Arroganz dringend zu vermeiden wäre.[533]

Ein weiterer Aspekt internationaler Foundation Governance betrifft die Reaktionsfreudigkeit von Stiftungen. Damit ist gemeint, dass die Organisationen für die Begünstigten und Partner ansprechbar sind, diesen zuhören und angemessen auf deren Bedürfnisse reagieren. Die Principles of Accountability for International Philanthropy fordern, dass die Stiftungen, anstatt

532 Volkswagenstiftung (Fn. 46), Prinzipien 13 und 14 mit den jeweiligen Erläuterungen für die Praxis.

533 Principles of Accountability for International Philanthropy (Fn. 55), principles 2 und 3: „2. Understanding: Take the time to research and understand the political, economic, social, cultural, and technological context in which your international philanthropy will take place. Tap into expertise that already exists, including at the local level, and develop a philanthropic strategy that is realistic and appropriate. 3. Respect: Avoid cultural arrogance by respecting cultural differences and human diversity. Recognize local knowledge, experience, and accomplishments."

nach festgefügten Arbeitsmodellen vorzugehen, offen agieren und darauf vorbereitet sind, ihre ursprünglichen Ziele, Zeitpläne und Herangehensweisen an die lokalen Gegebenheiten und Möglichkeiten anzupassen. Sie sollen fair agieren und insbesondere sicherstellen, dass die Ansprüche an die Begünstigen und Partner dem Grad, dem Zweck sowie der Natur des philanthropischen Engagements angemessen und nicht überzogen sind.[534]

Schließlich empfehlen sowohl das European Foundation Council als auch die Joint Working Group, dass Stiftungen im Rahmen des internationalen Agierens besonderes Augenmerk auf die Zusammenarbeit mit anderen legen. Internationale Arbeit erfordere einen hohen Grad des Miteinanders und der Zusammenarbeit. Stiftungen sollten, wann immer möglich, kooperativ arbeiten und ihr Wissen und ihre Erfahrungen teilen, um Ressourcen zu steigern, Synergien zu bilden, die Kreativität zu erhöhen und damit letztendlich die Wirkung in ihrem Bestätigungsfeld zu maximieren.[535]

7.3 Informationspolitik

Ein weiterer zentraler Regelungsbereich der Foundation Governance betrifft die Informationspolitik von Stiftungen. Sowohl der Swiss Foundation Code als auch der Swiss NPO-Code stellen das Erfordernis nach Transparenz als grundlegendes Prinzip ihren weiteren Bestimmungen voran. So be-

---

534 Principles of Accountability for International Philanthropy (Fn. 55), principles 4 und 5: „4. Responsiveness: Listen carefully to your international grantees and partners in order to understand and respond adequately to their needs and realities. Be open and prepared to adjust your original objectives, timeline, and approach to the local context and capacity—resist the temptation to impose your own models or solutions. 5. Fairness: Be reasonable and flexible in what you require from your grantees and partners, ensuring that your demands are proportionate to the level, purpose, and nature of your support."

535 Principles of Accountability for International Philanthropy (Fn. 55), principle 6: „Cooperation and Collaboration
Recognize that international work calls for a high level of cooperation and collaboration among funders themselves and with a variety of actors, including non-governmental organizations (NGOs), businesses, governments, and multilateral organizations. Strive to work collaboratively in order to maximize resources, build synergies, boost creativity, and increase learning and impact." sowie Principles of Good Practice (Fn. 52), principle 7: „Cooperation: Foundations share their know-how and experience with peer organisations and other relevant stakeholders to advance good practice and cooperate whenever appropriate, to maximise their impact in their respective fields of activity."

stimmt beispielsweise § 4 Abs. 3 Swiss NPO-Code unter dem Titel „Grundsätze der Nonprofit Governance", dass die leitenden Organe die Informationspolitik festlegen und für eine zeitgerechte, transparente interne und externe Information über die Struktur und Tätigkeiten der Organisation sowie die Verwendung ihrer Mittel sorgen.

Transparentes Handeln, sowohl stiftungsintern zwischen den Organen als auch gegenüber den Stakeholdern der Stiftung sowie der Öffentlichkeit, kann als Grundlage der Foundation Governance angesehen werden: Transparenz schafft die Voraussetzung für weitere Governance Strukturen und legt damit die Basis zur Lösung der bestehenden Kontrollproblematik. Insbesondere wird eine wirksame Kontrolle des Stiftungshandelns erst durch eine umfassende Information des Kontrollierenden möglich. Sowohl die Stiftungsaufsicht als auch stiftungsinterne Kontrollgremien, wie beispielsweise ein Kuratorium, sind auf wahrheitsgemäße und detaillierte Informationen angewiesen um die ihnen jeweils zugewiesenen Aufgaben angemessen erfüllen zu können.

Des Weiteren dienen transparente Strukturen der Legitimierung der Stiftung gegenüber der Allgemeinheit, welche diese durch die Gewährung von Steuervorteilen indirekt unterstützt. Im Rahmen des Swiss Foundation Code heißt es insoweit explizit, das Erfordernis interner und externer Transparenz sei in dem Umstand begründet, dass Stiftungen in der Regel steuerlich begünstigt seien und als gestaltende Akteure der Zivilgesellschaft eine über sich selbst hinausweisende gesellschaftliche Rolle innehielten.[536]

Ein dritter wichtiger Aspekt der Publizität betrifft die Möglichkeiten, welche diese der Stiftung in Hinblick auf die Eigendarstellung bietet. Mittels Transparenz kann die Vergleichbarkeit verschiedener Einrichtungen erreicht und können marktliche Ansätze forciert werden. *Sanger* und *Veltmann* weisen in diesem Zusammenhang darauf hin, dass nur eine umfassende Information der Allgemeinheit über die Aufgaben und Leistungen von Stiftungen ein abgestimmtes Zusammenspiel sowohl auf der Anbieterseite als auch auf der Nachfrageseite auf dem Markt für öffentliche Dienstleistungen gewährleistet.[537] Insoweit ist einerseits die Darstellung gegenüber potentiellen Zuwendenden zu nennen. Die Stiftung kann die Informationsvermittlung als Marketinginstrument nutzen, um das Interesse dieser Zielgruppe zu erlangen. Des Weiteren kann auf diesem Wege auch bewirkt werden, dass potentielle Destinatäre von der Stiftung überhaupt erfahren und an sie herantreten, so dass sich der Kreis der bei der Auswahlentschei-

---

536 Swiss Foundation Code (Fn. 43), Grundsatz III: Transparenz, S. 19.

537 Saenger/Veltmann (Fn. 250), S. 68, 72.

dung zu berücksichtigenden Interessenten erheblich erweitert und so eine optimale Vergabeentscheidung ermöglicht wird.[538] In der Kommentierung zum Swiss Foundation Code wird der Schluss gezogen, dass indem die Stiftung Werbung für ihr Anliegen betreibe, indem sie von ihr geförderte Projekte nach außen darstelle, sie die durch den Stiftungszweck beabsichtigte Wirkung multipliziere.[539]

Schließlich ist zu berücksichtigen, dass Transparenzpflichten auch unter regulativen Aspekten Vorteile bieten. Die Pflicht zur Offenlegung von Informationen stellt einen verhältnismäßig schonenden Eingriff dar, da keine direkte Gebote oder Verbote erteilt werden. Vielmehr werden Informationen an den Markt weitergegeben, der auf die Offenlegung in der einen oder anderen Weise reagieren kann. *Hopt* schreibt der Publizität in Stiftungen vor diesem Hintergrund einen hohen regulatorischen Stellenwert zu.[540]

Im Folgenden sollen Fragen der interner Transparenz (1.) und der externen Transparenz (2.) näher betrachtet werden.

7.3.1 Interne Transparenz

Die interne Transparenz betrifft den Informationsfluss zwischen den Organen. Diesbezüglich wird die Gewährleistung eines unmittelbaren und gleichberechtigten Zugangs der Gremienmitglieder zu aktuellen Informationen genannt sowie die Pflicht der Gremien, sich untereinander umfassend zu unterrichten.[541] Ein weiterer Aspekt betrifft die stiftungsinterne Rechnungslegung; die Organe sind auf exakte Rechnungslegungsdaten angewiesen, da diese ihnen in verschiedener Hinsicht als Entscheidungsgrundlage dienen.[542]

Der Swiss NPO-Code bestimmt in diesem Sinne, dass der Stiftungsrat für standardisierte Informationsflüsse einerseits zwischen seinen Mitgliedern und anderseits zwischen dem Stiftungsrat und den Mitgliedern der Geschäftsleitung zu sorgen habe. Spiegelbildlich habe die Geschäftsleitung dafür zu sorgen, dass der Stiftungsrat über die für seine Aufgaben relevanten Belange zeitgerecht und umfassend informiert werde.[543] In ähnlicher Weise bestimmt der VENRO-Verhaltenskodex, dass die Geschäftsführung die mit

538 Saenger/Veltmann (Fn. 250), S. 68, 72.
539 Swiss Foundation Code (Fn. 43), Empfehlung 12, Kommentierung S. 74.
540 Hopt (Fn. 34), S. 243, 252f.
541 Koch/von Holt (Fn. 41), S. 1, 6.
542 Saenger/Veltmann (Fn. 250), S. 67, 71.
543 § 15 Abs. 3 und § 23 Abs. 3 Swiss NPO-Code (Fn. 32).

der Aufsicht und den Kontrollaufgaben befassten Organe regelmäßig, zeitnah und umfassend über alle für die Organisation relevanten Fragen der Planung, Strategie, Geschäftsentwicklung sowie Risikofaktoren informiert. Dazu seien aussagefähige und entscheidungsnotwendige Unterlagen zur Verfügung zu stellen. Probleme seien nicht zu verschweigen, sondern offenzulegen.[544] Der Diakonischen Corporate Governance Kodex schließlich stellt einerseits fest, dass eine gute Einrichtungsführung eine offene Diskussion zwischen Geschäftsführung und Aufsichtsebene sowie innerhalb der beiden Organe voraussetze, andererseits wird jedoch auf die entscheidende Bedeutung einer umfassenden Wahrung der Vertraulichkeit hinsichtlich sensibler Themen hingewiesen.[545]

7.3.2 Externe Transparenz

Die externe Transparenz betrifft den Zugang wesentlicher Anspruchsgruppen sowie der Öffentlichkeit zu grundlegenden Informationen über die Stiftung. Im Folgenden soll unterschieden werden zwischen Informationen über die Stiftung und ihre Tätigkeiten (Abschnitt 7.3.2.1) sowie der Rechnungslegung (Abschnitt 7.3.2.2).

7.3.2.1 Informationen über die Stiftung und ihre Tätigkeiten

Auf das Erfordernis der Information über die Tätigkeiten der Stiftung wird, soweit ersichtlich, in allen bestehenden Regelwerken der Foundation Governance eingegangen. So bestimmt beispielsweise der Swiss Foundation Code, dass die Stiftung die Öffentlichkeit angemessen über Stiftungszweck, Förderpolitik und -strategie sowie Organisation orientieren solle. Sie solle Wirkungsfelder und Projekte sowie Ziele, Richtlinien und Verfahren der Fördertätigkeit darlegen.[546] In ähnlicher Weise fordern die Grundsätze guter Stiftungspraxis, dass die Handelnden der Öffentlichkeit in geeigneter Weise wesentliche inhaltliche und wirtschaftliche Informationen zur Verfügung stellen. Sie sollen dabei Transparenz als Ausdruck der Verantwortung der Stiftungen gegenüber der Gesellschaft und als ein Mittel zur Vertrauensbildung sehen.[547]

544 VENRO-Verhaltenskodex (Fn. 47), Abschnitt 1.1, S. 3. Ähnlich auch Grundsätze Guter Stiftungspraxis (Fn. 45), S. 10.

545 Diakonischer Corporate Governance Kodex (Fn. 48), Abschnitt 2.2, S. 4.

546 Swiss Foundation Code, Empfehlung 12.

547 Grundsätze Guter Stiftungspraxis (Fn. 45), S. 10.

Verschiedene Regelwerke verlangen konkret die Anfertigung eines Leistungs- beziehungsweise Jahresberichts. So ist gemäß § 29 Abs. 1 Swiss NPO-Code ein Jahresbericht zu erstellen, der aus einem Selbstporträt der Organisation besteht, das wiederum den Zweck und die Zielsetzungen der Organisation, deren wichtigste Kerngeschäfte, einen Leistungsbericht und einen Ausblick in die Zukunft enthalten soll. Der VENRO-Verhaltenskodex fordert ebenfalls die Veröffentlichung eines Jahresberichts vor dem Hintergrund, dass der offene Umgang mit den Medien sowohl der Idealisierung der Stiftungsarbeit als auch einer pauschalen und skandalisierenden Kritik vorbeugen könne.[548] Gemäß Art. 11 Abs. 4 der ZEWO-Standards ist ein Leistungsbericht anzufertigen, der in angemessener Weise über die zweckgerichtete Tätigkeit der Organisation sowie über ihre Wirtschaftlichkeit und Leistungsfähigkeit, das heißt ihre Effizienz, informiert. Nach den Leitlinien des DZI-Spendensiegels ist spätestens zwölf Monate nach Abschluss des Geschäftsjahres ein aussagekräftiger Jahresbericht zu veröffentlichen, der, ebenso wie die Website der Organisation, einen ihrer Komplexität angemessenen Umfang aufweisen soll.[549]

Auch in internationalen Regelwerken wird die Transparenz in den Vordergrund gestellt. Die EU-Kommission verlangt, dass alle gemeinnützigen Organisationen alljährlich einen Bericht erstellen, der eine Beschreibung und den Etat ihrer Tätigkeiten und Projekte des vorausgehenden Finanzjahres sowie Angaben darüber enthalten soll, wie letztere zur Erreichung ihrer allgemeinen Ziele beigetragen haben.[550] Im Rahmen des European Foundation Projekts widmet sich Art. 5 den Bereichen Berichtswesen, Transparenz und Offenlegung. Gemäß Art. 5.2 soll jedermann zumindest die vergangenen drei Jahresberichte und Jahresrechnungen einer Europäischen Stiftung, die diese bei den nationalen Aufsichtsbehörden einreicht, einsehen können, ohne ein spezielles Interesse nachweisen zu müssen.[551] Auch Art. 13.2 des EFC-Entwurfs bestimmt, dass die Stiftungen einen jährlichen Tätigkeitsbericht an die neu zu schaffende Europäische Aufsichtsbehörde einreichen, der die durch die Organisation gewährten Gelder auflistet.[552] Die

548 VENRO-Verhaltenskodex (Fn. 47), Abschnitt 2.1, S. 5.

549 Nr. 7 Leitlinien zum DZI-Spendensiegel (Fn. 49).

550 Europäische Kommission, KOM (2005) 620 endgültig (Fn. 50), S. 18.

551 Art. 5.2 European Foundation Projekt (Fn. 54): „Everyone can inspect the last three annual reports and accounts (and, where applicable, audit reports) of a European Foundation filed with the State supervisory authority (see Art. 7, para. 1) without having to prove any specific interest."

552 Art. 13.2 EFC-Entwurf (Fn. 53): „An EF shall be obliged to draw up and return to the European Registration Authority an annual activity report, within 12 months

FATF schließlich verlangt, dass Nonprofit Organisationen öffentlich zugängliche Informationen bezüglich des Zwecks und der Zielsetzungen ihrer Aktivitäten vorhalten sowie hinsichtlich der Identität derjenigen Personen welche die Stiftung besitzen, kontrollieren beziehungsweise ihre Aktivitäten kontrollieren.[553]

7.3.2.2 Rechnungslegung

Ein weiterer Aspekt der externen Transparenz betrifft die Rechnungslegung. Der Swiss Foundation Code geht auf diese Thematik nicht ein, indessen hat der Herausgeber des Codes, der Verband Swiss Foundations, in einer separaten Publikation Handlungsempfehlungen bezüglich der Rechnungslegung und Revision von Förderstiftungen veröffentlicht.[554]

Gemäß Art. 11 der ZEWO-Standards hat die Organisation eine aussagekräftige, nach den Grundsätzen der kaufmännischen Buchführung eingerichtete Buchhaltung zu führen. Es soll eine den tatsächlichen Verhältnissen entsprechenden Jahresrechnung entsprechend den in Swiss GAAP FER festgelegten Grundlagen und Grundsätzen ordnungsgemäßer Rechnungslegung erstellt werden. Auch der Swiss NPO-Code nimmt auf Swiss GAAP FER Bezug, gemäß § 25 Swiss NPO-Code gelten die Empfehlungen zur Rechnungslegung, insbesondere FER 21, als integrierter Bestandteil des Codes.

Die Leitlinien des DZI-Spendensiegels fordern, dass die Organisation bis spätestens zwölf Monate nach Ablauf eines Geschäftsjahres eine vollständige, aussagekräftige und geprüfte Rechnungslegung über das Geschäftsjahr vorlegt. Die Rechnungslegung solle dabei nach einschlägigen gesetzlichen Bestimmungen, den Grundsätzen ordnungsgemäßer Buchführung sowie etwaigen Satzungsvorgaben und Sondervorschriften erfolgen sowie unter angemessener Berücksichtigung der Größe und Komplexität der Organisation einen zutreffenden und aussagekräftigen Überblick über die Mittelherkunft, die Mittelverwendung und die Vermögenslage vermitteln.[555] Vergleichbare Vorgaben finden sich auch im Diakonischen Corporate Gover-

---

from the end of the accounting year. The annual activity report should list the grants distributed, taking into account the right of privacy of the beneficiary."

553 FATF Nr. 5 lit. b Abs. (i): „NPOs should maintain information on: (1) the purpose and objectives of their stated activities; and (2) the identity of the person(s) who own, control or direct their activities, including senior officers, board members and trustees."

554 Egger/von Schnurbein/Zöbeli/Koss, Rechnungslegung und Revision von Förderstiftungen, Handlungsempfehlungen für die Praxis, Basel 2011.

555 Nr. 6 Leitlinien zum DZI-Spendensiegel (Fn. 49).

nance Kodex[556] sowie im Rahmen der 20 Prinzipien Guter Stiftungspraxis der VW-Stiftung[557].

Auf internationaler Ebene verlangt die EU-Kommission, dass alle gemeinnützigen Organisationen eine ordnungsgemäße Buchführung betreiben und Jahresbilanzen mit Angaben über ihre Einnahmen und Ausgaben aufstellen. Für gemeinnützige Einrichtungen unterhalb einer bestimmten Größe sollen vereinfachte Buchführungs- und Meldepflichten gelten. Auch in Hinblick auf die Rechtsform der Europäischen Stiftung sehen die entsprechenden Entwürfe Vorschriften zur Rechnungslegung vor. So bestimmt Art. 5.1 des European Foundation Projekts, dass das Leitungsgremium bei der jeweiligen nationalen Aufsichtsbehörde einen Jahresbericht und eine Jahresrechnung einreicht. Haben die Einnahmen oder die Vermögenswerte der Organisation in einem der vergangen drei Bilanzjahre eine bestimmte Höhe überschritten, so ist der Jahresabschluss durch einen unabhängigen, anerkannten Wirtschaftsprüfer prüfen zu lassen.[558] Auch Art. 13.2 des EFC-Entwurfs verlangt, dass die Stiftung einen akkuraten Jahresabschluss bei der neu zu schaffenden europäischen Aufsichtsbehörde einreicht. Soweit die Einnahmen oder Vermögenswerte der Stiftung einen bestimmten Betrag überschreiten, soll der Jahresabschluss professionell geprüft werden.[559]

---

556 Diakonischer Corporate Governance Kodex (Fn. 48), Abschnitt 1, S. 1.

557 VW-Stiftung (Fn. 46), Prinzip 17.

558 Art. 5 European Foundation Projekt (Fn. 54): "5.1 Public Accountability: The Board of Directors must deliver to the State supervisory authority (see Art. 7, para. 1) every year, within six months after the end of the foundation's financial year, an annual report and annual accounts (and where applicable an audit report) for that financial year. 5.3 Auditor: European Foundations may have an auditor. A European Foundation with annual gross revenues in excess of EUR *** and/or gross assets in excess of EUR *** in any of the last three fiscal years shall have its accounts for the year audited by an independent company auditor or other regulated auditor who is subject to internationally recognised professional auditing standards and eligible under the rules of the relevant regulatory body to act as a charity auditor."

559 Art. 13 EFC-Entwurf (Fn. 53): „2. An EF shall be obliged to draw up and return to the European Registration Authority full and accurate annual statements of accounts and an annual activity report, within 12 months from the end of the accounting year. The annual activity report should list the grants distributed, taking into account the right of privacy of the beneficiary. 3. An EF with annual revenues in excess of €(x) and/or assets in excess of €(x) shall have its accounts professionally audited."

7.4 Zusammenfassung

Der vorhergehende Abschnitt hat einen Überblick über mögliche Regelungen der Foundation Governance in den Bereichen Steuerung und Organisationsstruktur, Verwaltung und Handlungsabläufe sowie Informationspolitik gegeben. Es ist ersichtlich, dass eine große Fülle an Regelungsmöglichkeiten besteht, die auf verschiedene Weise und durch unterschiedliche Mechanismen dem Ziel dienen, der den Stiftungen immanenten Kontrollproblematik entgegenzuwirken. Rekurrierend auf das Modell des Prinzipal-Agenten-Konflikts, zielen die Regelungen einerseits auf die Steigerung der Transparenz, um das Informationsungleichgewicht zu Lasten der Stiftung als Prinzipal zu vermeiden, sowie andererseits auf die Implementierung von Kontrollmechanismen, um für die Stiftung nachteilige Verhaltensweisen des Agenten, das heißt des Leitungsgremiums, zu verhindern.

Die dargestellten Regelungsoptionen können – neben der Unterteilung in materielle Regelungsbereiche – anhand verschiedener Kriterien kategorisiert werden. Zum einen kann danach unterschieden werden, welcher Kontrollmechanismus, der bei Stiftungen im Gegensatz zu Forprofit Organisationen nicht vorhanden ist, substituiert werden soll. Insoweit kann Foundation Governance einerseits auf ein Kompensieren der fehlenden Eigentümerkontrolle gerichtet sein, beispielsweise durch die Einrichtung eines Aufsichtsgremiums, das die Durchsetzung des Stifterwillens sicherstellt. Andererseits können die Regelungen auf die Kompensation fehlender Marktkontrolle zielen, wie beispielsweise mittels Transparenzvorgaben, die eine Vergleichbarkeit der Organisationen sowohl für Destinatäre als auch für Zuwendende schaffen und auf diesem Weg marktliche Ansätze fördern können.

Ferner könnte man Governance Vorschriften danach kategorisieren, ob eine direkte (Kontroll)regelung getroffen wird, insofern könnte man von Foundation Governance im engeren Sinne sprechen, oder ob lediglich die allgemeinen Rahmenbedingungen beeinflusst werden, dann könnte von Foundation Governance im weiteren Sinne gesprochen werden. Eine direkte Regelung enthalten zum Beispiel solche Vorgaben, die Zustimmungserfordernisse bestimmter Beiräte oder Ausschüsse bezüglich zentraler Fragen beinhalten, etwa hinsichtlich der Projektauswahl oder der Vermögensanlage. Eine weitere direkte Kontrollvorgabe ist in der Regelung von Ausstandspflichten von Organmitgliedern bei dem Auftreten von Interessenskonflikten beziehungsweise der Pflicht zur Offenlegung solcher Konflikte zu sehen. Ein weiteres Beispiel sind schließlich die sogenannten Know Your Beneficiary-Regelungen. Andererseits kann eine indirekte Kontrolle das Ziel sein, gerichtet auf eine Professionalisierung des Stiftungshandelns insgesamt. Hierzu zählen beispielsweise der Einsatz moderner Managementinstrumente, wie etwa der Balanced Scorecard, sowie allgemein die Steigerung betriebswirtschaftlicher Kompetenzen.

Die dargestellten Regelungsmöglichkeiten sind als Vorschläge zu sehen, die für die jeweilige Stiftung beziehungsweise den Regelungsgeber eines Governance Regelwerkes individuell angepasst und untereinander kombiniert werden können. Dabei spielen verschiedene Faktoren eine Rolle. Zum einen wird die Gewichtung der verschiedenen Regelungsbereiche in Abhängigkeit von der gewählten Perspektive differieren: aus Sicht einer einzelnen Stiftung werden die Präferenzen und Regelungserfordernisse anders zu formulieren sein als im Rahmen von Regelwerken, welche die Funktionsfähigkeit des Stiftungssektors als solchen in den Blick nehmen. Zum anderen sind die Regelungen dem jeweiligen Stiftungstyp anzupassen, so werden die Erfordernisse zwischen beispielsweise Förderstiftungen und operativen Stiftungen variieren. In ähnlicher Weise werden im internationalen Kontext andere Aspekte in den Vordergrund gerückt werden als im Rahmen nationaler Einrichtungen.

8 Schlussdarstellung

Die vorstehenden Ausführungen haben den Themenkomplex der Foundation Governance aus verschiedenen Blickwinkeln beleuchtet und den Rahmen, in dem sich die Diskussion entfaltet, abgesteckt. Im Folgenden sollen die wesentlichen Feststellungen in einem kurzen Abschnitt zusammengefasst werden (Abschnitt 8.1), anschließend sollen aus den Feststellungen Schlussfolgerungen gezogen werden (Abschnitt 8.2).

8.1 Zusammenfassung

Zu Beginn dieser Arbeit wurden die im Stiftungswesen bestehenden faktischen Defizite untersucht, wobei offenbar wurde, dass sich sowohl in Hinblick auf individuelle Stiftungen als auch bezüglich des Stiftungssektors als solchem verschiedene Problemstellungen ergeben. Unterschiedliche Studien vermitteln den Eindruck, dass es verbreitet an betriebswirtschaftlichen Standards, qualifizierten Aufsichtsmechanismen sowie ausreichend transparenten Strukturen fehlt. Des Weiteren wurde auf publik gewordene Fälle des Missmanagements in Stiftungen hingewiesen. Aus den beobachteten Defiziten wurde gefolgert, dass Handlungsbedarf besteht, hin zu einer Professionalisierung des Sektors sowie zu einer Erhaltung beziehungsweise Stärkung des Vertrauens in Stiftungen, um Gefahren für die Verwirklichung des Stiftungszwecks zu vermeiden.

Mit dem Ziel, den darauffolgenden Untersuchungen und Analysen eine theoretische Basis zu geben, wurden sodann den Themenkomplex flankierende, grundlegende Informationen dargestellt. Insoweit wurde insbesondere auf den aus dem Forprofit Bereich bekannten Prinzipal-Agenten-Konflikt und dessen Übertragbarkeit auf Stiftungen eingegangen, wobei in der Rolle des Prinzipals die Stiftung selbst gesehen wurde. Auf diesem Weg wurde zugleich das zentrale Schutzobjekt der Foundation Governance definiert – die Stiftung als Institution und System komplexer Interessen. Die individuellen Interessen insbesondere des Stifters sowie der weiteren involvierten Parteien werden lediglich indirekt, vermittelt durch den im Stiftungszweck konkretisierten Stifterwillen geschützt.

Ausgehend von den bestehenden tatsächlichen Missständen und dem abgebildeten Grundlagenwissen wurden in einem nächsten Abschnitt die hinter diesen Beobachtungen liegenden rechtlichen Problematiken untersucht. Als Hauptursachen wurden dabei die im Rahmen der Prinzipal-

Agenten-Theorie auch bei Unternehmen des Forprofit Bereichs bekannten Informations- und Kontrollprobleme identifiziert, die in Stiftungen aufgrund verschiedener rechtsformspezifischer Faktoren potenziert auftreten. Schlagwortartig zusammenfassend wurde von einer der Rechtsform Stiftung immanenten Kontrollproblematik gesprochen. Daran anknüpfend wurde als das übergeordnete Ziel der Foundation Governance das Anbieten von Lösungsansätzen für eben diese Kontrollproblematik und die Abwehr der hieraus resultierenden Gefahren für den Stiftungszweck genannt. Spiegelbildlich zu den im Rahmen der Prinzipal-Agenten-Problematik auftretenden Schwierigkeiten wurden einerseits die Steigerung der Transparenz zur Relativierung der Informationsasymmetrien sowie andererseits die Implementierung von Kontrollsystemen zu Verhinderung der Folgen opportunistischer Verhaltensweisen als weitere konkrete Ziele formuliert. Basierend auf letzteren Zielformulierungen wurden als Anknüpfungspunkte der Foundation Governance die Schaffung transparenter Strukturen sowie das Kompensieren der fehlenden Kapitalmarktkontrolle, Eigentümerkontrolle beziehungsweise eingeschränkter staatlicher Kontrollmechanismen genannt.

Im Anschluss an die so präzisierte Problemstellung wurden die Gestaltungsmöglichkeiten der Foundation Governance untersucht. Dabei wurden zunächst exemplarisch verschiedene bestehende Regelwerke vorgestellt. Sodann wurden mögliche Regelungsoptionen im Einzelnen sowohl in formeller als auch in materieller Hinsicht dargestellt und analysiert, wobei die überaus große Bandbreite der Gestaltungsmöglichkeiten deutlich wurde.

Hinsichtlich der formellen Gestaltungsoptionen wurde neben Ausführungen zu unterschiedlichen Regelungsgebern und Regelungstiefen insbesondere auf die Gestaltung der Verbindlichkeit und Durchsetzbarkeit eingegangen. Anders als gesetzliche Vorgaben beziehungsweise solche der Stiftungssatzung, sind die Vorgaben externer Foundation Governance Kodizes aufgrund ihrer Qualifikation als rechtsgeschäftliches Recht für Stiftungen nicht per se verbindlich beziehungsweise durchsetzbar. Vorrangig auf Grund der sich in diesem Zusammenhang ergebenden Schwierigkeiten bestehen in der Literatur Vorbehalte hinsichtlich der Sinnhaftigkeit solcher externen Kodizes, während die Geeignetheit der Foundation Governance zur Lösung der rechtformspezifischen Kontrollproblematik im Allgemeinen bejaht wird. Es wurde gezeigt, dass sich zur Lösung der Problematik auf abstrakter Ebene zwei Mechanismen anbieten. Auf der einen Seite stehen direkte Kontroll- und Durchsetzungsmechanismen, wie beispielsweise die Einräumung erweiterter Befugnisse an die Stiftungsaufsicht oder auch die Implementierung verschiedener Aufsichtsstrukturen in die interne Stiftungsorganisation. Auf der anderen Seite besteht die Möglichkeit der Schaffung von Rahmenbedingungen, welche Kontrollen und somit die Durchsetzung der Regelungen erleichtern, zum Beispiel durch die Stärkung der Rechte derjenigen Parteien, die ein Interesse an dem Wohlergehen der Stiftung haben oder aber durch Transparenzvorgaben, welche unter anderem eine Visibilität und Vergleichbarkeit der Organisationen herbeiführen und auf diesem Weg Marktmechanismen forcieren können.

In materieller Hinsicht wurde ein Überblick über mögliche Regelungen der Foundation Governance in den Bereichen Steuerung und Organisationsstruktur, Verwaltung und Handlungsabläufe sowie Informationspolitik gegeben. Dabei wurde ersichtlich, dass eine große Fülle an Regelungsmöglichkeiten besteht, die auf verschiedene Weise und durch unterschiedliche Mechanismen dem Ziel dienen, der den Stiftungen immanenten Kontrollproblematik entgegenzuwirken. Rekurrierend auf das Modell des Prinzipal-Agenten-Konflikts und entsprechend den formulierten Zielen der Foundation Governance, beabsichtigen die Regelungen einerseits eine Steigerung der Transparenz, um das Informationsungleichgewicht zu Lasten der Stiftung als Prinzipal zu vermeiden, sowie andererseits die Implementierung von Kontrollmechanismen, um für die Stiftung nachteilige Verhaltensweisen des Agenten, das heißt des Leitungsgremiums, zu verhindern. Die dargestellten Regelungsoptionen können – neben der Unterteilung in materielle Regelungsbereiche – einerseits danach kategorisiert werden, welcher Kontrollmechanismus, der bei Stiftungen im Gegensatz zu Forprofit Organisationen nicht vorhanden ist, substituiert werden soll, andererseits danach, ob eine direkte (Kontroll)regelung getroffen wird, oder ob lediglich die allgemeinen Rahmenbedingungen beeinflusst werden sowie schließlich danach, ob die Regelung vorrangig den Zielen einzelner Stiftungen oder aber der Reputation des gesamten Sektors dienen soll.

Es wurde bereits darauf hingewiesen, dass die dargestellten Regelungsmöglichkeiten als Vorschläge zu sehen sind, die für die jeweilige Stiftung beziehungsweise den Regelungsgeber eines Governance Regelwerkes individuell angepasst und untereinander kombiniert werden können. Die Frage nach der Bewertung der unterschiedlichen Ansätze sowie nach ihrem idealen Zusammenspiel für die individuelle Stiftung wird Gegenstand der folgenden Stellungnahme sein.

8.2 Schlussfolgerungen

Möchte man eine Bewertung betreffend der verschiedenen Alternativen des Themenkomplexes Foundation Governance vornehmen, so ist gleich zu Beginn darauf hinzuweisen, dass verallgemeinernde Aussagen oder präzise Lösungsvorschläge in diesem Zusammenhang nur schwer möglich sind. *Die* ideale Regelung beziehungsweise *das* optimale Konzept der Foundation Governance wird es nicht geben. Dies wird ersichtlich, wenn man einerseits die Heterogenität des Stiftungsrechts und die Vielzahl individueller Stiftungen mit unterschiedlichen Konzeptionen und Zielsetzungen betrachtet und sich andererseits die Fülle möglicher Regelungsoptionen, sowohl formeller als auch materieller Art, vor Augen führt. Des Weiteren sind Konflikte unterschiedlicher Natur zu berücksichtigen. So ist zu entscheiden, ob übergeordnete Standards, die zwar für den gesamten Stiftungssektor Geltung beanspruchen können, allerdings notwendigerweise auf einem abstrakten Niveau bleiben müssen, gewählt werden, oder aber konkretere Regelungen, die dann jedoch lediglich einen Ausschnitt des Stiftungssektors erfassen können. Ebenso ist dem Widerstreit zwischen dem Bedürfnis nach einem liberalen Stiftungsrecht mit reduzierten staatlichen Befugnissen auf der einen Seite und der Notwendigkeit der Schaffung verbindlicher Mindeststandards, um einem Missbrauch der Institutionen sowie vertrauensschädigenden Skandalen vorzubeugen, auf der anderen Seite, Rechnung zu tragen. Schließlich ist zu bedenken, dass die Bedürfnisse sowie die Interessen der einzelnen Stiftungen in Hinblick auf den Wunsch nach Regelungen der Foundation Governance, ihre Regelungsdichte sowie ihre Inhalte je nach Ausgestaltung der verschiedenen Organisationen stark differieren werden.

Vor diesem Hintergrund ist es das Ziel der folgenden Stellungnahme, Optionen aufzuzeigen, die genannten Konflikte und Bedürfnisse so weit als möglich in Einklang zu bringen. Es geht um die Frage, wie unterschiedliche Regelungsinhalte der Foundation Governance den verschiedenen zur Verfügung stehenden Regelungsebenen zugeordnet werden können, um den bestehenden Interessen, die mit den Schlagworten Verbindlichkeit, Mindeststandards und Vertrauensschutz auf der einen Seite sowie Individualität, Flexibilität und Liberalität auf der anderen Seite zusammengefasst werden können, jeweils bestmöglich gerecht zu werden.

8.2.1 Gesetzgeber

Regelungsgeber der Foundation Governance kann einerseits der Gesetzgeber sein. Aufgrund der Liberalität des Stiftungsrechts ist ein stark reglementierendes staatliches Eingreifen jedoch grundsätzlich nicht wünschenswert. Vor diesem Hintergrund würde insbesondere ein gesetzlich initiierter Foundation Governance Kodex in Entsprechung zu den in verschiedenen Jurisdiktionen bestehenden Regelwerken des Forprofit Bereichs - als Beispiel sei der Deutsche Corporate Governance Kodex genannt - zu weit greifen. Der Stiftungssektor stellt sich weitaus differenzierter dar als die Adressaten der Corporate Governance Kodizes, die Aktiengesellschaften, so dass entsprechende Vorgaben für Stiftungen auf dieser übergeordneten Ebene - selbst wenn Abstufungen hinsichtlich der Größe vorgesehen wären - nicht sinnvoll zu regeln und aufgrund des notwendigerweise resultierenden verallgemeinernden Niveaus nicht zielführend wären.

Um dem liberalen Grundgedanken des Stiftungsrechts Rechnung zu tragen und dennoch gewisse Governance Mindeststandards zu implementieren, erscheinen grundsätzlich zwei Wege denkbar. Einerseits besteht die Möglichkeit, punktuelle Regelungen zur Absicherung bestimmter Standards zu erlassen, beispielsweise um einen Missbrauch von Stiftungen zu verhindern. Entsprechend erweiterte stiftungsexterne Kontrollmechanismen liefen letztlich auf eine Stärkung der Stiftungsaufsicht hinaus. Ein ähnliches Konzept verfolgt auch der Entwurf eines Europäischen Stiftungsstatuts des European Foundation Centre, nach welchem der zu erschaffenden europäischen Aufsichtsbehörde weitgehende Aufsichts- sowie Durchsetzungskompetenzen zugewiesen werden sollen.

Alternativ hierzu kann sich der Gesetzgeber auf die Vorgabe von Rahmenbedingungen beschränken, um stiftungsinterne, oder, im Sinne des oben definierten Verständnisses der Stiftung als Institution und System komplexer Interessen: systemimmanente Überwachungsmechanismen zu forcieren. In diesem Zusammenhang erscheinen Regelungen sinnvoll, welche Transparenzanforderungen - gegebenenfalls abgestuft nach der Größe der jeweiligen Einrichtung - festlegen, ebenso die Vorgabe, dass Stiftungssatzungen Vorschriften zur Vermeidung tatsächlicher und potentieller Interessenskonflikte zwischen der Stiftung und den Stiftungsbeteiligten aufweisen sollen sowie schließlich die Einräumung von Rechten an Stifter und Zustifter, Destinatäre und gegebenenfalls auch Dritte. Vor diesem Hintergrund ist des Weiteren an Regelungen zu denken, wonach die staatliche Aufsicht in geringerem Umfang zum Tragen kommen soll, wenn und soweit gleichwertige interne Aufsichtsmechanismen bestehen. Viele der genannten Vorschläge finden sich in dem Entwurf des European Foundation Projekts. Ebenfalls in die Richtung systemimmanenter Kontrollen weist das von der EU-Kommission vorgeschlagene Konzept der Verleihung von Gütesiegeln auf staatlicher Ebene, das gleichermaßen die freiwillige Selbstkontrolle der Stiftungen in den Vordergrund stellt und den Zuwendenden und den Destinatären Orientierung bietet.

8.2.2 Verbandsebene

Als weitere Regelungsgeber kommen Verbände in Frage, deren Regelwerke einerseits Stiftungen im Allgemeinen adressieren, als Beispiel seien die deutschen Grundsätze Guter Stiftungspraxis genannt, oder aber auf die Bedürfnisse eines bestimmten Typs von Stiftungen beziehungsweise Nonprofit Organisationen zugeschnitten sein können, so beispielsweise der Swiss Foundation Code des Verbands der Schweizer Förderstiftungen.

Die von den unterschiedlichen Verbänden erlassenen Regelwerke scheinen vorrangig zwei Zwecken zu dienen. Einerseits können sie ein Bild idealen Stiftungshandelns zeichnen und den Stiftungen auf diesem Weg wertvolle Vorschläge und Anregungen in Hinblick auf die Gestaltung ihrer jeweiligen Satzungen geben beziehungsweise Bezugspunkt eines entsprechenden Verweises in den Stiftungsstatuten darstellen. Andererseits kann die Einhaltung bestimmter Kodizes, insbesondere hinsichtlich solcher Stiftungen, die stark in der Öffentlichkeit stehen und um Zuwendende sowie Destinatäre werben, als Qualitätsnachweis dienen und damit als Marketinginstrument genutzt werden. Letzteres trifft naturgemäß insbesondere auf diejenigen Organisationen zu, die auf der Basis einer umfangreichen Prüfung explizit Gütesiegel verleihen, aber auch darüber hinaus erscheint es möglich, mit der Einhaltung bestimmter Vorgaben, beispielsweise derjenigen des VENRO Verhaltenskodex, zu werben.

Ob durch die Kodizes darüber hinausgehend ein Mehrwert für Stiftungen geschaffen und Verbesserungen des Stiftungswesens insgesamt erreichen werden können, muss indessen bezweifelt werden. Dies hängt allem voran mit den in unterschiedlichem Maße bestehenden Mängeln hinsichtlich der Verbindlichkeit und der Durchsetzbarkeit entsprechender Regelwerke zusammen. Des Weiteren stellt sich – wie bereits im Rahmen eines gesetzlich initiierten Foundation Governance Kodex erläutert – in inhaltlicher Hinsicht die Problematik der Schaffung eines sinnvollen Regelungsgehalts, ohne sich auf einer allzu allgemeinen Ebene zu bewegen.

8.2.3 Stiftungsebene

Die vorhergehende Darstellung - ein zurückhaltendes Agieren seitens des Staates verbunden mit einem eingeschränkten Anwendungsbereich für bestehende Kodizes - berücksichtigend, ist der Hauptteil der Regelungskompetenzen für den Bereich der Foundation Governance den Stiftungen selbst zuzuordnen. Im Sinne des Grundsatzes der Privatautonomie kann bereits der Stifter beziehungsweise später das Leitungsgremium ein spezifisch für die jeweilige Stiftung und ihre Destinatäre abgestimmtes Regelungskonzept finden, gegebenenfalls angeregt durch die Vorschläge eines Foundation Governance Kodex auf Verbandsebene, und sich für die Implementierung eigener Kontrollsysteme entscheiden. Auf diesem Weg können unter Berücksichtigung des Typs und der Größe der jeweiligen Stiftung passende und durchsetzbare Regelungsinhalte gewählt werden, in einer Qualität, die durch pauschalisierende Einheitslösungen, welche auf höheren Regelungsebenen nahezu unvermeidbar sind, nicht erreicht werden könnte.

8.3 Fazit

Die Gemeinsamkeit aller Regelungen der Foundation Governance liegt in der als Kernschwierigkeit identifizierten rechtsformspezifischen Kontrollproblematik, welche die Bezugsgröße der unterschiedlichen Regelungen und Ansätze darstellt, sowie dem Ziel, diese zu lösen unter Vermeidung von Gefahren für den Stiftungszweck und unter Steigerung des Vertrauens in den Stiftungssektor. Aus den vorstehenden Ausführungen ergibt sich zu Lösung dieser Problematik der Vorschlag eines abgestuften Systems dreier Ebenen der Foundation Governance.

Auf einer ersten Ebene umfasst die Rolle des Gesetzgebers punktuelle Regelungen zur Sicherstellung bestimmter Mindeststandards beziehungsweise die Etablierung von Rahmenbedingungen, um stiftungsinterne, systemimmanente Kontrollen zu ermöglichen und zu flankieren. Innerhalb des so vorgegebenen Rahmens können Stiftungen sodann auf einer zweiten Ebene auf die verfügbaren Foundation Governance Regelwerke von Verbänden zurückgreifen, die einerseits als Anregung für die Gestaltung der eigenen Stiftungsatzung dienen oder zu einem Bestandteil der Statuten erklärt werden können. Andererseits kann die Stiftung, soweit es sinnvoll erscheint, sich im Sinne einer Selbstverpflichtung bestimmten Regelwerken unterstellen, von deren Regelungsgehalt profitieren und mit ihrer Einhaltung werben. Schließlich, auf einer dritten Ebene, kann sich jede Stiftung - in den Grenzen der Vorgaben des Gesetzgebers auf Ebene eins sowie auf Basis der auf Ebene zwei gewählten Gestaltung – ein für sie individuell passendes Regelungskonzept zusammenstellen.

Mit einem dementsprechend abgestuften System erscheint es möglich, die angesprochenen, teilweise in Konflikt stehenden Bedürfnisse nach Verbindlichkeit, Mindeststandards und Vertrauensschutz sowie Individualität, Flexibilität und Liberalität für jede Stiftung individuell in ein Gleichgewicht zu bringen.

FSC
www.fsc.org
MIX
Papier | Fördert
gute Waldnutzung
FSC® C083411

Kolibri 360 GmbH
Ferdinand-Jühlke-Straße 7
99095 Erfurt, Deutschland
produktsicherheit@kolibri360.de